高校生たちのゆくえ

学校パネル調査からみた
進路と生活の30年

尾嶋史章
Fumiaki Ojima

荒牧草平
Sohei Aramaki

編

世界思想社

目　次

まえがき ………………………………………… 尾嶋　史章　vii

序　章　「学校パネル調査」の意義と方法　………… 荒牧　草平　1
 1　高校生を取り巻く社会状況の変化　*1*
 2　「学校パネル調査」の意義と留意点　*6*
 3　調査の概要　*9*
 4　本書の構成　*12*

＊　＊　＊

I　30 年の軌跡

第 1 章　進路希望と生活・社会意識の変容——30 年の軌跡
　　　　　　　　　　　　　　…… 尾嶋　史章／荒牧　草平　*18*
 1　はじめに　*18*
 2　進路選択の持続と変容　*19*
 3　生活意識の変容　*24*
 4　高校生の「まじめ」化　*31*
 5　進路選択と学校・生活意識からみた高校生の変化　*36*

第 2 章　就職希望者のプロフィール——30 年間の変化に着目して
　　　　　　　　　　　　　　…… 小林　大祐　*45*
 1　はじめに　*45*
 2　高卒就職を取り巻く環境の変化　*47*
 3　高卒就職希望者の特徴　*51*
 4　高卒就職の今後　*60*

第 3 章　職業希望の変容とその制度的基盤　………　多喜 弘文　64
　　1　高校生の職業希望と制度的文脈　64
　　2　職業希望の 30 年間　66
　　3　職業に関する意識　70
　　4　職業希望・進路希望・職業関連意識の潜在クラス分析　76
　　5　制度に埋め込まれた高校生の職業希望と今後　81

II　進路選択の現在

第 4 章　家族構造と進学問題──ひとり親家庭に注目して
　　　　　　　　　　　　　　　　　　　　……　吉田 崇　88
　　1　子どもの貧困と進学問題　88
　　2　家族構造が進学に及ぼす影響　91
　　3　進路希望に対する家族構造の影響　93
　　4　家族構造と進学機会の不平等　99

第 5 章　高校生の進路選択と奨学金制度　………　古田 和久　103
　　1　奨学金制度の拡大　103
　　2　奨学金研究の視角と課題　104
　　3　データと変数　106
　　4　家庭背景と進路・奨学金応募　107
　　5　学力水準と進路・奨学金応募　110
　　6　奨学金利用者の特徴　116
　　7　奨学金制度の拡大と進路選択の変容　119

第 6 章　進路選択の背景としての職業観・学歴観
　　　　　　　　　　　　　　…… 白川　俊之／古田　和久　*124*

　1　進路選択の背後にある意識　*124*
　2　分析に用いる変数　*126*
　3　高校生の進路希望と意識・志向性　*128*
　4　高校生の進路・職業希望と意識・志向性　*133*
　5　進路選択の社会的文脈と高校生の意識　*137*

III　生活構造と生活意識

第 7 章　大学入試の多様化と学校外教育利用
　　　　　　　　　　…… 多喜　弘文／スティーフ・エントリッヒ　*142*

　1　大学受験と学校外教育利用　*142*
　2　学校段階別にみた学校外教育の利用状況　*145*
　3　大学進学希望者における受験方法と学校外教育利用　*149*
　4　大学進学希望者における学校外教育利用の規定要因　*152*
　5　大学入試制度と学校外教育利用　*155*

第 8 章　生活時間の使い方
　　　――学校タイプ・進路希望・「まじめさ」との関係から
　　　　　　　　　　　　　　…… 西丸　良一／坂野　誠　*160*

　1　生活時間からみる高校生活　*160*
　2　学習時間と学習以外の生活時間　*162*
　3　学校タイプ・卒業後の進路希望と時間の使い方　*163*
　4　高校生の「まじめさ」と時間の使い方　*164*
　5　「まじめさ」と生活時間からみた高校生像　*169*

第 9 章　生活満足度からみる現代の若者と高校生の姿
　　　　　　　　　　　　　　　　　　　　……轟　亮　173
　　1　「幸福化」する若者たち？　173
　　2　学校教育に注目することの重要性　177
　　3　2011 年の高校生の学校生活満足度の分析　181
　　4　若者の高幸福・高満足と学校教育　188

　　　　　　　　　　＊　　＊　　＊

終　章　進路選択と高校生活の変容　………………尾嶋　史章　193
　　1　進路選択を支える制度と高校生の意識　193
　　2　高校生の将来展望と学校生活　196

付録 1　学校タイプの分類　………………………古田 和久／多喜 弘文　203
付録 2　出身階層指標の作成　………………………………古田 和久　208
調査票（2011 年調査）　215

著者紹介

まえがき

　近年「友だち地獄」「スクール・カースト」「ぼっち飯」など，学校内・学級内における高校生の友人関係や社会関係に注目が集まっている。この先にはいじめやそれに起因する自殺など，マスコミを賑わせるセンセーショナルな事件がある。事件が報道された結果，人々の関心がいじめやその被害を生み出す直接的な「要因」である人間関係に注がれる。

　生徒間・友人間の人間関係は，確かに現代社会における若者の特徴をみる際に重要な側面である。ただ現象の背後にある経済や文化などのマクロな社会状況，さらにメゾレベルの学校組織を含む学校教育制度が，高校生の学校生活観や社会観の形成に深く関わり，彼らの社会関係を支えている面もある。高校生＝若者を大きな流れの中に置いてみると，どのような社会との関係がみえてくるのだろうか。「定点観測」としての計量分析を行うことで，全体状況の変化を精確に把握することも，若者の現在を探るためには，重要な作業である。

　本書の目的は，1981年以来，1997年，2011年と3回にわたって実施してきた高校3年生対象の調査を用いて，高校生の生活や意識の変化と現状に迫ることにある。しかし，高校生の生活を探っていくことで明らかにしようとしているのは，今の高校生の姿だけではない。加えて，そこに現れる社会の姿とその変化でもある。前2回の調査結果を比較する中で，われわれにみえてきた高校生の変貌は，確かに学校との関係という高校生に固有の問題としてとらえられるところが大きい。だがそれと同時に，「失われた10年」のまっただ中で，若者の社会への適応的変容としてとらえられる部分も多かった（『現代高校生の計量社会学――進路・生活・世代』ミネルヴァ書房，2001年）。学校も時代の影響を受け，教育目標を含めたカリキュラムを変化させ，教科内容だけでなく教師の対応も変わっていく。さらに世代論的にみるならば，高校時代の彼らの姿は，単にその時点だけの状況を照らすのではなく，今後の日本

社会の有り様とも深く関わってくる。この意味で，高校生の変化は，これからのわれわれの社会を見通す一つの補助線となるのである。

　高校生を対象とした研究には，多様な視点があり得るが，われわれが試みたのは，大きく分けて2つのアプローチである。一つは，高校生の将来展望を中心とした彼らのキャリアに沿った「タテ」軸であり，もう一つは，高校生の学校生活を中心とした日常生活の拡がりを扱う「ヨコ」軸である。前者は，高校生からみると職業選択まで含めた広義の進路選択の問題であり，後者は，学校での勉強や友人との付き合い，さらには部活動，アルバイトなど，学校内外での彼らの日常生活のあり方とそれに関わる意識形成の問題である。

　「タテ」軸の視点から高校生について考えてみよう。多くの若者にとって高校ははじめて選択する「進路」であり，その後の生活を考えるうえで重要な分岐点でもある。標準化されすべてが「同じ」形の中学校までとは異なり，高校には多様なカリキュラムを持った各種学科やさまざまなコースが並存している。それと同時に，高校の主流を占める普通科は，大学への進学率や進学先の実績に基づいて，有名大学に卒業生が多数入学する進学校と，就職者も多くみられる進路多様校という軸に沿って分化している。このため，どのような高校へ進学するかが，中学卒業生にとっては，進路分化が始まる起点となっているのである。多様な高校に進学した生徒たちが，どのような考え方に基づいて進路選択を行っていくかを知ることは，学習指導や進路指導のための基礎資料として欠かせない情報である。

　一方，生徒の出身家庭の豊かさや親の属性など，彼らの出身階層や家族の状況が，生徒の選択に深く関わっていることもよく知られている。人員の選抜と配分という社会的不平等の形成を考えるうえでも，高校を挟んだ進路選択は欠くことのできないポイントである。学力の高い生徒が大学に進学している，というイメージは間違いではないが，大学進学は学力だけでは決まらない。進学か就職かの選択が明確になってくる高校3年生のデータを用いることによって，実際に選択される進路に近い進路希望と，進路意識や職業意識，さらには家庭の状況など，高校卒業後の進路（選択）とそれに関わる社会状況の関係が描ける。高校生調査のデータは，階層研究の文脈においても重要な知見を提供する。

最近，マスコミでも取り上げられ，新しい給付制奨学金制度の発端ともなった，奨学金によるローン破産や焦付き問題は，その背後に階層問題が存在することを示唆する。奨学金が借りやすくなり，進学への経済的障壁が低くなると，就職と進学の分化に影響する階層的な要因の重要度は低下するのであろうか。また，近年増加しているひとり親家庭は，その多くを占める母子家庭の経済状況の厳しさも絡んで，進路選択を左右する重要な要因となっていると考えられるが，その実態はどうなのであろうか。学歴社会において，進路分化の結節点となる高校における出身階層と進路選択をめぐる諸問題は，社会的な不平等形成を考えるうえで必須の研究領域なのである。
　「ヨコ」軸の日常生活に目を向けると，高校生たちの違う顔が映し出されることになる。1981年と1997年の調査結果の比較から導き出された重要な発見は，轟亮が「生活構造の多チャンネル化」と名づけた，高校生活の変貌である。学校と家庭の往復に基本的に限定されていた高校生の生活範囲が，ファーストフード店など校外に広がっていくとともに，ポケベルやPHSの普及もあって，教師にも親にもコントロールされない高校生同士のコミュニケーション・ネットワークが学校外に生まれてきた。それと同時に個性尊重の理念に基づき，学校での生徒への対応も管理的なものから支援的なものへと変化してきたことも手伝って，学校生活を楽しみながら学校外の生活も楽しむスタイル（生活構造の多チャンネル化）が生まれた。このことは，学校生活を基本にしながらも，それとの切り替えのできる「異」環境として，彼らが学校外の生活を「手に入れた」ことを示している。このように，学校内外の生活とともにその両者の関係をみていくことは，現代の若者たちを研究していく基本的な枠組みだと考えることができる。
　2013年に刊行されたNHK放送文化研究所の『NHK中学生・高校生の生活と意識調査2012』に関する報告には「失われた20年が生んだ"幸せ"な十代」が，副題として付されている。2000年代に入ってからの一つの大きな変化は，中高生の幸福感が高まってきていることである。他方，1970年代以来，継続的に青少年の性行動を調査している「青少年の性行動全国調査」（日本性教育協会）からも興味深い結果が報告されている。それによると，1990年代に急激に増加したキスや性交の経験率が，2000年代から2010年代

にかけて減少するというのである。1990年代における性行動の「活発化」の背景としては，学校による拘束力が低下し，親からも独立したコミュニケーションツールを手に入れた，高校生も含めた若者たちの状況変化が背後にある。性行動の「活発化」には，1980年代から1990年代にかけて生じた「多チャンネル化」が深く関わっているのである。その後，2000年代の終わり頃にスマートフォンが登場し，コミュニケーション・ツール面ではさらに進化（深化）した。また，少なくとも親や教師からの独立したコミュニケーションは，その後も変わらないようにみえる。これらは性行動のさらなる「活発化」を予想させるが，実際には「不活発化」が観察されている。こうした変化は，多チャンネル化とは違った方向で，学校と生徒たちとの関係の有り様や彼らの行動基準に変化がみられることを予感させる。

前書『現代高校生の計量社会学——進路・生活・世代』で「計量的モノグラフ」と名付けたアプローチを提唱した。本書も基本的にはこのスタンスで臨んでいる。計量的モノグラフとは，問題発見的な視点を持ちつつ，得られた経験的知見を整序化し，統合化していく試みであり，その結果として，最終的には変化を大づかみに把握するモデルを提示することを目的としている。ここで扱う高校生のデータは，のちに詳述するように限定された地域で収集されたものであり，比較できる質問も限られたものであるが，この調査データ上の変化と他の研究結果を照合していくことで，一定の時代変化のモデルを提示できるのではないかと考えている。「計量」と謳うと，なにやら小難しい話に聞こえるかもしれない。確かに，いくつかの章では複雑な多変量解析を用いているが，こうした手法に馴染みのない読者にも結果が理解しやすいように解説を加えながら，変化や構造の内容を読み解く作業を進めたつもりである。このことが成功したかどうかの判断は読者に委ねるしかないが，前回と比較すると変化の方向が複雑で，こうしたモデルを提示できたかどうか，少々心許ない。

前書にも記したが，本研究は編者の一人である尾嶋と宮崎和夫氏の共同研究としてスタートした。3時点継続して調査した学校はすべて宮崎先生に紹介していただいた学校である。その宮崎先生が昨年他界された。本書を生前

にお届けできなかったことが残念でならない。

　本書の出版は2013年2月に，とあるお祝いの会で世界思想社の方とご一緒したことがきっかけであった。その席でこの本の出版をお願いすることにしたが，それから4年以上の時間が経過してしまった。こうした遅れは私の怠惰に帰するところが大きいが，なんとか出版に漕ぎつけられたのは，この間辛抱強く遅筆原稿を待ってくださり，また的確なアドバイスもくださった世界思想社のみなさんのおかげである。

　前書を出版したのは同志社大学に移って2年目の春であった。すでにその出版から16年余が経過し，当時文学部の新米教授も還暦を迎え経歴だけはベテランと呼ばれる域に達した。前回は「後輩たち」と取り組んだプロジェクトだったが，今回はそれに同志社大学での「教え子」が加わった。若い人たちに後押しされながらここまでたどり着いた感じである。

　改組によって所属学部は変わり，新しい同僚が増えて研究室から見える景色も大きく変わった。それでもこれまでと変わらない学科の学問的雰囲気と学生との交流は研究を進めるにあたって大きな力となった。特に本書の作成過程でお世話になった稲元洋輔さん，大井千鶴さん，森本純さんには，お礼を申し上げたい。最後になったが，こうした研究を積み重ねてこられたのも，調査にご協力いただいた学校の先生や生徒のみなさんのおかげである。匿名の調査という性質上お名前をあげることはできないが，あらためて感謝の意を表したい。

　なお，本書は，日本学術振興会の科学研究費補助金基盤研究(B)（課題番号22330161）「社会的不平等の形成過程に関する比較社会学的研究」による成果の一部である。

　　大文字を遠くに望む研究室にて
　　2017年10月

　　　　　　　　　　　　　　　　　　　　　　　　　　尾　嶋　史　章

序章
「学校パネル調査」の意義と方法

荒牧 草平

　本書は，これまで3回にわたって実施してきた質問紙調査に基づきながら，進路や生活に関する高校3年生の意識や態度を描き出すことを目的にしている。高校生の進路や生活に関する調査はこれまでも多数行われているが，3時点「学校パネル調査」によって，30年間という長期間に及ぶ変化をたどれるものは，ほとんど存在しない。[1]

　30年という長さは，ちょうど親子2世代の間隔に相当する。この間には高校生を取り巻く社会状況も大きく変化しているので，それに応じて生徒たちの意識や態度にも様々な変化が生じているはずである。そのように考えるならば，質問紙調査の回答に表れた高校生の姿を社会状況の変化と対応させながら丹念に描くことは，それ自体として興味深い。また，30年にわたる経緯と対照させながら現代の高校生の姿をとらえ直すならば，1時点の調査に基づく場合よりも，多角的な視点からより的確に生徒たちの姿を把握できるのではないかという期待がもてる。「今の高校生」や「現代の若者」だけを見ていると，奇妙に思えたり，突然変異のように感じられたりする姿も，変化の軌跡からとらえ直すならば，じゅうぶん納得できるものとして描ける可能性がある。

1 高校生を取り巻く社会状況の変化

1.1 進路選択構造の変容

　この30年の間に，高校生を取り巻く社会状況はどのように変化してきたのだろうか。高校卒業後の進路の変化と対応させながら，振り返ってみよう。

　まず，マクロな社会経済状況に目を向けると，第1次調査の実施された1980年代はじめは，2度のオイルショックを経て高度経済成長が終わった

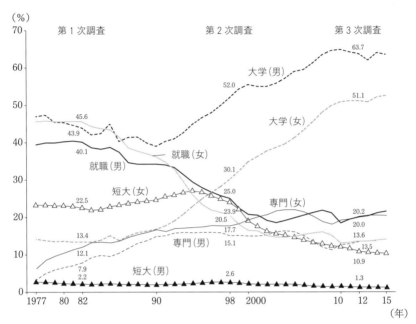

注：各年の高校卒業者ベースの割合。大学ならびに短大進学率は当該年の過年度卒業者を含めた入学者数をベースに算出した（文部科学省『学校基本調査』より）。

図序－1　高校卒業後の男女別進路の変化（1977～2015年）

とはいえ，まだ経済成長率の高い（年率平均4％～5％）時期であった。そうした背景の影響もあり，この数年前には高校進学率も9割を超えている。図序－1は各年の高校卒業生の進路を，大学，短期大学（短大），専修学校専門課程（専門学校），就職の4つに分けて男女別に示したものである。ここから第1次調査の対象者が卒業した1982年をみると，男女雇用機会均等法が施行される前ということもあり，男女の進路は大きく異なっていたことがよくわかる。男子では大学と短大をあわせた高等教育への進学者と就職者がともに40％台でほぼ拮抗していたが，女子では進学者がまだ30％台と少なく，就職者がそれを上回っていた。進学先も男女差が大きく，女子の進学先では短大が大学の2倍近くを占めていたが，男子の短大進学者はごくわずかにとどまり，ほとんどが大学進学者であった。

バブル経済とその崩壊を経て実施された第2次調査の行われた1997年は，いわゆる「失われた10年」のまっただ中で，調査を実施した1997年は都市

銀行や四大証券の経営破綻があった年でもある。この間に男女とも就職率が20％台まで大きく減少する一方で，少子化（18歳人口の減少）の影響もあり，1990年ごろまで停滞していた高等教育進学率は再び上昇に転ずる。均等法導入から10年を経過したことも影響したのか，特に女子の四年制大学への進学率が30％台まで急速に上昇し，短大への進学率は大きく減少する方向へと変化する。専門学校への進学者も徐々に増加して，男女とも高卒者の約6人に1人が選択するところまで拡大し，高卒後の主要な進路の1つとなってきたことがわかる。グラフからも明らかなように1990年代が高校生の進路という面では大きな転換期であり，第2次調査は現在の進路状況に至るちょうど中間点に位置している。

　大学進学者の増加と女子における短大進学者の減少はその後も続き，男子では高校卒業者の3人に2人近くが，女子でも2人に1人が大学への進学者となっている。その一方で，高卒労働市場はとくに女子において大幅に縮小し，第3次調査の対象者が高校を卒業する2012年における女子の就職率は13.6％まで低下している。しかも，単に市場が縮小しただけではなく，若年層を中心に非正規雇用の比率が増加しており，前2回の調査とは雇用環境が大きく変化している。

　以上より，進路選択という視点からみるなら1960年代から70年代の急速な進学率の拡大を経験したあとの第1次調査，次の大きな構造変化のまっただ中に行われた第2次調査，さらに男女とも大学進学が主要な進路となった現在の状況の中で実施されたのが第3次調査と位置づけることができる。

1.2　高校教育をめぐる状況と高校生活の変容

　他方，高校教育をめぐる状況を振り返ると，第1次調査の行われた1980年前後は，「落ちこぼれ」や高校への不本意入学，学校不適応が大きな社会問題とされた時期であった。その背景にあるとされたのが，高校入学時における成績に基づく「輪切り選抜」[3]および将来の進路分化に結びついた高校のトラッキング構造であった。ちなみに，トラッキングとは，「複線型学校システムのように法制的に生徒の進路を限定するということはないにしても，実質的にはどのコース（学校）に入るかによってその後の進路選択の機会と

範囲が限定される」ことをいう（藤田 1980）。それはまた，それぞれのトラックにふさわしいパーソナリティや価値観を内面化させる社会化機能（トラックによる生徒下位文化の分化）も担っているとみなされた（岩木・耳塚 1983）。1970 年代までに高校教育が準義務化するのと並行して大学進学率も上昇し，受験競争の激化・低年齢化と高校の序列化が進行する中で，希望する高校に入れなかった生徒たちに地位欲求不満に起因する学校不適応が拡大したという見立てである。

　こうした問題に対応するため重視されたのが「個性尊重」の理念であり，1990 年代の高校教育においても，生徒の個性に対応した多様化・個性化が推進された（耳塚・樋田 1996；高等学校の特色ある学科等研究会 1999）。具体的な改革には，学科・コース・類型を多様化させ，生徒の個性や多様性に対応したメニューを増やす方向と，総履修単位数や必修単位数を少なくして選択の自由度を高めるというように，学習指導要領の規制を緩める方向があった。この両面から学校の教育課程を変えていくことで，問題を解決しようとする制度的な整備が進められた（高等学校の特色ある学科等研究会 1999；荒牧・山村 2002）。その後，1990 年代の末頃からは，いわゆる学力低下論争をきっかけとして，こうした方向からの揺り戻し現象が広がっている。学習指導要領における「ゆとり教育」路線の転換や，小中学校における「学力テスト」（全国学力・学習状況調査）の復活などは，その象徴と言えるだろう。

　しかしながら，個性の尊重を求める人々の意識は強まりこそすれ弱まる傾向にはない。高校や大学の入試における推薦制度の拡大した背景には，少子化による受験者の減少という人口構成の変動が作用していたことは間違いないが，教育的観点から強調されたのは，受験競争の弊害から生徒たちを守り，個性を尊重する方向に向かうべきだとする理念的な要請であった。

　以上のように，生徒の個性や主体性を尊重すべきであるという理念の広がりは教師‐生徒間関係にも影響している。1 つは，体罰の禁止に代表されるように，校則や規制を緩めたことである。思い返してみると，1990 年代には，まだ「体罰は場合によっては認められるか」「茶髪は是か非か」といった議論が成立し得ていた。しかしながら，近年では，体罰は完全に排除することが常識化しており，教師の側は体罰を回避するよう常に意識して臨んで

いるのが現状だろう。「ハラスメント」という言葉が市民権を得たのも，この間の変化を物語っている。もちろん，時折，体罰事件がマスメディアの注目を浴びることとなるが，それはむしろこうした常識が広がっていることを裏書きしている。また，茶髪というのは，かつては不良の徴であったが，現代では若者はもちろん生徒の母親世代の間でさえ一般化しており，むしろオシャレの印となっている。その意味では，反発・逸脱のシンボルから同調のシンボルへ変化したとさえ言えるのかもしれない。いずれにせよ，個性尊重の理念は生徒の主体性や人権尊重の理念とも呼応しながら，学校現場からの体罰の追放や校則の緩和をもたらした。他方，「個性尊重」という理念を掲げても，規律訓練機関としての学校現場において，個々の生徒の「個性」が文字通りに尊重されるわけではない。許されるのは学校的価値に沿った「輝く個性」にすぎない。そうだとすれば，個性尊重の強化という表現よりも，「禁止的・抑圧的な規律・規範の後退」と呼んだ方が適切かもしれない。

　このように，生徒指導あるいは道徳的社会化の面において，禁止的・抑圧的な規律・規範が後退するのと並行して，教科指導（認知的社会化）の面においても，様々な工夫・努力が進められている。丁寧なプリント，生徒を飽きさせない授業や行事，達成感を得やすい教材や仕掛けなど，親切過ぎると言われるほどの努力が奨励されている。

　生徒に対する評価の側面においても，評価基準の多様化，あるいは否定的評価の後退も生じてきた。有無を言わせず頭ごなしに否定的な評価を口にする教師はあまり見かけなくなった。この背景には，保護者や生徒を消費者ととらえる思考法の広まりもある。学校や教員に対する評価制度や，義務教育段階における学校選択制といった教育政策が導入されたのも，こうした風潮と無関係とは言えまい。学校現場においても，「指導から支援へ」と言われるように，教師は生徒を指導するのでなく支援すべきだという考え方が共有されている。その結果，学校教育のサービス業化という言葉さえ生まれた。いわゆるモンスターペアレント問題も，こうした変化を背景に生じてきたと言えるだろう。

　生徒間関係のあり様にも変化が見られる。「友だち地獄」（土井 2008）などといわれるように，現代の生徒たちは，彼ら同士の人間関係を良好に保つこ

とが非常に重要となっている。KY等の否定的なラベルを貼られないように，常にケータイやスマホをチェックし，生徒間関係のシビアなメンテナンスに消耗しているとさえいえるかもしれない。上述の通り，教師から「押しつけられる」規範が後退していくことによって，生徒同士の間で通用する規範の重要性が強められた可能性もある。

ただし，生徒たちの生活世界をもう少し広い視野からみてみると，これとは異なる側面も目に入る。第2次調査の頃からはアルバイトを行う生徒も増加し，労働力としての高校生という側面も拡大した。それは高校生の行動範囲や経済的な自由の拡大とともに，消費者としての高校生の「出現」をも意味する。同時に進行した携帯電話などのパーソナル・コミュニケーションツールの発達ともあいまって，高校生の生活世界の多様化や拡大が進行したことは間違いない。かつての生徒にとっては，高校生あるいはそれに付随する地位と役割（学年・部活・委員会・仲間集団などにおける地位と役割）がほとんどを占めており，アイデンティティーの中核を占めていた。ところが最近では，「生活構造の多チャンネル化」（轟 2001）の中で，アルバイト先，趣味仲間，学校外の友人，インターネットの世界，ボランティアなど，学校外の世界で占める地位と役割も拡大し，アイデンティティーの重要な要素になっている可能性が指摘できる。

2 「学校パネル調査」の意義と留意点

以上のような30年間の変化を念頭におきながら，本書で採用した「学校パネル調査」の意義について改めて考えてみたい。ここで「学校パネル調査」と呼んだのは，一定の間隔をおいて同じ学校を調査対象校に選び，各調査時点の在籍生徒を対象にして，同様の調査を繰り返し行うことを指す。通常，「パネル調査」とは，同じ調査対象者に繰り返し調査することを指すが，学校パネル調査では，調査対象者となる生徒自体は調査時点ごとに入れ替わる。これは社会調査法の一般的な類型に照らせば「繰り返し調査」（直井 1983）ということになるが，あえて「学校パネル調査」と呼んだのは，同じ学校を繰り返し調査対象とすることに，次のような積極的な意義があると考

えるからである。

　まず，学校という社会的存在は，個々の人間と比べれば，時代による変化を受けにくく，教育選抜システムに埋め込まれた学校の社会的位置づけも容易には変化しない。このように想定することができるならば，同じ学校に観測点を定めて定期的に観察を行う学校パネル調査によって，社会の同じ場所に生活する生徒の生態を，言わば「定点観測」のようにとらえることが可能となる。こうした定点観測において生徒たちの回答に何らかの変化が認められるとすれば，それらは主として生徒自身の変化，あるいは生徒と学校（教師）との関係の変化という観点から考察することができるだろう。

　では，学校パネル調査による効果的な定点観測を行うには，どのような点に留意する必要があるだろうか。一般に，実証的な調査研究を成功させるには，分析課題に対する研究方法の妥当性や整合性が問題となる。その意味において，高校生の進路選択や生活意識に関する学校パネル調査が成功するために考えておくべきポイントとして，ここでは以下の3点にふれておきたい。

　学校パネル調査が持つ定点観測としての妥当性を高めるためには，まず調査対象とする学校の位置づけや特徴に配慮することが求められる。よく知られるように，平等が重視される義務教育段階までとは異なり，高校段階には様々なタイプの学校が存在し，しかも生徒の学力水準や卒業後の進路を主な基準として，階層的な序列を形成している。したがって，各時点における高校の序列的な階層構造を把握できるようにするというのが1つのポイントになる。次節で述べるように，われわれの調査でも，こうした事実をできるだけ反映するような様々なタイプの学校を調査対象に選んでいる。

　ところで，それぞれの高校が過去の卒業生の進路によって序列をともなって階層化され，それが入学する生徒の資質（主に学力）によって再生産されるというサイクルは，ドラスティックな入試制度改革等のない限り安定的であることが知られている。とはいえ，30年という長い期間を経る中で，われわれの調査対象校においても，入学してくる生徒の学力や学校自体の特徴（学科・コース・類型の設置状況や共学・別学などの特徴）に変化が生じている（詳しくは巻末の付録1を参照）。しかしながら幸いなことに，それらの変化は比較的小さなものに留まっており，全体としての構造は基本的には安定している。

したがって，そうした変化にも慎重に注意を払っていけば，われわれの調査設計でも，有効な定点観測が可能になると考えられる。

もちろん，このように各校の構造的な位置づけが安定的であるとはいえ，その機能には変化が認められる可能性もある。しかし，仮にそうした変化が生じているとしても，そのこと自体は必ずしもデメリットとは言えない。むしろ，こうした変化を観察できることは，単なる「繰り返し調査」とは異なる，学校パネル調査のもう1つの積極的な意義と考えることもできるだろう。すなわち，構造的な定点としての学校を首尾よく確保できた場合には，それらの学校が持つ機能の変化は，この間における様々な社会状況の変化が，高校教育システムに及ぼした影響を反映した結果と考えることができるからである。このように，変化に対する感度の異なる個人と学校という2つの観察対象を設定することによって，社会状況の変化がもたらす影響を観測できる点に，学校パネル調査の大きなメリットがある。

2つ目は，実証的な調査研究の基本的なスタンスに関わる。一般に社会調査データの計量分析における基本的な立場として「記述」と「説明」という区分がある（盛山 1992）。量的社会調査とそれに基づく計量分析においては，単なる「記述」でなく「説明」を目指すべきだと指摘されることも多い。そして後者を実践する具体的な方法として一般に行われるのが，多変量解析によって変数間の関連を解明することを通じて，あらかじめ設定された仮説を検証することである。いうまでもなく，そうした研究は重要である。しかし，先に述べた定点観測という課題においては，各時点における回答分布とその変化を正確に記述することが何より求められることになる。また，そうした回答分布の変化が様々な社会変動とどのように関連するかを併せて示し，それらの対応関係を検討することにも大いに関心がもたれるところである。

これに関連して，尾嶋（2001）は「計量的モノグラフ」という概念を提示している。これは，「データの構造とかパターンとして現れてきたことが，現実の問題としてどのようなことを意味しているのかを，現実世界に投影」（8頁）し，社会学的想像力を働かせて解釈することで，「高校生活や進路形成の変化を記述するモデル」（6頁）を描き出そうとするものである。ちなみに，ここでいうモデルとは，文化人類学におけるモノグラフが目指すような，

その土地の全体的な骨組みを大づかみに把握し理解できるようなモデル（佐藤 1992）のことを指す。そして，限られた地域の高校生の生活構造や意識構造の様態を明らかにしながら，他の様々な資料と照合することを通じて，日本の高校生や若者の姿とその変容についても描くことを目指している。30 年間の時点比較を中心とした各章では，特にこうした点を意識して分析を行っている。

　3点目は高校生の進路選択や生活意識に関する研究の論点をふまえた調査設計や質問内容を用意することである。これらは幸い教育社会学における主要な研究テーマの1つであるため，これまでにも多数の研究が積み重ねられている。本書のテーマと関連するのは，高校の学科やランクによる進路形成や，それと関連した学校適応の問題，高校卒業後あるいは将来の職業生活に関する意識，また，これらとも関連した様々な社会意識などが挙げられるだろう。われわれの調査でも，できる限りこれらの課題を検討可能となるようにつとめた。もちろん，30年前の研究の開始当初には考えが及ばなかったこともあり，必ずしも今日的な課題を十分に把握できているとは言えないが，学校生活と学校外の生活状況，進学および就職や職業に関する構え，社会に関する様々な意識などについての質問項目を用意している。

　これらのポイントに加えて，すでに前節で行ったように，この間における社会状況の変化と，それが高校教育システムや高校生の生活に与えた影響を整理しておくことも重要である。上述した研究の論点が，社会状況の変化に照らしてどのように変化したと予想されるのか。この点をあらかじめ把握した上で調査の設計や分析の戦略を立てておくことによって，研究の有効性も高まることが期待できる。

3　調査の概要

3.1　全3回の調査の概要

　以上の考察に基づきながら，実際にどのような形で調査を実施したのか，前2回の調査も含めたプロジェクト全体の概要を簡単に述べておくことにしよう。

第1次調査は，1981年～1982年にかけて宮崎和夫氏と尾嶋の共同調査として実施された「高校生の生活と進路に関する調査」である。調査対象校は，兵庫県神戸市を中心とした阪神地区の高校をできるだけ代表するように選ばれた普通科10校と職業科3校であり，これらの学校の3年生を対象として1981年7月に最初の調査が実施された（有効回答数2,197）[4]。ただし，普通科校が進学校に偏っていたため，その修正を目的として，翌年5校の普通科高校を対象として追加調査を行った（有効回答数585）。どちらの調査も，ホームルームや授業時間を用いた集合調査法で実施されている。最終的な総有効サンプル数は2回の調査を合わせて2,782であった。

　1997年に実施された第2次調査は，第1次調査との比較を目的として，前回の対象となった全18校（普通科15校と職業科3校）に対して調査依頼を行い，協力の得られた13校を対象に実施された。調査対象となるクラスは1校あたり4クラスを基本に選択したが，対象校から申し出のあった5校では3年生の全クラスを対象としている。実査は6月から7月にかけて行われた。このうち10校ではホームルームあるいは他の授業時間内でクラス単位の集合調査法により実査が行われたが，残りの3校では時間割の関係で調査時間が授業時間内に設定できなかったため，自宅で記入して提出するという配票調査に近い形で実施された。有効サンプル数は2,397であった。

　第3次調査においても，当初は，前回と同様に第1次調査の対象であった18校すべてに再度依頼することを考えた。しかしながら，このうち3校はこの10年あまりの間に廃校・再編されていたため，残りの15校に再編された1校を加えた16校に調査依頼を行い，13校から調査協力を得た。

　ところで，第2回までの調査は，通学可能圏に多くの大学や専門学校が存在し，進学率の高い大都市およびその周辺の高校を対象としたものであった。しかしながら，同一県内でも大学進学のために下宿する必要のある地域では，進学・就職意識や日常の生活意識が異なる可能性もある。そこで，第3次調査では都市部の高校の比較対照群として同県の農村を抱えた北部地域の高校4校（K01～K04）を新たに追加して実施することとした（表序-1参照）。そのため3時点比較という時間軸と地域比較という空間軸の比較が可能な調査設計となっている。なお，以下の各章では，両地域を区別する際，「都市を中

心とした南東部」（あるいは単に「南東部」）および「農村地帯を含んだ北部」（あるいは単に「北部」）と呼ぶことにする。

第3次調査は，南東部地域13校と北部地域の4校を合わせた17校に対して，各校に在籍する3年生全員を対象に，2011年6月中旬〜7月中旬にかけて実施した。ただし，M01校は調査可能な時間を6月初旬にしかとることができず，最終的な調査票が完成する前に実施することとなった。そのため，M01校のみ，一部の質問項目が他校とは異なっている。各章におけるM01校の回答の扱いは，研究の目的に応じて異なる。なお，実査はすべての学校でホームルームや授業時間内にクラス単位の集合調査法により実施された。有効サンプル数は3,826である。

3.2 本書で用いるデータの構成

一度でも調査対象となった南東部の学校は19校あるが，ほとんどの高校でこの間に定員・選抜方法・学科やコースの再編を経験しており，まったく同じ状態で3時点持続している高校は第3次調査の対象校にはない。統廃合・学科の変更・共学化など大きな変化があった学校もあり，3時点の比較が可能な高校は15校，このうち3時点とも調査協力が得られたのは10校である。表序-1は，本書で用いる調査データを時点別・学校別にまとめたものである。第1次調査や第2次調査の対象校であっても，第3次調査で協力の得られなかった学校は，本書の分析対象とはならないため，このリストには含まれていない。これらも含めた調査対象全体の概要については報告書（尾嶋・荒牧編 2013）を参照されたい。

3時点比較を行うために注意が必要なのは，表にも示したように，同じ学校から回収したサンプルサイズが調査時点によって異なることである。このため，3時点比較の可能な10校（M01〜M10）に限っても，このまま全サンプルを用いて時点比較を行うことには問題がある。これに対処する方法はいくつか考えられるが，本書では，各時点における各校のサンプルウェイトを同一にするという方法をとった。具体的には各校を100になるようにウェイト付けしている。したがって，各時点でのサンプルサイズは10校で1,000となり，3時点の合計では3,000となる。3時点比較を行った章では，基本

表序-1　本書で用いる調査対象校と有効サンプルサイズ

コード	公私	学科	1981年	1997年	2011年
M01	公立	普通科	206	143	283
M02	公立	普通科	258	149	265
M03	公立	普通科	126	110	225
M04	公立	普通科	167	106	205
M05	私立	普通科	117	329	319
M06	私立	普通科	183	200	106
M07	公立	専門学科	174	133	256
M08	公立	専門学科	174	310	273
M09	公立	専門学科	186	140	256
M10	公立	普通科	<u>157</u>	209	165
M11	私立	普通科	<u>119</u>	不能	222
M12	私立	普通科	<u>88</u>	不能	200
M13	公立	総合学科	―	―	303
K01	公立	普通科	―	―	225
K02	私立	普通科	―	―	173
K03	公立	普通科	―	―	132
K04	公立	総合学科・専門学科	―	―	218
			1,955	1,829	3,826

注：1981年のサンプルサイズのアンダーライン表示は，1982年に調査した学校。

的にこのウェイト付けされたデータセットを用いて分析を行っている。

　一方，最新の2011年データのみを用いて，現代の高校生に関する詳細な分析を行った各章では，基本的に第3次調査のデータをすべて用いている。ただし，上述の通り，調査票が部分的に異なるM01校や，家庭背景に関する質問項目への回答に協力の得られなかった学校の扱いは各章によって異なるので，それぞれの記述を参照してほしい。

4　本書の構成

　最後に，各章で扱うテーマとその概要について簡単に紹介しておきたい。
　まず，I部の3つの章では，3時点比較データを用いて，30年間の変化を記述している。第1章「進路希望と生活・社会意識の変容——30年の軌跡」は，30年間の変化についての基礎分析になる。この調査のテーマであ

る進路と学校生活（学校適応）の変容について，トラッキングや出身階層との関係やジェンダー差に着目しながら包括的に検討したうえで，社会意識の変化とも対応させながら，高校生の「まじめ」化について論じる。

　第2章「就職希望者のプロフィール——30年間の変化に着目して」では，就職状況の悪化や大学進学率の上昇といった社会状況の変化の中で，高卒就職を選ぶ生徒が徐々にマイノリティー化していることを確認したうえで，学科，出身階層，性別，学業成績などの基礎的変数との関係から就職希望者のプロフィールを記述している。また，それらの結果をふまえ，就職者の輩出基盤の変化を機会の不平等の観点から論じている。

　第3章「職業希望の変容とその制度的基盤」では，生徒たちの職業希望の変遷を学校タイプや希望進路との関係から明らかにするとともに，職業希望に関する意識，とりわけ希望職業へのこだわりや職業志向性との関連について検討している。高校生の職業希望や職業に関連する意識が，日本の学校制度が持つ特徴（制度的基盤）とどのように関連するかを解明するのが，この章の主眼である。

　以下の各章は，いずれも2011年に実施した第3次調査データの分析に基づいている。

　II部の3つの章では，今日的な進路選択の問題を様々な角度から論じている。まず，第4章「家族構造と進学問題——ひとり親家庭に注目して」では，近年，増加していると言われるひとり親家庭の問題を取り上げる。ひとり親家庭の生徒は，一般に，学力や卒業後の進路選択の面で不利な立場におかれていると指摘されるが，本章では，大学進学希望に対する父不在の影響が，学校タイプや性別によってどのように異なるかに焦点をあてて分析を行っている。

　第5章「高校生の進路選択と奨学金制度」で取り上げるのは奨学金の問題である。近年では大学進学者の半数が奨学金を受給しており，この制度の利用者は大幅に拡大したことが知られるが，その利用状況については必ずしも明らかになっていない。そこで，出身階層，学力水準，性別，家族構造，地域など多様な観点から，誰が利用しやすいのかを明らかにするとともに，経済状況の悪化や入試制度との対応関係について論じている。

第6章「進路選択の背景としての職業観・学歴観」では，進路選択に対して高校生の意識的側面が与える影響を取り上げる。具体的には，進路選択の背景にある社会や職業に関する志向性や将来の職業希望，あるいは学歴に対する考え方が，選択する進路の種類，とりわけ大学のタイプの違いとどのように関連しているのかを明らかにするとともに，こうした高校生の意識の全体的な布置状況を社会的な文脈と対応させて論じている。

続くⅢ部の第7章から第9章は，現代の社会状況に対応した，今の高校生の学校外生活における姿に迫る。まず，第7章「大学入試の多様化と学校外教育利用」では，高校生を対象とした研究ではあまり取り上げられない，学習塾などの学校外教育の利用状況に着目している。中学時代には幅広く利用されていた学校外教育が，高校段階では学校タイプや進路希望と強く関連することを確認した後，同じように大学進学を希望する生徒において，受験方法や進路の決定時期によって，どのような違いがあるのかを検討している。

第8章「生活時間の使い方——学校タイプ・進路希望・『まじめさ』との関係から」では，高校生の生活時間について，「学習時間」ばかりでなく「学習以外の時間」の使い方にも着目し，これらを分化させている要因を分析している。具体的には，学校タイプや進路希望による違いについて明らかにするとともに，第1章で指摘した「まじめ」な生徒が，どのような生活時間を送っているのかを検討している。

第9章「生活満足度からみる現代の若者と高校生の姿」では，若者の幸福感が以前よりも高まっており，そのうえ他の世代よりも幸福度が高いという言説について，いくつかのデータを参照しながら検討し，この問題を学生や生徒の満足度という視点から読み解くべきことを指摘する。また，高校生の学校生活満足度と様々な属性，学校での活動，進路希望，人間関係に関する態度やスキルなどとの関連を明らかにし，この現象に対して社会的にどのように対応すべきかについて論じている。

以上をふまえ，終章では，現在の高校生の進路選択が，この間の社会の変化や学校自体の変化とどのように関わっているかを検討すると同時に，全体的な構図の中で現在の高校生の生活の変化を生んだ要因について論じる。

1) 本プロジェクトとほぼ同様の時期に同様の調査を実施した唯一の研究成果として，樋田ほか（2014）がある。
2) 大学と短大の進学率は，過年度卒業生も含めた当年の大学，短大の入学者数を当該年の高校卒業生数で割った百分率である。また就職率には純粋な就職者だけでなく，大学・短大・専門学校等の夜間部等に就職進学者も含めて計算している。
3) 入学試験の成績や内申書の評価に基づいて，細かく序列づけられた高校に生徒を振り分けることを，当時，輪切り選抜と呼んだ。こうした選抜を行った結果，各校には成績の類似した生徒が集まることとなり，学力やアスピレーションの同質化が促進され，高校のトラッキング構造を安定的に支える効果があったと考えられる。
4) なお，1981年調査の概要については宮崎（1996）の「第3章 高校教育不適応者の分析」に詳しい。また1981年調査の調査票は，同書の巻末に掲載されている。

[文献]

荒牧草平・山村滋，2002，「多様化政策下における普通科高校教育課程の実証的研究」『大学入試センター研究紀要』31：11-27.

土井隆義，2008，『友だち地獄――「空気を読む」世代のサバイバル』ちくま新書.

藤田英典，1980，「進路選択のメカニズム」山村健・天野郁夫編『青年期の進路選択――高学歴時代の自立の条件』有斐閣，105-129.

樋田大二郎・苅谷剛彦・堀健志・大多和直樹編，2014，『現代高校生の学習と進路――高校の「常識」はどう変わってきたか？』学事出版.

岩木秀夫・耳塚寛明，1983，「高校生――学校格差の中で」『現代のエスプリ 高校生』至文堂，No.195：5-24.

高等学校の特色ある学科等研究会，1999，『特色ある学科・コースの調査分析』平成10年度文部省「高等学校教育多様化実践研究委嘱」報告書（代表 飯田浩之）.

耳塚寛明・樋田大二郎編著，1996，『多様化と個性化の潮流をさぐる――高校教育改革の比較教育社会学』〈高校教育改革シリーズ2〉学事出版.

宮崎和夫，1996，『学校不適応の社会学的研究』創森出版.

直井優，1983，「社会調査の設計」直井優編（青井和夫監修）『社会調査の基礎』サイエンス社，1-43.

尾嶋史章，2001，「研究の目的と調査の概要」尾嶋史章編『現代高校生の計量社会学――進路・生活・世代』ミネルヴァ書房，1-17.

─────・荒牧草平編，2013，『現代高校生の進路と生活――3時点学校パネル調査からみた30年の軌跡』科学研究費補助金基盤研究(B)研究成果報告書.

佐藤郁哉，1992，『フィールドワーク――書を持って街に出よう』新曜社.

盛山和夫，1992，「社会調査とは何か――理論からデータへ」盛山和夫・近藤博之・岩永雅也『社会調査法』放送大学教育振興会，11-21.

轟亮，2001，「職業観と学校生活感――若者の「まじめ」は崩壊したか」尾嶋史章編『現代高校生の計量社会学――進路・生活・世代』ミネルヴァ書房，129-158.

Ⅰ
30年の軌跡

第1章
進路希望と生活・社会意識の変容——30年の軌跡

尾嶋 史章／荒牧 草平

1 はじめに

　序章にも示したように，30年の間には，高校や生徒たちを取り巻く状況にも，様々な変化が生じている。この中で進路希望および学校生活や社会に対する生徒たちの考え方や態度は，どのように変わったのであろうか。
　変化という点からみるなら，第1次調査と第2次調査の比較によって次の2つの重要なポイントが明らかになっている。1つは，トラッキングによる選抜配分機能の安定と社会化機能の弱化である。すなわち，在籍高校のタイプによって卒業後の進路が水路づけられる傾向は安定的であった一方，それが生徒の学校生活適応に及ぼす影響力は明確に低下して，学校タイプ間にみられる授業や学校への態度の違いが小さくなっていたのであった。
　もう1つは「学校生活の相対的ウェイトの低下」あるいは「生活構造の多チャンネル化」（轟 2001）と呼んだ変化である。1970年代までにおける進学率の上昇によって多様な生徒を受け入れるようになった高校は，1980年代においても生徒を学校へ縛りつける方向を保ち続けたため，高校生たちは学校を中心とした生活を送っていた[1]。その結果，学校への不適応を起こして逃げ場のなくなった生徒たちは学校生活への不満を強め，脱学校的あるいは反学校的な行動へと向かいやすかった。これに対し，90年代の高校では生徒のニーズを踏まえたカリキュラムの多様化や指導方法の改善が進められるとともに，教師の生徒への接し方も柔らかくなった。それに加えて，ポケットベルやPHSが高校生にも普及しはじめ，親や学校にコントロールされないコミュニケーション手段が生まれた。また，ファーストフード店など高校生の学校外での居場所が増え，アルバイトなどの学校外での活動領域が拡大したことも，学校生活の相対的なウェイトを低下させる方向に働いた。その結

果として学校内と学校外の生活が相対的に独立し，それらを切り替えるスタイルが生まれたことを，「多チャンネル化」ということばで表したのである。

　こうした傾向はその後も維持されたのだろうか。それとも新たな展開がみられるのだろうか。卒業後の進路に関していえば，第2次調査の後も大学進学率は上昇し，女子の進路における短期大学から四年制大学（以下，大学）へのシフトは続いている。また，高等教育進学における奨学金利用者の増大，推薦入試やAO入試の拡大といった新たな環境も生まれている。加えて，高卒労働市場は，第2次調査の頃と比較しても，さらに縮小した。他方，生活面では携帯電話などのパーソナルコミュニケーション・ツールはますます普及し，学校以外の生活チャンネルも多様化して，活動が活発化しているようにみえる一方で，最近の若者は「草食系」「内向き」などと評され，おとなしくなっていると評価されることも多い。従来と同じ方向への変化がさらに進行していることが予測できると同時に，今までとは異なる新たな展開が生まれているとも予想できる。

　このような問題意識に基づいて，3時点比較が可能な調査項目を中心に，30年間にわたる高校生の進路希望や社会意識の変化をたどってみよう。

2　進路選択の持続と変容

2.1　進路希望とトラッキング効果

　はじめに，全体的な進路希望の変化を確認する。表1－1は男女別に卒業後の進路希望を示した結果だが，第1次調査の実施された30年あまり前の段階で，すでに男子の大学進学希望率は50％を超えている。兵庫県の南東部は，当時から大学進学率の高い地域であったため，そうした地域の実情が本調査の対象となった生徒の進路希望にも反映されていたと考えられる。男子の大学進学希望率はその後も上昇していくが，この30年間での上昇はわずかである。一方，1981年に34％あった就職希望率は30年間に10ポイント以上減少し，代わって専門学校（専修学校専門課程）への進学希望が増えている。

　これに対して，女子の変化は男子以上にドラスティックである。全国的に

表1-1 卒業後の進路希望（性別・時点別）

		就職	就職進学	大学	短大	専門学校	その他	未定
男子	1981	34.0	2.1	53.9	1.2	6.4	0.2	2.1
	1997	26.6	2.0	54.2	1.8	10.2	3.3	1.8
	2011	23.2	—	56.6	1.4	15.1	0.5	3.2
女子	1981	25.1	1.9	26.5	36.9	8.9	0.2	0.5
	1997	18.1	4.5	37.2	21.1	14.6	3.0	1.6
	2011	18.3	—	57.5	8.1	13.5	0.7	2.0

注：すべての学校のサンプルウェイトを100に揃えたデータを用いて算出している（以下，本章のすべての図表に共通）。詳しくは序章を参照されたい。

も短大進学者の減少と大学進学者の増加が顕著だが，本調査の対象校でも大学進学希望者は27％から58％へ30ポイント以上増加しているのに対し，短大進学希望者は37％から8％へと30ポイント近く減少している。就職希望者の減少と専門学校進学希望者の増加が同時に生じたのは男子と同様である。1981年には就職希望者の割合が25％，専門学校進学希望者は9％であったものが，1997年以降はそれぞれ18％と14％程度となり，両者の値に大きな違いが認められなくなっている。

　こうした変化は，高校の学科や進学率ランク（以下，両者をまとめて「学校タイプ」と略す）との関連をどのように変化させたであろうか[2]。結果は図1-1に示した通りで，学校タイプ別にみても，時代を経るにしたがって就職希望者と短大進学希望者が減り，逆に大学進学希望者と専門学校進学希望者が増えるという変化が確かに認められる。しかしながら，変化の様子はタイプごとに異なっており，男女の違いも維持されている。就職希望者が最も多い職業科をみると，1981年には男女とも7割を超えていたものが2011年には5割を割っており，代わりに専門学校や大学への進学希望者が増加している。普通科では，男子にはあまり大きな変化はないが，女子の変化は劇的で，どのタイプにおいても短大進学希望者が減り，代わりに大学進学希望者が大きく増加している。特に，普通科Bでは大学進学希望者が40ポイント以上も増えている。

　では，学校タイプと進路希望との関連には，どのような変化があっただろうか。これを確認するため，両者の関連の強さを表す相関係数（ソマーズのD

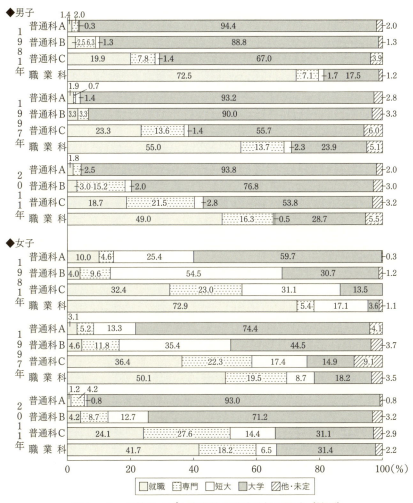

図1-1 学校タイプと卒業後の進路希望の関連（性別）

係数[3])を求めてみよう。すると，男子の場合が1981年から順に0.53，0.47，0.44，女子では0.52，0.51，0.44と変化しており，男女とも学校タイプと進路希望の関連には若干の弱まりが認められる。

ただし，こうした関連係数の値は周辺分布の変化，具体的には高卒者全体に占める高卒就職者の減少や大学進学者の増加といった状況の変化にも依存

しているため，学校タイプと進路の結びつき自体に変化がなくても，異なる値を示してしまうことがある．たとえば，男子でみると普通科Aの大学進学希望率は3時点で同じだが，職業科の大学進学希望率は18％から29％へと11ポイント増加している．これは普通科Aの進学希望率が1981年の時点ですでに9割を超えており伸び代があまりない中で，他の学校タイプが変化していることによる．他方，就職希望率の場合にはこれと正反対のことが起こり，普通科Aでは当初からごく少数であったためほとんど変化していないが，近年の労働市場の変化もあって，職業科では30年間で20ポイント以上の減少がみられる．ここから，学校タイプと進路希望の相関係数に認められた変化は，基本的には，労働市場や進学市場の変化といった構造的な変動に起因する部分も大きいと考えることができる．これをふまえると，学校タイプと進路希望の関連，言い換えるならトラッキングの配分機能は，30年間という長期にわたって安定的に存在してきたと結論づけることができるだろう[4]．

2.2　進路選択の階層差

次に進路選択と出身階層との関連を検討しよう．図1−2は，両親の学歴を「両親とも大学・短大に進学（ともに高等）」「一方のみが大学・短大に進学（一方が高等）」「両親ともに中学か高校（ともに中等）」の3つに区分して進路希望との関連をみたものである[5]．男子の場合，どの調査時点でも，大学進学希望率は親の学歴が低い方から順に，およそ5割，7割，8割となっている．1981年の「ともに高等」で大学進学希望者の割合が若干高いこと，時代とともに就職希望者が減り専門学校進学希望者が増えるなどの変化はあるが，親の学歴と進路希望の関連には驚くほど変化がない．女子の場合は，上述の通り，全体の進路構造がドラスティックに変化しているため，男子ほど単純ではないが，「大学・短大」と「就職・専門」という区切りでみていくと，基本的な関連の構造にはやはり違いがないといえるだろう．ただし，1981年当時には「ともに高等」でも進学希望者の割合が若干低めに抑えられていたものが，時代とともに親学歴との関連が明確になっているようにみえる．かつては，高学歴の親であっても，女子への学歴期待をそれほど高く抱いていなかったことを反映しているのかもしれない．

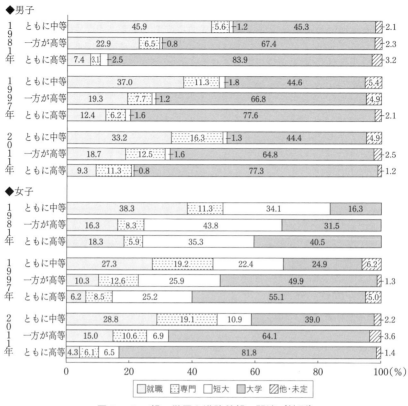

図1-2 親の学歴と進路希望の関連（性別）

　ここで，さきほどと同様に相関係数を求めると，男子の場合が順に，0.30，0.26，0.24，女子の場合が順に，0.26，0.31，0.31 となっており，1981年から1997年にかけて男子の関連が弱まる一方で女子の関連は強まっている。女子の場合は変化が大きすぎて簡単には理解しがたいが，男子の場合は，「ともに高等」層の大学進学希望率が低下していることの影響が大きいようである。ただし，これは男子で平等化が進んだというよりも，女子との競合化（尾嶋・近藤 2000；尾嶋 2001）が進んだ結果とみるべきだろう。

　この30年の間に，男女とも就職希望者が大幅に減少する一方で専門学校進学希望者が増加し，さらに女子では短大進学希望者の減少と大学進学希望者の増加が生じるというように，希望する進路自体には大きな変化が認めら

れた。しかしながら，学校タイプとの関連でみても出身階層との関連でみても，進路選択の基本構造には大きな変化がなかった。ここからトラッキングの進路分化機能は 30 年という長期間にわたって安定的に推移してきたと結論づけることができる。

3　生活意識の変容

3.1　学校生活感と自己評価

　それでは生徒たちの学校生活に対する意識についてはどうだろうか。冒頭にも紹介した通り，1981 年と 1997 年の 2 時点間の比較で明らかになったのは，1980 年代までの高校生にとって日常生活の大部分を占めていた学校生活の比重が低下し，生活構造の多チャンネル化が進んだというものであった（轟 2001）。こうした傾向は，その後もさらに進行したのであろうか。ここでは，学校生活の活動評価，学習意識，逸脱的行動経験，脱学校感という学校生活の諸側面や行動特性の自己評価に着目して，回答の変化をたどってみよう。

　図 1 - 3 は，授業や勉強，友人との交際，部活動などに熱心・活発であるかどうかを 3 時点で比較したものである。まず目立つのは，授業や勉強に「熱心である」という生徒の増加である。1981 年と 1997 年には 3 分の 1 強の生徒しか熱心であると答えていないが，2011 年になると半数以上の生徒が授業や勉強に熱心であると評価するようになる。友人との交際に関しては，約 8 割の生徒が「活発である」と回答していて大きな変化はみられない。部活動に「熱心であった」割合をみると，1981 年から 44 %，50 %，57 % としだいに増加している様子が確認できる[6]。全体的にみればこの 30 年間に学校での活動に積極的だと自己評価する生徒が増えてきたといえる。特に授業や勉強に熱心な生徒の 1997 年から 2011 年への増加は顕著である。

　では，学校生活についての生徒の実感や高校教育への評価という広義の学習意識にはどのような変化がみられるだろうか。図 1 - 4 には，「授業に充実感がある」「入学した頃より今の方が学習意欲は向上したと思う」「勉強は適当にして，学校生活を楽しみながら卒業したい」という勉強・学習の満足

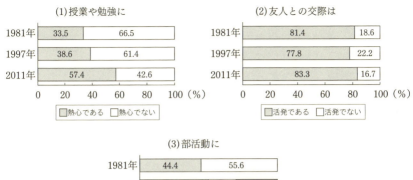

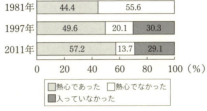

図1-3 学校生活（1）学校生活の活動評価

感・意欲，さらには「高校で学んだことは将来の仕事や生活に役立つと思う」という高校教育の有用感について尋ねた結果を示した。なお，最初の問を除いて1997年の結果が表示されていないのは，第2次調査でこれらの項目を質問していないためである。

　授業に充実感がある（「いつもある」「しばしばある」「たまにある」の合計）と回答した生徒は，48％，64％，79％と順次増加している。「いつもある」「しばしばある」に限ると，ここでも1981年と1997年は21％とまったく同じであるのに，2011年には45％と2倍以上に増加していることがわかる。入学時点より学習意欲が向上した生徒（「強くそう思う」+「どちらかといえばそう思う」）も1981年には45％だったのが2011年には62％と増加しているのに加えて，勉強を適当にして卒業するという生徒は，逆に1981年の45％から2011年には33％と10ポイント以上減っている。高校教育が将来役立つかどうかにも，1981年より2011年の方が肯定的な回答をする生徒が増えている（57％と67％）。1997年時点の傾向は把握できないが，少なくとも1981年と比較する限り，2011年には高校教育に対する有用性感覚が高まり，勉学意欲も高まって，学習に対して積極的に取り組む生徒が増えている様子が確

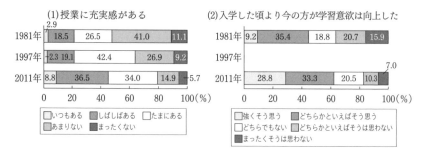
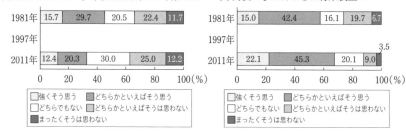

図1-4 学校生活（2）学習意識

認できる。

　学習以外の生活面にも目を向けてみよう。図1-5は，校則違反や遅刻など逸脱的な行動経験を尋ねた結果である。親が学校に呼び出されるような校則違反をしたことがある生徒が，1981年には15％いたが，1997年には10％，2011年には8％と30年で半減している。また無断外泊は，1997年に15％と高くなっているが，2011年では9％とわずかだが1981年と比較しても少なくなっている。遅刻は，1997年から採用している項目であるが，当時は4割程度いた経験のある生徒が2011年では3割を割り込む一方で，「まったくしたことがない」生徒は3割から5割に増加している。唯一，無断欠席を「したことがある」生徒は2011年に若干増えているが，全体として学校規範に対して逸脱的な行動をとる生徒が減少していることがわかる。もちろん校則などの規範がどの程度厳しいかによって，生徒の認識と実際の行動にはズレが生まれる。序章にも述べた通り，1990年代半ば以降は「禁止的・抑圧的な規律・規範」が後退し，1980年ごろと比較して生徒の管理は緩やかになっているため（伊藤 2002），単純に比較はできないことも確かである。

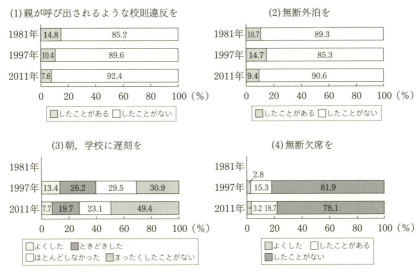

図1-5 学校生活(3) 逸脱的行動経験

しかし、ここでの分析結果をみる限り、1990年代半ばと比較しても、高校生はよりおとなしく、学校規範に同調的になってきたと考えてよいだろう。他府県の高校生を対象として2000年以降の変化を追った調査でも、学校規範や生活場面で規範に同調的になる傾向が明らかになっており（平野2015；杉村2015）、同じ方向への変化を確認できる。

1997年のみとの比較になるが、「努力」「礼儀」「協力」という「教育上の徳目」についての自己評価をみておこう。図1-6には「単純なことでもこつこつとやる」「礼儀正しくする」「クラスメートと協力する」という3項目について、得意か否かを尋ねた結果が示されている。「こつこつやる」は「たいへん得意」が11％から19％へ、また「少し得意」も29％から36％へと増加しており、両者を合わせた得意な生徒の割合は4割程度から半数以上に増加している。「礼儀正しい」や「クラスメートと協力」も同じような傾向にある。「礼儀正しい」が「たいへん得意」な生徒は16％から28％へ、また「少し得意」という生徒も39％から47％へ増加し、得意という生徒は55％から75％と20ポイント増加している。さらに「クラスメートと協力」はさらに伸びが大きく、「たいへん得意」が12％から26％と2倍以上に増

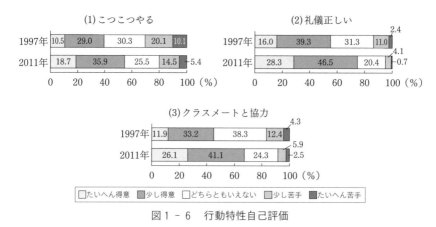

図1−6　行動特性自己評価

加し,「少し得意」も含めた「得意である」をまとめると，45％から67％へと22ポイントの増加をみせている。少なくとも生徒自身による自己評価においては，学校の価値規範に合致する行動を得意とする模範的生徒が増加している。

　以上を総合すると，この30年間に，校則を遵守し，勉強や部活動を熱心にこなし，クラスメートと協調して物事に臨む生徒，換言すれば，学校での活動に「まじめ」に取り組む生徒が増加したと考えることができるのである。

　では，学校と学校外の生活との関係はどうだろうか。もし，学校生活が充実した楽しいものになっているなら，学校生活のウェイトが再び高まっているかもしれない。最後にこの点を確認しておこう。先にも述べたように1981年と1997年の調査結果を比較して大きな違いが認められたのは，学校外の生活に対する評価であった。すなわち，授業や部活動への熱心さが一定のレベルで保たれている一方で，授業をサボりたいという回答や，学校外の生活が楽しいという回答が増加していたことだった。こうした学校外での生活に関する高校生たちの志向性は，その後，どのように変わったのだろうか。

　図1−7がその結果だが，学校外の生活に関する意識の変化は，先にみた学習・勉強や逸脱的な行動面とは少し異なることがわかる。いずれの質問に対しても，1981年から1997年にかけて肯定的回答が増加し，2011年でも同水準を維持している。先にみたように，1997年と2011年を比較すると授業や勉強に熱心な生徒がかなり増えていたが，ここに示したように，脱学校的

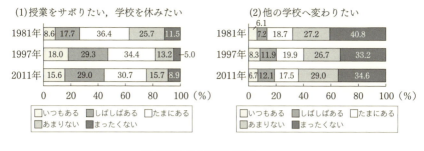

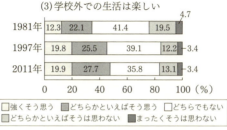

図1-7 学校生活（4）脱学校感

な傾向は弱まっていないし，学校外の生活の方が楽しいという生徒が減少しているわけでもない。つまり，一方では学校外に足場を置き，場合によっては現在の学校から逃避しつつ，それでも学校では「まじめ」で熱心に勉強して部活動にも励むというわけである。これは，学校内と学校外を使い分ける生徒が増加した可能性を示しており，「多チャンネル構造」がより一般化した結果とみることができる。

3.2 学校適応とトラッキング

学校生活に関する意識についても，3時点にみられる学校タイプとの関連を確認してみよう。冒頭で述べたように，1981年から1997年にかけてトラッキングの「社会化機能」は低下したことが指摘されている（荒牧 2001a）が，2011年調査の結果を加えると，どのような傾向がみえてくるだろうか。

表1-2は，学校タイプと学校適応との相関関係をとらえたソマーズのD係数を，調査年次ごとに求めた結果である。関連が正であれば，いわゆる進学校ほどそうした傾向を強く持つことを表している。なお，30年間の変化を明確にとらえるため，ここでは3時点に共通した質問項目に限定している。

表1-2　学校タイプと学校適応の関連

	1981年	1997年	2011年
授業・勉強に熱心	0.098**	0.030	0.076**
授業に充実感ある	0.143**	0.050**	0.030**
授業・学校サボりたい	−0.034**	−0.036**	0.024**
他の学校に変わりたい	−0.158**	−0.076**	−0.003**
学校外の方が楽しい	−0.132**	−0.134**	−0.075**
重大な校則違反をした	−0.068**	−0.037**	−0.041**
無断外泊をした	−0.040**	−0.051**	−0.047**

** $p<.01$

はじめに，ほとんどの項目で1981年から1997年にかけて弱まった関連の水準がその後も維持されているか，さらに弱まっていることがわかる。1981年には明確にみられた，進学校の生徒ほど学校適応がよいという学校タイプと学校適応との関連は，全体的に弱まる傾向にあるとみてよい。言い換えるなら，それぞれのトラックに対応した社会化機能は，さらに弱化しているということになる。ただし，「授業や勉強に熱心である」については，学校タイプとの正の関連が2011年で強まる傾向にあるし，「授業をサボったり，学校を休みたくなることがある」については，前回まで負の関連であったものが，2011年では正の関連に転換しており，進学校の生徒ほどそうした意識を強く持つようになっている。このように異なる動きもみられるが，全体的にみれば両者の関連が強まる傾向にはない。なお，学校適応についても，進路の場合と同様に，親の学歴による違いを検討してみたが，どの調査時点でも，親学歴と学校適応には明確な関連は認められなかった。[7]

このように，現代の高校生においては，学校生活に関する意識が，学校タイプや出身階層といった構造的な要因によって分化する傾向が弱まっているのである。30年間にみられる意識や行動のこうした変化，すなわち，学校タイプとの結びつきを弱めながら「まじめ」になる方向への変化は，学校教育や社会の変動とどのように関連してきたのだろうか。次節では，特に第2次調査から第3次調査にかけての変化に注目して詳しく検討してみたい。

4 高校生の「まじめ」化

4.1 「まじめ」化と保守化

　学校生活や自己の行動評価に関して，生徒の回答の移り変わりをみると，授業に熱心で学校に満足している生徒や，部活動に熱心に取り組む生徒が3時点を通じて増加する一方，校則違反をする生徒，無断外泊や遅刻をする生徒が減少していた。これらから総じていえるのは，規則を遵守し学校での活動に熱心に取り組む生徒の増加である。また「努力」「礼儀」「協力」の自己評価についても，まじめに努力し，礼儀正しく人に接し，クラスメートと協力する「模範的」な生徒が2011年には増える結果となっている。一言でいうなら，現代の高校生は「まじめ」になったということになるだろう。こうした変化を「まじめ」化と呼ぶことにする。

　このように「まじめ」化が進んだのはなぜだろうか。1つの背景と考えられるのが，若者の保守化である。保守化の程度を測定する1つの尺度に権威主義的態度がある。1997年からに限られるが，われわれの調査でもこれに関わる質問項目を含んでいるので，まずはその回答を確認してみよう。図1－8は，権威主義的伝統主義を測定する基本項目である「権威ある人々には常に敬意を払わなければならない」と「この複雑な世の中で何をなすべきかを知る一番よい方法は，指導者や専門家に頼ることである」の2項目に対する回答を示したものである。

　「権威ある人に敬意」に対する回答をみると，「そう思う」（「そう思う」＋「どちらかといえばそう思う」）という回答が4割強から6割近くにまで増えている。「そう思わない」（「どちらかといえばそう思わない」＋「そう思わない」）の合計も29％から14％へと半減し，全体として「権威ある人」を敬う傾向が強くなっ

図1－8　社会意識（1）権威主義的態度

図1−9　社会意識（2）性別役割分業意識

ている。一方,「指導者や専門家に頼る」の方は「どちらともいえない」が1997年も2011年も4割前後を占めており判断保留傾向が強いものの,「そう思う」は合計11％から27％へ増加し,逆に「そう思わない」の合計は49％から31％へ大きく減少している。これらの結果は高校生の権威主義的態度が強まったことを示している。

次に,保守化に関連する別の側面をみてみよう（図1−9）。性別役割分業意識は「男性中心の社会」をどのように評価するかという意味で,伝統主義や権威主義との関連が強い尺度となっている。「男性は外で働き,女性は家庭を守るべきである」という性別役割分業意識のコアとなる質問に対して,1997年も2011年も6割以上の高校生が「そう思わない」（「どちらかといえばそう思わない」＋「そう思わない」）と回答しているが,その割合は68％から60％に減少している。また「専業主婦という仕事は,社会的にたいへん意義のあることだ」も「そう思わない」が50％から37％へと減少している。この両項目への回答をあわせてみるなら,男女の異質性を容認する意見の増加がみられ,「男女平等」という方向からの反転がうかがえるのである。

こうした変化は世論調査の動向からも確認される。内閣府が行っている『男女共同参画に関する世論調査』では,1970年代から「夫は外で働き,妻は家庭を守るべきである」に対する賛否を問うている。この回答を参照すると,2009年までは反対派が増加する傾向であり,賛成派が41％であるのに対して反対派は55％であった。ところが,2012年調査では賛成派が52％まで増加する一方,反対派は45％へと減少し,わずか3年の間に多数派が逆転する結果となっている。その後,2014年調査の結果をみると賛成派が45％,反対派は49％であり,反対派が再び逆転しているものの,2009年と比較すると分業賛成の方向に動いている（内閣府2014）。これまでも若い女性

表1-3 「まじめ」度に関する主成分分析

	負荷量
(1)授業や勉強	0.698
(2)朝，学校に遅刻	－0.568
(3)授業に充実感がある	0.696
(4)単純なことでもこつこつやる	0.625
(5)礼儀正しくする	0.608

寄与率＝41.1％

で一時的に賛成派が増加し，揺り戻しが議論されたことはあった（山田 2009）が，「男女平等」に向かう動きがここまで停滞したのは，この調査が始まって以来，初めてのことである。高校生の変化も，成人にみられるこうした傾向を反映した可能性が高い。

　もしも社会の保守化が進み，高校生の間にも学校という「枠」やルールに無批判に従う態度が形成されているとすれば，保守的な意識の高まりは高校生の「まじめ」化に深く関わっている可能性がある。このことを高校生調査のデータから確認してみよう。はじめに，1997年と2011年の間に変化が大きく，この間の「まじめ」化を象徴する5項目（(1)授業や勉強，(2)遅刻，(3)授業に充実感，(4)単純なことでもこつこつやる，(5)礼儀正しくする）の回答を用いて「まじめ」度を表す指標を作成しよう。複数の変数から共通の成分を取り出す手法である主成分分析をこれらの項目に適用した結果，固有値1以上の主成分が1つだけ抽出されたので，この主成分得点（平均0，標準偏差1）を「まじめ」尺度として用いる。各項目の負荷量は表1-3に示した通りである。また権威主義的態度については，2項目を単純加算して得られた得点（最低2点から最高10点の幅）を用いた。

　図1-10は，これらの得点を用いて行ったパス解析の結果である。このモデルでは，時点による「まじめ」化を権威主義的態度がどの程度媒介しているのか，換言すれば時点の変化が権威主義的態度を高め，それが「まじめ」化につながったのかどうかを検討している。この結果には，上で確認したような「まじめ」化には権威主義化を媒介した面も含まれることが示されている。しかし，時点と「まじめ」尺度の間にみられる相関係数0.317のうち，権威主義的態度の変化が媒介するのは12％（≒0.271×0.140÷0.317×100）

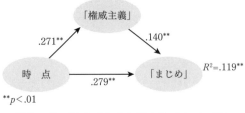

図1-10　「まじめ」化に関するパス・モデル

ほどにすぎず，このモデルでみる限り残る多くの部分は時点固有の効果によってもたらされている。もちろん，この権威主義的態度は，わずか2項目で測定されたものであるし，それが強まった要因を考える必要もある。その意味で，ここでの分析結果は多くの誤差を含み多様な因果関係を背後に置いている。しかし保守化（権威主義化）とは異なる次元でも「まじめ」化が進行した可能性が高いことだけは確かだといえる。

4.2　進路希望と学習態度の「まじめ」化

　高校生の自己評価としての「まじめ」化は，実際の行動面にどのように反映されているだろうか。もし本当にまじめに勉強へ取り組むようになったのなら，学習時間の増加など「客観的な」指標にも伸びがみられてよいはずである。残念ながら1997年の調査には学習時間が含まれていないので，本調査を用いた比較はできないが，同時期に行われた高校2年生を対象とした調査によれば，1997年の平均が72分なのに対して2009年の平均は68分であり，学習時間は増加していない（苅谷 2000；樋田・中西・岩木 2011）。もし行動自体が変化していない中で自己評価のみが高まったとすれば，勉強面での自己評価の変化には自己評価基準の低下やその多様化もかかわっていることが推測される。こうした点から考えれば，部活動に「参加している」生徒が増加していない一方で，「熱心だ」と評価する生徒が増えたのも，自己評価基準の低下が生んだ結果とも考えられる。

　他方，仮に実際の行動面で学習態度の「まじめ」化が生じているとすると，別の考え方も可能である。1つのヒントとなるのが，希望進路によって学校生活態度が異なる，あるいは学校の手段的利用がなされているとの指摘であ

表1-4 「まじめ」度の規定要因

	モデル1	モデル2	モデル3
	偏回帰係数	偏回帰係数	偏回帰係数
切片	−0.980**	−0.972**	−1.026**
四年制大学希望	0.384**	0.321**	0.413**
権威主義的態度	0.120**	0.081**	0.083**
時点（ref.1997年）		0.522**	0.635**
時点×大学希望			−0.188*
時点×権威主義			−0.001
調整済み決定係数	0.081	0.142	0.143

** $p<.01$, * $p<.05$

る（荒牧 2001a）。すなわち，進学を希望する者は勉強にも熱心で学校生活にも前向きに取り組むが，希望しない者は学校や勉強は適当にやり過ごしていることが影響している可能性である。

　そこで，大学への進学を希望するか否かによる「まじめ」度の違いについて検討してみることも必要であろう。つまり，上記の点が関わっているのであれば，大学進学者の増加により「まじめ」度が高まった可能性があるからである。このことを検討するために，大学進学希望者の影響も加味した重回帰分析から，「まじめ」度が高まった要因を検討してみよう。時点の効果を考える前に，まず権威主義的態度得点と四年制大学進学希望ダミーの2変数を投入し（モデル1），続いて時点ダミーを追加する（モデル2）。さらに各変数の時点との交互作用を加えて（モデル3），検討した。その分析結果を示したのが表1-4である。

　はじめにモデル1の結果をみると，確かに四年制大学を希望することと「まじめ」度は関連しており，大学に進学する希望を持つ生徒は「まじめ」度が高い傾向にある。学校で「まじめ」に振る舞うことは，それ自体として校内での評価を高め推薦に有利な条件となるであろうし，結果的に学力向上にもつながるので，大学進学を希望する者ほど適応度の高い傾向にあるのは当然の結果といえるかもしれない。進学希望者の増加が1997年と2011年の間に認められることからすると，このことが「まじめ」化をもたらすことは

考えられる。時点ダミーを加えたモデル2の結果をみると，大学進学希望も権威主義的態度も係数が減少している。先にみたように，1997年から2011年の間に高校生は保守的になり権威主義的になった，と同時に大学進学（希望）者も増加した結果，「まじめ」度が上昇するというメカニズムがはたらいたことを予想させる結果となっている。[11]

しかしながら，交互作用項を入れたモデル3の結果からは，大学進学希望者の増加と「まじめ」化との関係が，上記のような単純なものではないことが読み取れる。もし大学進学希望者と時点との交互作用が有意でなければ，大学希望が増加することによって全体が押し上げられたとの理解も可能ではある。ところが，交互作用項を入れたモデル3では，モデル2と比べて時点と大学進学希望の効果が大きくなり，大学進学希望と時点との交互作用項は負の値を示している。この結果は，大学進学希望の効果は2011年よりも1997年の方が大きいことを意味する。[12] また時点の効果がモデル2よりモデル3で大きいことは，自己評価基準の低下やその他の社会環境要因など，時代状況の変化自体がもたらした影響について検討する必要性を示唆している。

5 進路選択と学校・生活意識からみた高校生の変化

5.1 進路のトラッキングと意識の脱トラッキング

本章では，3時点の調査結果をもとに，過去30年間における高校生の進路選択と生活意識の変容をたどってきた。このうち進路選択については，労働市場や進学市場の変化に対応して，就職希望者の減少と進学希望者の増加がみられたものの，進路分化をもたらす主要因との関連には大きな変化が生じていないことが確認された。すなわち，高校のタイプや出身階層と卒業後の進路選択の関連構造は，30年の間ほとんど変化していなかったのである。トラッキング研究の文脈に即して表現するなら，トラッキングによる配分機能は長期的に安定していたということになる。

ところが，トラッキングと学校生活意識の関連には，これとは異なる結果が認められた。すなわち，1997年の調査でも指摘されたトラッキングによる社会化機能の弱化は，今回の調査でさらに進行している部分のあることが

明らかとなったのである。いわば高校教育のハード面（進路のトラッキング機能）とソフト面（意識形成機能）は相対的に独立する方向へ進んできたということができる。

　この結果を敷衍すれば，次のように考えることも可能である。すなわち，実際の卒業後の進路が高校のトラッキングという構造的な条件によって大きく制約される現実が変わらない限り，先にみたような様々な社会状況の変化にもかかわらず，進路希望（進路に関するハードな意識）とトラッキングの関連には時代による変化は生じにくい。ところが，そうした構造的な制約とは必ずしも直結しておらず，したがって生徒の主観的な認識が反映されやすいソフトな意識には，時代による変化が生じやすいのだと。このように一般化することが妥当であるならば，高校生が学校生活や社会生活に対して抱く意識については，学校差に限られない学校教育システムの変化や学校外の社会状況の変化と対応させながら，丁寧に読み取っていく作業が必要となる。

5.2 「まじめ」化とその背景

　本章で指摘した高校生の「まじめ」化も，以上のような観点から検討してみる必要がある。あらためて確認しておくと，高校生の「まじめ」化とは，学校生活や社会に関する意識と行動を幅広く検討した中で浮かび上がってきたいくつかの特徴から名付けられたものであった。すなわち，あくまで自己評価としての話ではあるが，勉強に充実感を持って熱心に取り組み，部活にも熱心で，こつこつ努力するのが得意で規則も遵守する生徒の増加である。なお，これは一方では，近年たびたび指摘される「保守化（権威主義化）」の傾向と並行して生じたものであり，他方では上述したような「大学進学者の増加」とも関連している可能性も考えられた。しかしながら，先に検討したように「まじめ」化は保守化や進学率の上昇に還元されるわけではなかった。

　他方，この現象を分析の俎上に載せる際には，高校生が「まじめ」であると同時に学校外での生活を楽しむ志向性（脱学校志向）も保持していることを忘れてはならない。このことは先に指摘したように，前回の調査で明らかになった「生活構造の多チャンネル化」（轟 2001）がより一般化したこととも関連している可能性がある。しかしながら，脱学校傾向が前回からあまり変

化していない中で,「まじめ」化のみが大きく進行した理由については,1990年代以降に生じた変化に対応させて,もう少し考えてみる必要があるだろう。

5.2.1 順応的学校規範の「誕生」

まず学校や教師による教育・指導方針の変化を振り返ってみよう。30年間にみられる変化の1つの特徴は,個性尊重あるいは主体性の尊重という理念に即した教育への変化であった。序章にも述べたように,この理念的な特徴は,教師による生徒指導という観点からは「禁止的・抑圧的な規律・規範の後退」とみることができる。また,これと並行して,懇切丁寧な指導が奨励・実践され,「指導から支援へ」という実践的理念の転換も起こった。

では,この間における教師たちの認識は,どのように変化したのだろうか。われわれの調査は生徒のみを対象としているため,この点を直接に知ることはできないが,同時期に高校生の3時点比較調査を行った樋田大二郎らの研究グループでは,あわせて教師の調査も行っている。そのデータを用いて,教師が好ましいと思う生徒像の変化を検討した金子(2014)によると,1979年から1997年にかけて,好ましいとみられる割合が増えたのは,政治や社会問題に関心があり,しっかりとした考えを持った,「大人」の生徒である。また,教科書より専門書に興味を持ち,飛び抜けてできる科目のある生徒や,学校からはみ出していても覇気があって生活力のある生徒も好ましいと考えられるようになった。つまり,1990年代にかけての教師側の変化は,個性豊かな生徒や社会性を持った生徒を高く評価し,少々「変わった」生徒も許容する方向へ向かったのである。2009年においても基本的には,こうした側面を高く評価する傾向に違いはみられない。しかし,新たな傾向に着目すると,消極的ではあっても従順で勉強熱心な生徒を好ましいと思うと同時に,先生と友達のようにつきあおうとしたり,先生をやり込めようとしたりする生徒のように教師と対等な立場で不満を表明する生徒を許容しない方向へ,教師の考えは変化していることも明らかになっている[13]。また,校則違反や学校からはみ出したりする逸脱的な行動に対しては,1997年に高まった許容度が逆に低下する方向へ変化していることも確認できる。

とはいえ現在の教師が,生徒に対して高圧的に押しつける態度をとってい

るわけではない。生徒の意見を大事にして，丁寧に教えてくれる先生がたくさんいるとみる生徒は 1979 年から 1997 年にかけて増加し，2009 年にはさらに多くの生徒がそう評価するようになっている。生徒に対する教師の基本的な対応が，生徒のことを中心に考え，彼らを支援する方向へ変化したことを，生徒の側からも確認する結果といえるだろう。ただし 97 年には増加した「多少の校則違反はおおめにみる先生がたくさんいる」という回答は，2009 年には 1979 年と同水準にまで減少しており，生徒の目から見ても学校規範への同調を求める教師の対応が 1990 年代を挟んで再度強まったことがわかる。

　こうした変化をふまえて金子（2014）は，2009 年の教師たちにおいては，「順応を前提とした教育の限定化」，すなわち順応的な生徒を自分の丁寧な指導の中に取り込んでいくような狭い意味での教育的まなざしが優勢になった可能性を指摘する[14]。

5.2.2　生徒役割の後退と「まじめ」の受容

　次に，生徒の側からも，「まじめ」化の背景について考えてみたい。上でみたように，1990 年代と比較すると，2000 年代では同調を求める方向に転換するきざしも認められたが，教師の態度は基本的には指導から支援の方向へ推移しており，多様性を認める傾向も維持されている。こうした教師の態度は，生徒の側にとってみれば，表立って教師や規範に反発するのでない限り，否定的な評価が避けられ，自分の個性や多様性が認められるようになったことを意味している。その結果「まじめ」か否かの判断は，他者から客観的になされるものというよりも，自己評価・自己認識の問題になってしまった，少なくともその傾向が強まったといえるかもしれない。このように，自分が「まじめ」であるという感覚を否定されない状況がもたらした変化を，「まじめ」感の向上と呼んでおこう[15]。

　ただし，単に「まじめ」感が向上しただけではなく，実際にも生徒たちが「まじめ」になったと指摘されることも多い。われわれの調査でも遅刻や校則違反をしないと回答する生徒は増えていたし，大学においても「授業に出席する」学生が 1990 年代から 2000 年代にかけて増加したことが指摘される（片桐 2008）。教師に反発したり，批判的な態度を示したりする高校生も少

なくなったといわれる。これは順応的な生徒を前提に支援する教師という先の金子の認識とも整合的であり，両者が互いにその傾向を強め合ってきたことが示唆される。

　それにしても，なぜ生徒たちは教師に反発したりせず，おとなしく「まじめ」にしているのだろうか。ここにはいくつかの環境変化が関わっていると考えられる。一つは，反抗モデルの喪失ともいえる時代状況である。第1次調査の行われた1980年代には，テレビや映画の世界に「ツッパリ」キャラクターの歌手やタレント，すなわち「反逆ヒーロー」が登場し，若者たちが彼らに一種のあこがれを感じることも少なくなかった。まじめな生徒たちにしても，まじめに突っ張って，教師や大人たちに反抗的になる，批判的になるというスタイルも存在した。たとえ学校規範から逸脱し，場合によっては高校を中退したとしても，独立して事業を起こし成功する夢をみることもできた。事実1981年の調査では，特に男子高校生に自営業志向，経営者志向が一定の割合で存在した（尾嶋 2001，本書第3章）。しかし，現在のような低成長の時代には，「自分の店を持つ」というような，学校教育を経由しないルートで成功する目標は立てにくくなっている。加えて，大学進学における指定校など学校推薦制度の増加によって，教師に反抗することのデメリットは増している。

　先に生活構造の多チャンネル化は，より一般化したのではないかと指摘した。これは，授業や学校の勉強に熱心であるといいながらも，同時に学校外が楽しい，あるいはサボりたいと答える生徒の割合が増えたことを指している。こうした傾向は，学校生活は「まじめ」に過ごしながら学校外では気持ちを切り替え，学校の内外でバランスをとれるようになったこと，あるいはその常態化を示している。つまり，学校では「まじめ」にやりつつ，多少の不満は学校外で昇華することによって，あえて教師に反抗することなく，「従順」な生徒を演じている結果が，ここに現れた「まじめ」化の正体なのかもしれない。「まじめ」であることへの拒否感が弱まれば，この傾向はさらに助長されることになるだろう。序章で述べた学校生活における「生徒間関係のシビア化」も，あくまで生徒間の問題であり，教師-生徒関係にはかかわらない。あえて労力をかけて教師に反発することなく，消極的・受動

的に「まじめ」な態度・行動を示すことが，生徒たちにとって「幸せ」へ至る方策なのかもしれない。

1) 1979 年から 1980 年にかけて大阪・兵庫・岡山の高校教師に対して行った調査によると，当時の高校教師には旧制中等教育のイメージを反映した高校教育観が根強く残っていたことがわかる。そして生徒に対しても「一定の水準に達しない生徒は落第させた方がよい」「生徒に対する生活指導はもっと厳しくした方がよい」に賛成する教師が 8 割近くにのぼり，当時の高校教師は生徒に対する指導の厳格化によって，「普遍化した」高校教育の問題を解決していこうと考えていたことがよくわかる（尾嶋 1984）。
2) 学校タイプについては，付録 1 を参照。普通科校は，大学進学希望率や中学時成績等が高い順に A，B，C と分類している。
3) ここで用いたソマーズの D 係数は，従属変数と独立変数が区分できる順序づけ可能な離散変数の測度である。行変数 y を従属変数，同方向のケース対を n_s，逆方向のケース対を n_d，行変数において同順位のケース対を T_r としたとき，ソマーズの D の標本推定値は次の公式で与えられる。

$$\hat{d}_{yx} = \frac{n_s - n_d}{n_s + n_d + T_r}$$

4) 男女別に 3 時点の変化をログ・リニアモデルで確認したところ，対連関モデルが最適モデルとして選ばれた。この結果は基本的に 3 時点間で学校タイプと進路との関連は変化していないことを意味している。
5) ただし，2011 年調査において家庭背景に関する情報の得られなかった学校が 1 校あるため，ここで言及したのは残る 9 校の分析結果である（3 時点とも）。また，ひとり親家庭も含め，両親の学歴について回答の得られなかったケースは，ここでの分析からは除いている。
6) 部活動は，1997 年以降は「入っていなかった」という新しいカテゴリーが加えられている。そのため 1981 年のみ選択肢が異なるが，「入っていなかった」生徒は熱心に活動したと答えることは考えられないので，「熱心であった」生徒の割合を比較することで，1981 年も含めたこの間の変化を読み取れる。
7) 詳しい結果は尾嶋・荒牧・轟（2013）を参照されたい。
8) 各時点とも男女間に意見の差はあるが，1997 年と 2011 年を男女別に比較した場合，変化の方向とパーセントポイントでみた変化の大きさに男女の違いはない。
9) 同様の変化の方向は，仙台エリアで行われた高校 2 年生を対象とした調査や，青少年の性行動全国調査の分析結果でもみられる（元治・片瀬 2008；髙橋 2013）。
10) (1)は「熱心である」と「熱心でない」の 2 段階，(2)は「よくした」から「まったくしたことがない」の 4 段階，(3)は「いつもある」から「まったくない」の 5 段階，(4)

と(5)は「たいへん得意」から「たいへん苦手」の5段階で回答してもらっている。
11) ただし，この変化によって説明しうるのは全変化のうちの限られた部分であることは，先にみた通りである。
12) 後の章でみるように，大学進学希望者も一般受験の有無によって勉強時間や学校外教育の利用が異なる。第3次調査の大学進学希望者には一般入試以外で進学しようとする者が増加していると考えられるが，第3次調査の大学進学希望者の「まじめ」度に関わる交互作用項の負の値は，こうした変化が関わっている可能性が大きい。
13) 2009年の教師調査においては，30代の割合が半減する一方で40代以上の比率が高まっている。このように年齢構成が年長方向にシフトしたことも，こうした回答傾向の変化に影響している可能性がある。
14) これは生徒自身が順応しているがゆえの教師の対応なのか，教師の規範重視の対応ゆえに生徒が順応的になっているのかは簡単には識別できない。
15) このように教師からの一方的かつ否定的な評価が弱まったことは，以前ならば不まじめと指摘されたような態度・行為をとった場合でも，生徒が「まじめ」であると自己認識できる状況（自分が「不まじめ」であると認識できない状況）を生み出した可能性がある。同時に否定的な評価を受ける機会が減り，失敗をさせない教育が蔓延していることによって，ちょっとした否定的評価に対する耐性が弱い（傷つきやすい）という傾向も生まれているように感じられる。
16) 平野 (2015) は，「社会のルールを守らないことはかっこいい」とする高校生が減少しており，逸脱へのあこがれが弱まっていることを指摘している。

［文献］

荒牧草平，2001a，「学校生活と進路選択——高校生活の変化と大学・短大進学」尾嶋史章編『現代高校生の計量社会学——進路・生活・世代』ミネルヴァ書房，63-80．

―――，2001b,「高校生にとっての職業希望」尾嶋史章編『現代高校生の計量社会学——進路・生活・世代』ミネルヴァ書房，81-106．

―――・山村滋，2002，「多様化政策下における普通科高校教育課程の実証的研究」『大学入試センター研究紀要』31：11-27．

土井隆義，2008，『友だち地獄——「空気を読む」世代のサバイバル』ちくま新書．

藤田英典，1980，「進路選択のメカニズム」山村健・天野郁夫編『青年期の進路選択——高学歴時代の自立の条件』有斐閣，105-129．

元治恵子・片瀬一男，2008，「性別役割意識は変わったか——性差・世代差・世代間伝達」海野道郎・片瀬一男編『〈失われた時代〉の高校生の意識』有斐閣，119-141．

樋田大二郎・中西啓喜・岩木秀夫，2011，「単線型メリトクラシーパラダイムの再考（I）——「高校生文化と進路形成の変容（第3次調査）」より」『教育人間科学部紀要』2：1-22．

平野孝典，2015，「規範に同調する高校生——逸脱への憧れと校則意識の分析から」友枝敏雄編『リスク社会を生きる若者たち——高校生の意識調査から』大阪大学出

版会, 13-32.
伊藤茂樹, 2002,「青年文化と学校の 90 年代」『教育社会学研究』70：89-103.
岩木秀夫・耳塚寛明, 1983,「高校生——学校格差の中で」『現代のエスプリ 高校生』至文堂, No. 195：5-24.
陣内靖彦, 1975,「社会的選抜の主観的帰結——都市高等学校における事例から」『東京学芸大学紀要 第 1 部門 教育科学』26：157-169.
————, 1976,「職業選択と教育」石戸谷哲夫編『変動する社会の教育』〈教育学研究全集 4〉第一法規出版, 202-223.
片桐新自, 2008,『不安定社会の中の若者たち——大学生調査から見るこの 20 年』世界思想社.
金子真理子, 2014,「教師生徒関係と『教育』の意味変容——教師の生徒に対するまなざしの変化からみえてくるもの」樋田大二郎・苅谷剛彦・堀健志・大多和直樹編『現代高校生の学習と進路——高校の「常識」はどう変わってきたか？』学事出版, 72-85.
苅谷剛彦, 2000,「学習時間の研究——努力の不平等とメリトクラシー」『教育社会学研究』66：213-230.
高等学校の特色ある学科等研究会, 1999,『特色ある学科・コースの調査分析』平成 10 年度文部省「高等学校教育多様化実践研究委嘱」報告書（代表 飯田浩之）.
耳塚寛明, 1980,「生徒文化の分化に関する研究」『教育社会学研究』35：111-122.
————・樋田大二郎編著, 1996,『多様化と個性化の潮流をさぐる——高校教育改革の比較教育社会学』〈高校教育改革シリーズ 2〉学事出版.
内閣府男女共同参画局, 2014,「世論調査」(http://www.gender.go.jp/research/yoron/).
尾嶋史章, 1984,「高校教育観の構造——高校教師の高校教育改革に対する意識を中心として」大阪大学教育社会学・教育計画論研究集録 第 5 号：31-61.
————, 2001,「進路選択はどのように変わったのか——16 年間にみる進路選択意識の変化」尾嶋史章編『現代高校生の計量社会学——進路・生活・世代』ミネルヴァ書房, 21-61.
————・荒牧草平・暮亮, 2013,「高校生の進路希望と生活・社会意識の変容——30 年の軌跡」尾嶋史章・荒牧草平編『現代高校生の進路と生活—— 3 時点学校パネル調査からみた 30 年の軌跡』科学研究費補助金基盤研究(B)研究成果報告書, 1-31.
————・近藤博之, 2000,「教育達成のジェンダー構造」盛山和夫編『日本の階層システム 4 　ジェンダー・市場・家族』東京大学出版会, 27-46.
杉村健太, 2015,「日常生活場面における規範意識」友枝敏雄編『リスク社会を生きる若者たち——高校生の意識調査から』大阪大学出版会, 33-56.
高橋政仁, 2013,「欲望の時代からリスクの時代へ——性の自己決定をめぐるパラドクス」日本性教育協会編『「若者の性」白書　第 7 回性行動全国調査報告』小学館, 43-61.
轟亮, 2001,「職業観と学校生活感——若者の「まじめ」は崩壊したか」尾嶋史章編

『現代高校生の計量社会学――進路・生活・世代』ミネルヴァ書房，129-158.
山田昌弘，2009，『若者はなぜ保守化するのか――反転する現実と願望』東洋経済新報社．
米川英樹，1978，「高校における生徒下位文化の諸類型」『大阪大学人間科学部紀要』4：183-208.

第2章
就職希望者のプロフィール──30年間の変化に着目して

小林 大祐

1 はじめに

　下の2つの新聞記事を見比べてほしい。これらの記事は，1981年9月6日，および2011年9月10日の神戸新聞の記事である。どちらも，翌年3月に高校を卒業して就職を希望する者に対する求人状況についての記事ではあるが，伝えられる状況には大きな違いがある。

　1981年の記事には，主見出しこそ「大卒女子，一層狭き門に」となっているが脇見出しには「男子は高，大卒とも順調」とある。そして，リード文にも「高校卒の男子・女子，大学卒の男子はいずれも今春の卒業生に続いて

資料2-1　新卒採用求人の状況を伝える神戸新聞の記事

採用増の傾向が続き順調な就職が見込まれる…」という記述があり，この時期の高卒就職を取り巻く状況が明るいものであったことがよくわかる。一方，2011年の記事では，「高校生の求人倍率0.68倍」「就職氷河期に近い水準」という見出しで，東日本大震災の影響が東北・関東甲信越地域を中心に色濃く残る中，全国的にリーマン・ショック後の厳しい状況から回復できておらず，兵庫県においても0.75倍と不況の影響が依然として続いていることを伝えている。その後，高卒就職を取り巻く状況は好転しているが，記事からは1980年代初頭と2010年代初頭の就職状況に大きな差のあったことがわかる。

ただ重要なのは，この1980年代初頭から2010年代初頭にかけての変化は，単に景気循環を反映しただけのものではないということである。これまでの研究は，この間の変化の背後に，高卒就職を取り巻く環境の構造変化があったという認識で一致している。日本の高卒就職を特徴づけてきた，「新規学卒一括採用」を基本とする，学校から仕事への間断のない移行が，成熟から衰退へと移り変わってきた過程を，この変化は如実に映し出しているのである。

間断のない移行を可能にしてきたものとして大きいのは，学校による就職斡旋とそれに関連する慣習である。なかでも，企業側が高校別の採用枠を設定し，高校側はそこに送り込む生徒を，「一人一社制」の原則の下に校内で事前選抜するという，双方の利益にかなう継続的な取引関係は「実績関係」と呼ばれてきた（岩永1983；苅谷1991）。このような慣行は，1960年代の高校進学率の急上昇に伴い，ブルーカラーにも拡大し一般化したが，それは企業と高校のどちらにとってもメリットがあったためである。すなわち，企業側からすれば，選抜の大部分を高校側に委ねることで，良質な人材を，コストを掛けずに採用することができることは大きなメリットである。一方，高校側にしても，生徒の安定的な就職先が確保できることはもちろん，実質的には学校が選抜を行っていることを背景に，生徒をコントロールできるという利点を併せ持っていたのである（苅谷1991；ブリントン2008）。

しかし，企業と学校の「実績関係」が，従来言われているほど強いものではなく，1990年代半ば以降顕著に衰退していること（本田2005），そしてこ

のような構造変化に高校側の認識が追いついていないことが，高卒就職の状況をより困難なものとしているという指摘もなされている（筒井 2006）。一方で「実績関係」はいまだに維持されているという研究（片山 2010）もあり，地域や学校を取り巻く個別事情に左右される部分も大きいと考えられる。ただし，リーマン・ショック以降の景気回復期においても，高卒求人に大きな改善はみられなかったことを考えると，総体として学校から仕事への移行を取り巻く構造が変化していることは間違いないであろう。

　このような就職状況下で，卒業後すぐに就職することを希望する高校生とは，いったいどのような層なのであろうか。その選択に本人の成績や家庭背景あるいは高校の学科はどのように影響し，また，それらの傾向性は，この30年の間にどのように変化してきたのだろうか。

　本章では，就職希望者に焦点を当て，彼・彼女らの「プロフィール」を概観することで，上記の疑問に対する回答を試みる。以下では，まず過去30年間の高卒就職を取り巻く環境の変化について，景気や労働市場の状況に焦点を当てて確認する。続いて，このような変化を3時点の高校生調査データの分析によって示す。3時点の就職希望者の割合を，属性や学校タイプ別に検討するとともに，就職希望の規定要因にどのような変化があるかをみていく。

2　高卒就職を取り巻く環境の変化

2.1　高卒求人の量的縮小

　この30年間の労働市場の状況の推移，特に高校新卒市場の動向を官庁統計から確認しておこう。まず量的な変化を，厚生労働省職業安定局の「新規学卒者（高校・中学）の職業紹介状況」でみたのが図2-1である。第1次調査が行われた1981年に3年生だった生徒に対する求人数は96万人弱で，卒業時点の82年3月卒の有効求人倍率は1.83であった。その後求人倍率は1.5程度で推移していたものが，バブル期に入り人手不足が深刻化するなかで，92年には求人数150万を，求人倍率は3を超えるまでに急上昇したものの，その崩壊とともに90年代中盤にかけて一気に下落することになる。

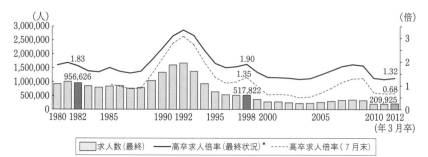

図 2-1　高卒求人数と求人倍率の推移

　第 2 次調査が行われた 97 年は，11 月に三洋証券，北海道拓殖銀行，山一証券が相次いで経営破綻し，株価も一段と下落するなど，金融システムに動揺が生じ，景気後退がより鮮明となった 1 年であった。新卒採用においても，これ以降より厳しい「就職超氷河期」に突入していくことになる。98 年 3 月卒の求人倍率は，96 年度までの景気回復基調を受けて，1.90 と 82 年より高い水準であったが，求人数は 52 万人弱と 82 年 3 月卒の半分近くにまで減少した。

　2002 年以降の「いざなぎ景気」を超える戦後最長の景気拡大のなか，有効求人倍率も上昇基調が続いたが，高卒求人には，バブル期並みの人手不足と言われた大卒求人ほどの回復の勢いはみられなかった（小杉 2010）。そして，2008 年のリーマン・ショックを発端とする世界的な金融危機の闇から，いまだ労働市場が抜け出せないなかで実施されたのが第 3 次調査である。3 月に東日本大震災を経験した 2011 年（2012 年 3 月卒）の求人数は 21 万人程度，求人倍率は 1.32 と 3 時点のなかでは最も厳しい値となっている。実にこの 30 年間で，求人数は 5 分の 1 近くになっていることからも，高卒就職のマイノリティ化が決定的なものになっていることが確認できるであろう。

2.2　高卒求人の質的低下

　このような量的縮小は，仕事の質にも影響を及ぼしている。太田聰一 (2010) は，就業構造基本調査のデータを用いて，1992 年から 2002 年にか

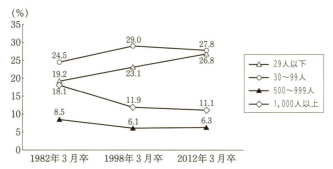

出典：厚生労働省「新規学卒者（高校・中学）の職業紹介状況」，「新規学卒者の労働市場」より作成
図2－2　高卒就職者の企業規模分布の3時点比較

けて同じ正社員の仕事でも客観的な待遇は著しく悪化していることを明らかにしている。若年正社員の仕事で失われたのは大企業の事務職，専門・技術職，販売職といった「良い仕事」で，それは男性において顕著であった。その一方，この間シェアを伸ばしたのは，中小企業のサービス職という最も給与水準が低く，労働時間も比較的長い職種だったのである。小杉（2010）も，1992年から2001年にかけて，事務および専門・技術職の求人比率が下がり，サービス職や生産工程の比率が増加したことを示している。また，企業規模としては「1,000人以上」が減る一方，「29人以下」が増加したことを示し，高学歴者への代替と非正社員型雇用の増加といった構造的な変容が起きていることを指摘している。

　こうした傾向について，われわれの調査対象が含まれる3時点の高校卒業者に着目して確認しておこう。図2－2は，第1次調査対象者が含まれる1982年3月卒業者，第2次調査対象者が含まれる1998年3月卒業者，第3次調査対象者が含まれる2012年3月卒業者に関して，「新規学卒者（高校・中学）の職業紹介状況」（厚生労働省）を用いて求人企業の規模別構成比を示したものである。求人総数に対して規模が「1,000人以上」の企業が占める割合は，1982年18.1％から1998年11.9％，2012年11.1％へと減少傾向にある。また，「500～999人」についても，1982年8.5％から1998年6.1％，2012年6.3％と同じような傾向であり，規模の大きな企業からの求人が少なくなっていることがわかる。一方，「29人以下」の割合は1982年

第2章　就職希望者のプロフィール　49

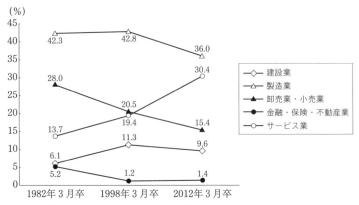

出典：厚生労働省「新規学卒者（高校・中学）の職業紹介状況」，「新規学卒者の労働市場」より作成

図2-3　高卒就職者の産業分布の3時点比較

19.2％から1998年23.1％，2012年26.8％と一貫して上昇している。「30〜99人」の割合は1982年24.5％，1998年29.0％，2012年27.8％と1998年と比較して2012年では減少がみられるが，それでもこれら2つのカテゴリーを足し合わせた「99人以下」の割合は，一貫して増加しているのである。もともと高卒就職は，地域の中小企業を主な就職先としてはいたが，近年はより体力の弱い小規模な企業の割合が増えていることがわかる。

　求人における産業別の内訳について，1982年3月卒時点で比率の大きかった建設業，製造業，卸売業・小売業，金融・保険・不動産業，サービス業の構成比の3時点間の推移を示したのが図2-3である[2]。1982年3月段階において最も割合の高かった「製造業」は，2012年3月段階においても，その位置を維持しているが，6ポイント以上低くなっている。「卸売業・小売業」は1982年卒で28％，1998年卒で20.5％，2012年卒で15.4％と一貫して割合を減らし，「金融・保険・不動産業」も1982年卒で5.2％あったものが，2012年卒では1.4％に減少している。一方で顕著な上昇を示しているのは「サービス業[3]」であり，1982年卒で13.7％だったものが，2012年卒では30.4％と倍増している。

　これらの傾向からは，先行研究が明らかにしたように，労働市場が構造的に変容したことを改めて確認することができる。長期間にわたる不況のなか

で，求人は大卒へと大幅にシフトし，2000年代の景気回復期にも高卒求人は大卒求人のようには回復しなかった。高校卒業者への求人を継続してくれるのは，結局大卒者が行かないような，条件の厳しい中小零細企業にならざるを得ないのである。

新規学卒一括採用のメリットのひとつは，企業の「メンバー」として採用され内部労働市場に組み込まれることで，配置転換や転勤などによって柔軟に雇用の維持が図られることである。しかし，職種や勤務地も限られた小規模事業所では内部労働市場が事実上存在しない。つまり，小規模事業所が増えた高卒就職には，こうした新規学卒市場のメリットがほとんど生かされないのである（小杉 2010）。

3 高卒就職希望者の特徴

3.1 分析の観点

このような「就職氷河期」以降の高卒労働市場の厳しさと，大学進学の易化という状況下において，なお就職を希望するのはどのような生徒なのだろうか。高校生の進路希望に関する先行研究について，特に就職希望に焦点を当てた研究についてみていく。

1990年代後半以降，女子の四年制大学への進学者が増加し，また職業高校からの大学等への進学者も増加していった結果，それまで卒業後の進路の分化に対して強い影響を持っていた性別と学科の影響はともに弱まった。こうした変化の裏側には就職希望者の減少が存在するが，それは高卒労働市場の悪化により進学への「避難」が起こったためと指摘されている（太田 2010）。では，進学への「避難」をしないのは，どのような生徒なのだろうか。男子の就職動機には成績要因が相対的に大きな比重を占める一方，女子においては経済的な要因が「復活」しているという尾嶋（2001, 2002）や，階層が低いほど就職希望が増える傾向が職業科に限ってみられることを示した佐藤（2010），そして成績と就職希望の関連が学校タイプによって異なることに注目し，成績優秀者が，商業科は進学へ，工業科においては就職へと水路づけられやすいことを明らかにした中村（2010）らの指摘にあるように，成

績や家庭背景の影響は性別や学校タイプとも複雑に絡んでいる。したがって，時点間の推移をみるにしても，性別，学校タイプ別に捉えることが重要になる。

第2次調査が行われた1997年以降，「就職超氷河期」とリーマン・ショックという不況を経るなかで，成績や家庭背景は就職を希望するかどうかの要因として，その影響を強めているであろうか。そして，これらの要因の影響には，やはり性別や学校タイプによって濃淡があるのであろうか。それとも，全般化の傾向がみられるのであろうか。

このような問題に答えるため，以下では，高卒就職希望と成績要因および家庭背景要因の関連が時点間でどのように変化したかを，性別，学校タイプ別の分析も用いて確認していく。ただし，後述の通り就職希望者は，進学校では極端に少ないため，多くの分析はいわゆる進路多様校である「普通科C」2校，「職業科」3校の5校についてのものとなる。

3.2 進路希望の推移

進路希望について，3時点とも調査対象となっている10校について，推移を示したのが図2-4である。就職希望者は1981年の28.8％から，1997年の22.8％，そして2011年には18.7％と30年の間に10ポイント程度減少していることがわかる。この間，四年制大学への進学希望が約15ポイント増大していることから，就職希望者の減少分の多くは大学進学希望に吸収された形になっている。ただし，第1章にも示したように，高校卒業後の進路希望は，性別そして学校タイプによって大きく異なる（表1-1；図1-1）。

第1章の図1-1からわかるように，男子で大学進学希望者の割合が一貫

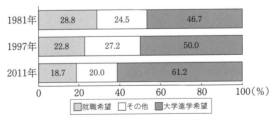

図2-4　3時点間の就職希望率の推移

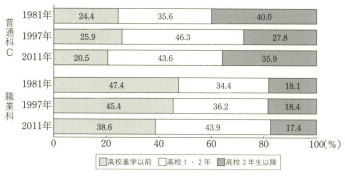

図2-5 就職希望者の進路希望決定時期の推移

して伸びているのは職業科に限られる。3時点で9割以上が四年制大学を希望している普通科Aはさておき，普通科B，普通科Cにおいてこの間に最も割合を増大させているのは専門学校である。対して，同じく図1-1に示された女子では，いずれの学校タイプにおいても，四年制大学進学希望が増加し，短大進学希望が減少している。専門学校への進学希望割合は職業科において1981年から1997年にかけて，約14ポイント増加した以外は，顕著な増加はみられない。これらの図からは，1997年時点ですでに始まっていた女性の短大から四年制大学へのシフトが加速し，「男女の競合化」(尾嶋・近藤 2000；尾嶋 2001) も進んだ結果，男性，特に普通科B，普通科Cの一定層が四年制大学から専門学校にシフトしているようにみえる。

では，就職希望を決めた時期に変化はあるであろうか。就職を決めた時期を，「高校進学以前」「高校1・2年」「高校3年以降」に分けて，就職希望者が比較的多い普通科C，職業科に絞り推移をみたのが図2-5である。高校の性質上当然ではあるが，元々就職を希望して高校に入学した割合は，普通科Cよりも職業科で多い。ただ，その比率は徐々に下がっており，進学を視野に入れながら，職業高校に進むことも，ごく普通になってきていることが推測される。

また，高校3年になってから就職することを決めた割合は，職業科では2割弱でほぼ一定なのに対し，普通科Cでは1981年40.0％，1997年27.8％，2011年35.9％と一貫して職業科より高い水準にあり，時点間の変動幅も大

きい。これは，このタイプの学校における進路選択が，様々な環境要因をギリギリまで考慮に入れた上で下される，より状況依存的なものであることを示唆する。[5]

3.3　成績要因の影響

次に，就職を希望する生徒の成績面での特徴をみていく。高校に来た求人に対して，教師が学内で受験者を選抜するために用いるのが，おもに生徒の成績である（苅谷 1991）なら，就職希望者は成績のよい生徒なのだろうか。それとも進学率が上昇するなかで高卒就職を選ぶのは，むしろ成績の低い生徒なのだろうか。職業高校では「実績関係」が比較的維持されているという指摘（本田 2005；中村 2010）からすると，職業科では，就職希望者の成績が高く維持されているかもしれない。これらの点を確認するため，まず，就職希望者の学業成績の特徴について，性別や学校タイプ別に時点間推移を確認してみよう。

図2-6は普通科C，図2-7は職業科について，大学進学希望者，就職希望者，専門学校進学希望者の別に，現在の校内成績（「上」から「下」までの5段階の自己評価）の推移を示したものである。なお，性別によって各進路の位置づけが異なるため，結果は男女別に示している。また，白抜きの部分は，

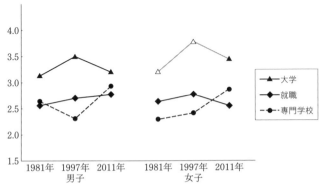

注：白抜きの部分はウェイト調整した値でサンプル数が10未満と少ないため，参考値として表示した。

図2-6　普通科Cにおける進路希望別校内成績の推移

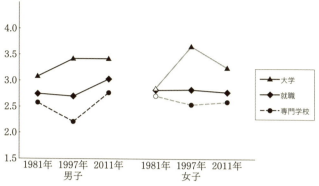

注:白抜きの部分はウェイト調整した値でサンプル数が10未満と少ないため、参考値として表示した。

図2-7 職業科における進路希望別校内成績の推移

サンプル数が少ないので,参考値と考えていただきたい。

まず確認できるのは,性別,学校タイプにかかわらず,一貫して就職希望者より大学進学希望者の成績が高いことである。特に1981年から1997年にかけて,大学進学希望者の成績は上昇傾向を示し,女子生徒においてそれが顕著であることが見て取れる。これは,女子の四年制大学への進学希望が増加し競争が激しくなることで,より成績が重要になっていった結果として解釈することができるかもしれない。その後1997年から2011年にかけては,大学進学希望者の成績は概ね下降傾向を示すことになる。これにはAO入試に代表される学力の比重の少ない選抜方式が普及したことが少なからず関連していると考えられる。

就職希望者の成績は,男子で1997年から2011年にかけて上昇傾向が見られる一方,女子ではこの間横ばいもしくは下降傾向となっていて一貫していない。しかし,大学進学希望者との差に注目すると,1997年から2011年にかけて,どのグループでも縮小傾向にあることがわかる。ここからも,就職か大学進学かを分かつ要因として,成績が占める比重は,近年相対的に低くなっていることが示唆される。

各図には専門学校への進学希望者についても成績の平均を示した。就職希望者と比較すると,普通科Cでは就職希望者の方が高い時点もみられるが,

男女とも一貫していない。それに対して職業科では，男女ともすべての時点で就職希望者の方が上位にあることがわかる。また就職希望者の成績を普通科Cと職業科で比較すると，おおむね職業科の方が高く，職業科で就職を希望しているのは，校内での成績がより上位の生徒であることがみて取れる。また，1997年と比較して2011年には高卒求人数が半分以下になったのだが，就職希望者における普通科Cと職業科の成績差はこの間に開いている。これらの結果からは，職業科には比較的「良い仕事」の求人がなされており，「実績関係」に基づく成績を基準とした職業斡旋も普通科高校に比べ機能していると解釈できるかもしれない[6]。就職を希望する生徒の高校での成績からは，学校での頑張りや適応を手段としてよりよい就職を目指す姿が，2011年時点でも認められるのである。

3.4　家庭背景の影響

続いて，家庭背景要因についてみていく。家庭の客観的経済状況について3時点で共通して質問されている項目はないので，ここでは家庭の経済状況が進路選択に与える影響について尋ねた項目を用いる。「あなたがもし下宿して私立大学に進学するとしたら，あなたの家の大学の授業料や生活費の負担状況はどうですか」という質問に対する回答について，「家計にほとんど影響はない」「自分のアルバイトや奨学金にたよらずにすむ程度である」「自分のアルバイトや奨学金でその一部を負担する必要がある」を「家計負担なし・少しあり」に，「自分のアルバイトや奨学金でその大部分を負担する必要がある」「高校を出るのがやっとで，家計を助けながらでないと進学できない」を「家計負担あり」と分類して分析を行った[7]。

普通科Cについて男女別，家計負担2分類別の就職希望率を示した図2-8からは，「家計負担なし・少しあり」より「家計負担あり」の就職希望率が一貫して高いことが確認できるが，その傾向の推移は男女で異なっていることがわかる。すなわち，男子生徒においては，1981年，1997年には「家計負担あり」での就職希望率は「家計負担なし・少しあり」の倍程度と大きな開きがあったが，それが2011年には3.7ポイントとかなり縮小しているのに対し，女子生徒においては「家計負担あり」「家計負担なし・少しあり」

図2-8　男女別，時点別，家計負担2分類別の就職希望率（普通科C）

図2-9　男女別，時点別，家計負担2分類別の就職希望率（職業科）

とも就職希望率は減少傾向にあるが，その差は30ポイント前後でほとんど縮まっていないのである。

　職業科について同じ分析を行った図2-9でも同様の傾向が確認できる。一貫して「家計負担なし・少しあり」よりも「家計負担あり」の方が就職希望率は高いが，男子生徒では，その差は1981年で8.5ポイント，1997年で12.9ポイントなのが，2011年には1.2ポイントとほとんど差がなくなっているのに対して，女子生徒では，その差は1981年6.3ポイント，1997年40.9ポイント，2011年17.9ポイントと，2011年にかけて縮小したものの男子生徒に比べれば，大きな差が維持されている。

第2章　就職希望者のプロフィール　　57

図2-10 時点別，親職2分類別，家計負担2分類別の就職希望率（男子）

　つまり，就職を希望するかどうかに対して，家計状態が持つ影響は，男子生徒では近年減少傾向にあるのに対し，女子生徒では一定の影響を保持しており，特に普通科Cでは大きく影響している可能性が示唆されるのである。高卒就職に対する経済的な要因は97年調査の結果と同様，女子生徒，特に普通科進路多様校において依然強く維持されていることを意味するものであろう。

　この点について，さらに確認してみよう。第1章において親学歴と進路希望との関連については分析されているので，ここでは，父親の職業を含めて分析を行った。父職は，専門・技術職，管理職，事務職，販売職，サービス職を「ホワイトカラー」，それ以外の職業を「ブルーカラー・その他」とした[9]。なお，図2-8，図2-9からも，家計負担2分類と就職希望率との関連の傾向は，2つの学校タイプで一貫していたため，以下では，これらの学校タイプを合わせて分析を行った。

　男子生徒について示した図2-10からは，家計負担の程度にかかわらず，父職「ホワイトカラー」よりも「ブルーカラー・その他」で就職希望率が高く，その傾向が時点間で一貫していることがみて取れる。これは，家計の厳しさが同程度であっても，ホワイトカラーの親を持つ生徒より，ブルーカラーの親を持つ生徒の方が就職を希望しやすいということを示しており，親の

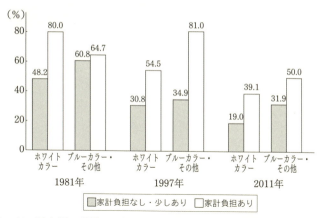

図2−11 時点別,親職2分類別,家計負担2分類別の就職希望率（女子）

職業階層が経済的要因とは独立して影響を持っている可能性を示唆する。また,親の職業階層をコントロールすることで,家計負担の程度による差は2011年において縮小傾向にあり,特にホワイトカラーにおいてはほぼ消失している。これは男子生徒が就職を希望するかどうかに対する,家計状態の影響力が近年弱まりつつあることを改めて確認するものである。

女子生徒について示した図2−11においても同様に,概ね父職「ブルーカラー」で就職希望率がより高くなっている。しかし,1981年の家計負担「あり」で比べると,父職「ホワイトカラー」でより就職希望率が高くなっているのをはじめ,「ホワイトカラー」と「ブルーカラー」の間の差は,男子生徒でみられたほど大きくないようにみえる。その一方で,男子生徒では2011年において縮小傾向にあった,家計負担「なし・少しあり」と「あり」の間の就職希望率の差が,女子生徒においては依然維持されている。

これらの結果から次のようにまとめることができる。男子生徒においては,家計の苦しさによって就職を選ぶ割合は,近年減少しつつあるも,父職の影響は保持されている。これに対し,女子生徒においては,家計の逼迫という経済的要因が依然として影響力を持っており,父職の影響は男子生徒に比べて相対的に小さい。つまり,高卒就職に向かう要因は男女とも出身階層という共通性を持ちながらもその特徴が異なり,男子の方は父親の職業の影響を,

女子は親の経済力の影響をより強く受けて選択しているということになる。

では，このような知見から，この30年間で就職希望に対する家庭背景の影響は強まったといえるのであろうか。これを確認するため，図2-10と図2-11の家計負担2分類と父職2分類による4グループ間の就職希望率の最大差をとり，その3時点での推移を確認してみよう。すると，男子では，グループ間の最大差は31.9ポイント→34.8ポイント→24.5ポイント，女子では，31.8ポイント→50.2ポイント→31.0ポイントと推移していることがわかる。1981年から1997年にかけては，特に女子に経済的要因が「復活」したこと（尾嶋 2001, 2002）が見て取れるが，1997年から2011年にかけては縮小傾向が男女ともにみられる。ここからは，家庭背景が就職を希望するかどうかに与える影響は，近年相対的に弱まっていることが示唆される。しかし，女子の2011年における最大差は1981年と同等であり，1997年，2011年では男子における最大差よりも大きい。すなわち，女子の高卒での就職希望に対する家庭背景の影響は，男子に比べるといまだ強いといえるのである。

4　高卒就職の今後

本章では，高卒就職を取り巻く環境の1980年代からの30年間の変化を確認するとともに，そのような状況下において，高卒での就職を希望する生徒とはどのような特徴を持った層なのかを，3時点のデータ分析により探ってきた。その結果は以下の通りとなる。

まず指摘できるのが，就職希望者の割合が一貫して減少してきたことである。高卒労働市場の量的縮小と雇用条件の悪化，および同一年齢人口の減少による大学進学の易化という流れのなかで，性別や学校タイプの違いにかかわらず，ほぼ一貫してその傾向が認められた。

このようにマイノリティ化の進んだ高卒就職の希望者とはどのような生徒なのかについて，校内成績と家庭背景から確認した。すると，2011年の就職希望者の高校での成績は，男女ともそれ以前と大きく変化しておらず男子では上昇傾向すら確認された。ここからは，マイノリティ化の進んだ高卒就職希望者が，以前より勉強の苦手な生徒に偏っているわけではなく，むしろ

学校での頑張りが就職可能性を高めること，言い換えるなら，高校が行う成績を基準とした職業斡旋が現在においても一定の機能を果たしている可能性が示唆される。

家庭背景の影響については，家庭の経済状況と父親の職業を検討したが，家計の状況が厳しいほど，また父親の職業がホワイトカラーと比較してブルーカラーの方が，就職を希望する傾向は一貫していた。ここで興味深いのは，学校タイプをコントロールしても，家庭背景の影響が一貫してみられたということである。ただし，その影響の内容と推移のあり方には，性別による違いが認められた。女子生徒においては，進学による家計負担の大きさが影響するのに対し，男子生徒においては，そのような経済的側面だけではなく，父親の職業階層が影響する。

もちろん，生徒本人による主観的な評価では，家庭の経済状況を十分に測定できなかったため，それが職業階層の効果として擬似的に現れたという考え方は可能であろう。ただ，そうであれば男女ともに父職の影響がみられるはずである。ここからは，男子生徒の進路選択に階級・階層文化が影響している（Willis 1977=1996）可能性も考えることができるであろう。[10]

ここ数年の景気回復を受けて，2016年3月卒の高校生の就職率は97.7％と6年連続で改善し，24年ぶりの高水準を示した。また，2017年に卒業予定の高校生に対する求人数は32万人以上と増加傾向にある。しかしながら，150万人を超えていた最盛期からは比べるべくもない。高学歴化と非正規化という趨勢が変わらない以上，今後，再び景気が悪化した時，さらに大きな振り幅で落ち込むことも予想される。マクロにみれば高卒就職にかつての安定性を期待することはできないのである。その意味で，今後もマイノリティであり続ける高卒就職の背後に，進学による「避難」の可能性をめぐる機会の不平等が潜んでいる可能性について，注視していく必要があるであろう。

1) 筒井（2006）はサービス業の内訳について，調査対象となった県の労働局発行の求人一覧から，（准）看護師見習いや介護職員などの「医療・保健衛生」，レンタル・リース会社の販売員・配送係といった「その他のサービス業」，理・美容師見習いの

「生活関連サービス業」といった，現業的色彩の強い職業が多いことを明らかにしている。
2) 産業分類に用いられる「標準産業分類」は時代変化に対応し適宜改定されており，そのまま比較することはできない。本章では，1982年3月卒に適用されているカテゴリーに可能な限り合わせて比較を行っている。
3) なお，2012年3月卒の「サービス業」には，平成14年3月改定まで「運輸・通信業」に分類されていた郵便局が「複合サービス業」として含まれている。また，平成19年11月改定によって，それまで「サービス業」に含まれていた「物品賃貸業」が「不動産業，物品賃貸業」に分類されたため，「2012年3月卒」では「金融・保険，不動産業」に分類して示している。ただ，「複合サービス業」「物品賃貸業」とも1％に満たない割合のため，これらの変更について考慮しなくても，時点間変化の傾向は変わらない。
4) 1981年調査には「就職して，大学の夜間部や短大の夜間部や専修学校の夜間部に進学する」という選択肢が含まれており，1997年調査，および2011年調査のS01校には「就職して，大学・短大・専門学校に進学する」という選択肢が含まれている。本章では，これらを選択した者も就職希望者とした。
5) この間，「普通科C」の生徒で高校3年生以降に大学・短大への進学希望を決めた割合は，18.9％→21.1％→28.8％と一貫して増加している。これは，大学進学が容易になり，早い段階からの受験勉強が必ずしも必要ではなくなったこと，さらには奨学金枠の拡大によって高校3年段階でも就職から大学進学への変更が可能になった結果，大学進学と就職という両にらみが行われている可能性を示唆する（第5章参照）。
6) ただし，本章で対象となった学校は，職業高校としては歴史のある学校であり，それが「実績関係」の維持に寄与している可能性はあるだろう。
7) 「自分のアルバイトや奨学金でその一部を負担する必要がある」という選択肢を「家計負担あり」に含めないことについては，生活費の一部をアルバイトで稼ぐことはごく一般的であり，大部分をアルバイトや奨学金に頼らなければいけないような場合とは区別するのが妥当という判断によるものである。実際この選択肢の選択率は，いずれの時点でも4割近くになっている。
8) 81年調査では父母が区別されていないため親職を用いている。
9) 2011年および1997年における父無職および父不在，そして1981年における親無職は欠損値とした。
10) もちろん，この結果のみから断定はできないが，学歴の高い親の方が，自らの経験から勉強や学歴の意義を子どもに納得させやすいという指摘（平沢 2014）もあるように，経済的要因に還元できない影響についても考慮する必要があるように思われる。

［文献］
荒川葉，2009，『「夢追い」型進路形成の功罪――高校改革の社会学』東進堂．
荒牧草平，2002，「現代高校生の学習意欲と進路希望の形成――出身階層と価値志向の

効果に注目して」『教育社会学研究』71：5-22.
ブリントン，メアリー・C., 2008，『失われた場を探して――ロストジェネレーションの社会学』NTT 出版.
平沢和司，2014，『格差の社会学入門――学歴と階層から考える』北海道大学出版会.
本田由紀，2005，『若者と仕事――「学校経由の就職」を超えて』東京大学出版会.
岩永雅也，1983，「若年労働市場の組織化と学校」『教育社会学研究』38：134-145.
苅谷剛彦，1991，『学校・職業・選抜の社会学――高卒就職の日本的メカニズム』東京大学出版会.
片山悠樹，2010，「進路多様校における進路指導」中村高康編『進路選択の過程と構造――高校入学から卒業までの量的・質的アプローチ』ミネルヴァ書房，74-94.
小杉礼子，2010，『若者と初期キャリア――「非典型」からの出版のために』勁草書房.
中村高康，2010，「四大シフト現象の分析」中村高康編『進路選択の過程と構造――高校入学から卒業までの量的・質的アプローチ』ミネルヴァ書房，163-183.
尾嶋史章，2001，「進路選択はどのように変わったのか――16 年間にみる進路選択意識の変化」尾嶋史章編著『現代高校生の計量社会学――進路・生活・世代』ミネルヴァ書房，21-61.
――――，2002，「社会階層と進路形成の変容――90 年代の変化を考える」『教育社会学研究』70：125-142.
――――・近藤博之，2000，「教育達成のジェンダー構造」盛山和夫編『日本の階層システム 4　ジェンダー・市場・家族』東京大学出版会，27-46.
太田聰一，2010，『若年者就業の経済学』日本経済新聞出版社.
佐藤昭宏，2010，「家庭の経済階層が生徒の学習意欲・進路選択に与える影響――専門学科と普通学科の比較からみえてくるもの」『都立専門高校の生徒の学習と進路に関する調査』ベネッセ教育総合研究所，60-69（http://berd.benesse.jp/berd/center/open/report/toritsu_senmon/2009/pdf/data_09.pdf）.
筒井美紀，2006，『高卒労働市場の変貌と高校進路指導・就職斡旋における構造と認識の不一致――高卒就職を切り拓く』東洋館出版社.
Willis, Paul, 1977, *Learning to Labor: How Working Class Kids Get Working Class Jobs*, New York: Columbia University Press（＝1996，熊沢誠・山田潤訳『ハマータウンの野郎ども――学校への反抗・労働への順応』ちくま学芸文庫）.

第3章
職業希望の変容とその制度的基盤

多喜 弘文

1　高校生の職業希望と制度的文脈

　これまでの章で明らかにされてきたように，この30年の間に高校生を取り巻く状況は大きく変化してきた。景気の悪化や経済のサービス化などにより，高校への求人は特に普通科で激減した。それに伴い，卒業後に進学する生徒は増加し，高校生が仕事につくまでの期間は徐々に長くなっている。こうした状況の変化の中で，高校生が在学中に抱く将来の職業に関する希望はどのように変わってきたのだろうか。また，それはどのような価値観に支えられて形成されているのか。本章では，高校生がつきたいと希望する職業とその背後にある意識を，高校が埋め込まれている制度的な文脈との関連において明らかにしていきたい。

　社会階層論の分野において，近年最も有力な仮説の1つとされている合理的選択理論の枠組みでは，子どもが親の職業的地位を下回らないように進路を選択するという仮定が中心におかれている（Breen and Goldthorpe 1997）。このような仮定の背景にあるのは，誰もが社会経済的な地位の高さを基準に職業の望ましさを判断し，それに応じて得ようとする学歴の高低を決定していくというイメージである。同様の想定は，日本の高校生に関する研究でも，いわば暗黙の前提とされてきた。学力や大学進学率の低い高校の生徒が，高い社会経済的地位に到達できないことを悲観して，自分の将来や学校生活に対する意欲を失う傾向にあるといった指摘（陣内 1975, 1976；岩木・耳塚 1983）も，こうした前提に基づくものである。

　だが，このような学歴＝地位達成志向の想定は，高校生の現実を正しく捉えているとは言えない。荒牧（2001）は，日本の高校生がつきたいと考える職業の地位の高低が，必ずしも所属する学校の学力上の位置と対応している

わけではないことを指摘する。学歴＝地位達成志向の想定が妥当であれば，学力の高い生徒ほど地位達成を重視する志向性が強く，また実際に高い地位の職業を希望するはずである。しかし，現実には高校生の職業希望およびその背後にある意識の対応関係はそのように一次元的なものになっておらず，もう1つの軸として「職業を通じて何らかの専門性や技能を発揮できること」を重視する自己実現志向を想定しなければ，うまく捉えることはできない。同様の知見は有田（2002）でも確認されており，職業希望と2つの職業志向性との間の独特な結びつき方が，韓国との比較における日本の特徴であることが明らかにされている。

それでは，なぜ日本の高校生の職業希望は学歴＝地位達成志向モデルだけで捉えられないのだろうか。この点について荒牧（2001）は明示的に述べておらず，その理由を物質的に豊かになったことや生徒の希望する職業自体の性質に求めているようにみえる。だが，こうした理由だけで他国との差異を説明することは難しい。地位達成志向と自己実現志向という2種類の職業志向性が，希望職の地位の高低という一次元に回収されない（有田 2002）という日本の高校生における独自性を説明するためには，このような特徴を生み出している制度的基盤が何であるのかを問わなければならない。

以上の問題意識から，本章では高校生の職業希望とその背後にある意識との結びつきを，日本の高校が埋め込まれている独特の制度的文脈に着目して検討していくことにしたい。日本の高卒就職は，学校と企業の継続的な関係性に基づく独特の仕組みのもとでおこなわれてきた（苅谷 1991）。また，事務職を中心としたサラリーマン的な職業領域における大学生の就職では，職務内容が不明確なまま雇用契約が結ばれることが知られている（濱口 2009）。それに対し，専門学校や短大からの就職は，資格との結びつきを通じた職種ベースのマッチングが中心となる傾向にある。高校生がなりたいとイメージする職業の地位が，学力に応じて垂直的に決まっていくのであれば，学歴＝地位達成志向モデルの視点だけで十分なはずである。これに対し，日本では進路が埋め込まれている上述のような特殊な制度的基盤が，高校生の職業希望と職業志向性の関係性を特別なものにしているのではないだろうか。本章ではこのような仮説をもとに，高校生の希望する進路との対応関係に特に着

目しながら職業希望とその背後にある意識の関連を読み解いていきたい。

2 職業希望の30年間

はじめに，高校生の職業希望がこの30年間でどのように変わってきたのかをみておこう。本調査では，将来つきたいと思う職業をあらかじめ用意した選択肢の中から選んでもらっている。調査時点ごとの選択肢は若干異なるが，カテゴリーの合併により可能な限りの調整をおこなった結果を示したものが表3-1である。[1)2)]

第3次調査において，1981年と1997年の間に生じた看護師などの準専門職やサービス職希望者の増加ほど明確な変化は確認できない。3ポイント以上の変化がみられるのは，男子では生産工程職の増加と医師などを含む専門

表3-1　3時点の職業希望の分布（N以外は％）

	男子			女子		
	1981	1997	2011	1981	1997	2011
農業・林業・漁業	2.7	1.1	2.4	0.0	0.4	1.5
小売店主	5.0	3.3	1.3	4.8	2.8	1.5
販売職	2.1	1.6	1.8	1.3	3.4	3.6
自動車・電器製品等の生産工程に関わる職業	10.4	3.8	8.7	0.8	0.6	1.1
大工・左官・自動車整備などの技能的職業	6.8	6.5	6.4	0.3	2.8	1.3
運輸・通信職	3.5	3.0	2.2	1.0	0.2	0.2
保安的職業	2.5	2.7	4.2	0.5	0.4	0.4
サービス職	1.7	4.6	4.7	4.5	11.1	10.5
事務職	9.1	10.3	12.0	23.2	12.6	15.0
管理的職業	11.0	4.1	4.9	0.6	0.8	2.6
専門①（医師・弁護士・薬剤師・科学者など）	7.2	11.1	4.0	6.1	3.8	6.0
専門②（技術者・小中高の教師・記者など）	27.4	28.0	26.0	19.7	18.8	18.2
専門③（保育士・看護師・デザイナー・カウンセラーなど）	2.3	7.9	9.6	27.8	34.3	29.8
専門④（歌手・タレント・スポーツ選手など）	3.3	6.5	5.8	3.5	3.4	3.6
考えていない	5.0	5.4	6.0	6.1	4.5	4.5
合計	100.0	100.0	100.0	100.0	100.0	100.0
N	482	368	450	396	469	466

①の減少，女子では看護師や保育士を含む専門③の減少のみである。また，男女ともに唯一3時点で一貫して減少しているのが小売店主である。以前は一部の生徒が抱いていた自営業的な働き方への志向性が縮小した，もしくはそうした家業をもつ家庭が減少したということかもしれない。前回と今回の調査の間に夢追い型のアスピレーションが強まったとする報告もあるが（片瀬 2005；荒川 2009），ここではそのような傾向は確認できない[3]。むしろ，男女ともに事務職や管理職を希望する生徒が前回と比べて若干増加しており，会社員的な働き方への揺り戻しがあるようにもみえる。

　近年おこなわれた他の調査でも，高校生がなりたい職業の上位に「教師」「公務員（本調査では事務職に含まれる）」「保育士」が本調査と同様にあがっている（Benesse 教育研究開発センター編 2010；日本ドリコム 2012）。また，看護職を希望する男子高校生が増加していることも，表3－1からある程度確認できる。選択肢方式による限界はあるものの，本調査が高校生の職業希望に関する大まかなトレンドを捉えていると判断してよいだろう。

　続いて，「社会経済的な地位の高－低」と「専門性の発揮による自己実現の可能性の高－低」の2軸をもとに荒牧（2001）が分類した「専門・技術」「事務・管理」「サービス・技能」「販売・労務」「考えていない」という5カテゴリーの職業希望と学校タイプとの関連を示したものが図3－1である。

　図3－1より，いずれの時点でも学力の高い学校タイプの生徒ほど専門・技術職を目指す傾向があり，職業科や普通科Cにはサービス・技能職や販売・労務職を希望する生徒が多いことを確認できる。2011年調査では，普通科Aで専門・技術職が減り，事務・管理や未定の割合が増えている[4]。また，普通科Cの専門・技術職が1981年と比べて約11ポイント，1997年と比べて約7ポイントも上昇している。一方，職業科の専門・技術の割合は1997年よりも減少している。その結果，普通科高校間で専門・技術職希望者の差が過去2時点よりも小さくなり，職業科と普通科との差は1997年より開いている。とはいえ，関連の強さをあらわすソマーズのD係数は1981年から順に 0.271，0.172，0.176 であり，1997年との間に変化はない。荒牧（2001）が指摘した通り，学校タイプと職業希望の序列的関連は，学校タイプと進路希望の関連と比べてかなり弱い[5]。

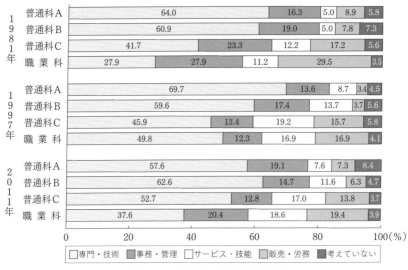

図3-1　学校タイプと職業希望

　次に，高校生の進路希望と職業希望の関連をみていきたい。すでに述べた通り，ここでは両者の序列的関連の強さだけではなく，進路が埋め込まれている制度的文脈にも着目する。まずは，垂直的な結びつきに着目してみていこう。進路希望と職業希望のソマーズのD係数は，1981年から順に0.312，0.285，0.311であり，2変数間の序列的関連の強さはほとんど変わっていない[6]。一方，学校タイプと職業希望の関連が1997年や2011年で明らかに弱化しているのは先ほど確認した通りである。1981年時点では学校タイプと職業希望の関連と，進路希望と職業希望の関連の強さが同程度だったが，それ以降は後者の関連の方が強くなっている。つまり，学校タイプと進路希望の関連が弱まっていないにもかかわらず，学校タイプと希望職の地位がかい離するようになったのである。進路希望と職業希望の関連の強さには変化がないのであるから，図3-2の左側に示した進路希望割合の構成変化が，学校タイプと職業希望の序列的な関連を弱めたと考えられる。
　この点を確認したうえで，ここからは進路希望と職業希望の質的な結びつきに着目してその変化を検討していきたい。すでに確認した通り，ソマーズのD係数でみたときの序列的関連に3時点間でほとんど違いはみられない。

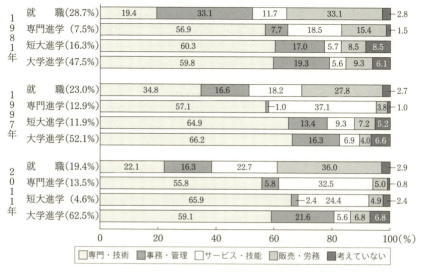

図 3-2　進路希望と職業希望

だが，両者のカテゴリカルな対応関係には時代ごとの変化が確認できる。1981年の時点では，就職希望者の専門・技術職希望率は明らかに低いが，それ以外の進路希望をもつ生徒の職業希望に大差はみられない。せいぜい専門学校志望者で事務・管理が若干少なく，その分サービス・技能が多いくらいである。ところが，1997年になると専門学校志望者の職業希望において，事務・管理が7.7％から1.0％に，販売・労務が15.4％から3.8％に減少し，サービス・技能が18.5％から37.1％へと倍増している。これに引き続き，2011年には短大志望者において，事務・管理が1997年の13.4％から2.4％へと減少し，サービス・技能が9.3％から24.4％へと増加している。

以上の変化は，専門学校と短大が特定の職業との関連を明確にもつ短期高等教育機関へと変化していく過程として捉えられる。いわゆる会社員や公務員を目指す事務・管理職希望者の減少はまず専門学校志望者において生じ，その後短大志望者にも拡大したのである[7]。その結果，学校で学んだ内容と仕事のつながりが不明確なまま就社する生徒は，学校経由の就職が残っている一部の職業高校と，大学進学希望者に集中するようになった。

ここで重要なのは，高卒就職以外の進路で専門・技術職希望の割合にさほ

ど違いがないことである。将来つきたい仕事を職種で捉える限り，短大や専門学校と比較して大学進学希望者に多いのは専門・技術職ではなく事務・管理職である。以前は高卒就職志望者の割合が学校タイプに強く規定されていたが，その後，就職者が減少して学校経由の就職が縮小し，進学者が増加したために，学校タイプと職業希望の序列的関連は弱くなった。次節では，職業に対する意識を取り上げて，本節で確認された特定の職種との結びつきが強い短期高等教育機関とそうではない大学の違いに着目しつつ検討していくことにしたい。

3 職業に関する意識

ここからは，荒牧（2001）で検討されているいくつかの意識項目に関して詳細に検討を加えていく。具体的には，3時点で共通して尋ねている希望職業へのこだわり（希望の強さ），1997年と2011年の調査に含まれる項目で構成した自己実現志向と社会経済条件志向という2つの職業志向性，会社員的な働き方を希望するかどうかを尋ねた会社勤め志向という3種類の意識項目を取り上げ，学校タイプ，職業希望，進路希望との関連をみていくことにしたい。

3.1 希望職業へのこだわり

まず，特定の職業につきたいと思う気持ちの強さを尋ねた希望職業へのこだわりと学校タイプ，職業希望，進路希望との関連を検討する。希望する職業に関して「ぜひつきたい」と回答した生徒の割合は，1981年から順に38.0％，43.4％，46.3％と増加しており，希望職へのこだわりが強まっていることがわかる。1990年代以降，学科・コース・類型の多様化や生徒の個性に応じた選択の自由化といった政策の変化が，夢追い型の職業希望ややりがいを重視する価値観を強めたことが指摘されている（望月 2007；荒川 2009）。これらの議論に関しても，前節でみた進路希望と職業希望の関連を踏まえるならば異なった解釈が可能である。実績関係を通じて就職する生徒は，所属する高校に届く求人票から職業を選択することになる。だが，そのような形での就職が困難になるにつれ，進学を選択する生徒が増加した。そ

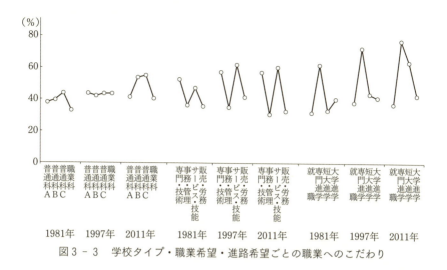

図 3-3 学校タイプ・職業希望・進路希望ごとの職業へのこだわり

の進学先の中で一定の割合を占める専門学校は，将来の職業を意識することが迫られる進路であり，現在では短大もそのような進路となりつつある。将来の職業を意識せざるを得ない高校生が増加したのは，進路指導の変化であると同時に，進路が埋め込まれた制度的条件の変化によるものであると考えることができる。

このことを確かめるため，希望職業へのこだわりと学校タイプ，職業希望，進路希望との関連をみたものが図3-3である。左側から順にみていこう。2011年調査では普通科Bと普通科Cで「ぜひつきたい」と回答した生徒の割合が増加している。だが，学力的な意味での学校タイプの高低と職業へのこだわりの強さとの間に直線的な対応関係は確認できない。他方，図の中央に示した職業希望との関連では，専門・技術とサービス・技能において高く，事務・管理と販売・労務で低いことが3時点で一貫して明らかである。荒牧が述べたように，「各学校タイプとの間に序列的対応関係はみられない」ことや，「必ずしも社会経済的地位が高い職業ほど強く希望されるわけではない」(荒牧 2001：90) ことが2011年調査でも確認された。

これらに加え，今回新たに図3-3の右側に進路希望別の希望職業へのこだわりの強さを示している。いずれの時点でも専門学校志望者の職業希望が

第3章　職業希望の変容とその制度的基盤　71

最も明確である．また，2011年には短大志望者の希望職業へのこだわりも強くなっている．以上の対応関係および変化は，前節で指摘してきた内容と整合的である．そもそも，「ぜひつきたい」という気持ちは特定の職業イメージをもつことなく生じ得ない．高卒就職は，高校に届く求人票からの選択となるため，具体的なイメージに基づく職業選択の契機になりにくい．大学志望者の場合も，具体的な職業イメージをもたないまま進学する生徒が多い．これらの進路に対し，専門学校や近年の短大は，進学の選択自体が明確な職業イメージを要求するのである．

　日本では学力の低い生徒ほど将来の職業に対する意欲をなくすというわけではない．「加熱と冷却」という教育社会学の伝統的な問題関心と重ね合わせるならば，専門学校や短大への進学を希望する生徒には，社会経済的地位の高低ではなく具体的な仕事内容を重視する価値体系に向けた「代替的加熱」が生じているのである（長尾 2009）．専門・技術やサービス・技能の職業的性質が「ぜひつきたい」という意識と結びつきやすいのは事実かもしれないが，その背後にある制度的基盤もまた見逃すべきではない．

3.2　職業志向性

　次に，質問項目の制約から1997年と2011年の2時点のみの比較となるが，日本の高校生の職業希望を理解するうえで重要な社会経済条件志向と自己実現志向という2つの職業志向性に関して，先ほどと同様の手順で検討していきたい．

　ここでは職業や勤め先を選ぶ条件としていくつかの項目をあげ，それぞれについてどの程度重視したかを尋ねた質問を用いることにする．「高い収入が得られる」「失業のおそれがない」という社会経済的な条件に関する項目と，自己実現に関する「自分の知識や技術が生かせる」「自分の興味や関心」という項目について，「たいへん重視する」「少し重視する」「あまり重視しない」「まったく重視しない」の4段階で回答を求めた．1997年から2011年にかけて，失業のおそれがないことを「たいへん重視する」生徒の割合は38.0％から51.8％へと大幅に増加している．また，高収入を重視する生徒にも約5ポイントの増加がみられる．こうした社会経済条件に関する回答の

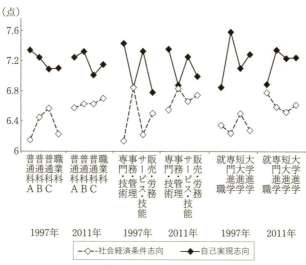

図3-4　学校タイプ・職業希望・進路希望ごとの職業志向性

変化からは，前回調査以降の就職状況の悪化や非正規雇用の増加などが高校生の意識に与えた影響を読み取ることができる。一方，自己実現に関わる2つの項目の回答の変化は社会経済条件に関する項目ほど明確ではない。職業を選択するうえで自分の知識や技術が生かせることを重視する生徒は若干減少しているが，進路選択にあたって自分の興味や関心を重視する生徒の割合に変化はみられない。

　ここからは以上の4項目を「社会経済条件志向」と「自己実現志向」という2つの尺度にまとめて用いていくことにしたい。前者は「高い収入が得られる」「失業のおそれがない」の2項目，後者は「自分の知識や技術」と「自分の興味や関心が生かせること」の2項目を用いて，「たいへん重視する」（4点）から順に1点刻みで点を与えてそれぞれ足し合わせ，重視する度合いが高いほど高得点になるように尺度を構成した。この8点から2点の値を取る2つの尺度と学校タイプ，職業希望，進路希望の関連をプロットしたものが図3-4である。

　先ほどと同様に学校タイプとの関連から順にみていくことにする。社会経済条件志向の平均値をみると，1997年には普通科Bと普通科Cで重視度が

第3章　職業希望の変容とその制度的基盤　　73

高かったが，2011年には学校タイプによる有意差がみられなくなっている。他方，学校タイプ間の自己実現志向の差はどちらの時点でも有意であり，1997年には普通科Aや普通科Bで高かったのが，2011年には普通科Aの得点が普通科Bより低くなり，普通科Cの得点が低下している。いずれにせよ学校タイプと2つの職業志向性との間に直線的な対応関係はみられない。

次に図の中央に目を移すと，どちらの時点でも職業希望ごとの職業志向性得点はそれぞれ有意差を示している。社会経済条件志向は事務・管理と販売・労務で強く，専門・技術およびサービス・技能において弱い。これとは正反対に，自己実現志向は事務・管理で低く，専門・技術とサービス・技能で高得点となっている。荒牧が明らかにした通り，これら2つの職業志向性は希望する職業に応じてどちらかの得点が高いと別の志向性の得点が低いという関係となっている。ただし，2011年の調査では職業希望ごとの社会経済条件志向の差が大幅に縮小している。若年労働者の雇用に関わる状況が悪化したことで，希望職にかかわりなく全体として社会経済条件を重視する度合いが高まったのであろう。

続いて図の右側部分に示した進路希望ごとの職業志向性をみていこう。ここでも，一方の職業志向性得点が高いカテゴリーではもう一方の職業志向性得点が低いという関係が確認できる。どちらの時点でも，自己実現志向は就職志望者で最も弱く専門学校志望者で非常に強くなっている。また，1997年時点で相対的に弱かった短大志望者の自己実現志向が2011年では強くなっている。以上の関係性とその変化は，ここまで説明してきた図式と基本的に合致する。ただし，進路希望ごとの社会経済条件志向の差はどちらの時点でも有意ではない。また，先ほどの図3－3で大学志望者の職業へのこだわりは弱かったが，ここでは自己実現志向が比較的強くなっている。[8] 大学進学希望者のなかには，まだ「ぜひつきたい」仕事が具体的にあるわけではないが職業を通じた専門性や技能の発揮を望む，という生徒が一定数いるのかもしれない。

3.3　会社勤め志向

最後に，会社勤めと独立した店ならばどちらを選ぶかに関して尋ねた会社

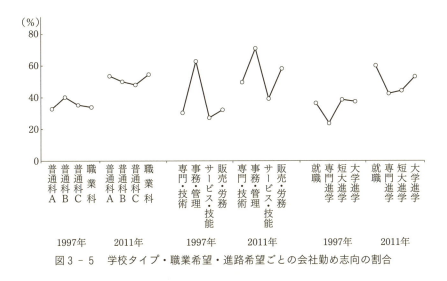

図3-5 学校タイプ・職業希望・進路希望ごとの会社勤め志向の割合

勤め志向を検討してみたい。この項目を検討する理由は，職業（職種）をイメージさせる進路とそうではない進路があるという前節での指摘と関わっている。具体的な職業を意識する進路である専門学校や2011年の短大では，組織への所属よりも自らの職業に重きをおくものが多く含まれているため会社勤め志向は弱くなり，高卒就職では学校経由の就職となるため職業よりも組織への所属が重視され，会社勤め志向が強くなっているというのが制度との関連に基づく予測である。

まずはこれまでと同様に1997年と2011年における回答分布の変化を押さえておきたい。会社勤めを選択した生徒の割合は1997年の35.0％から2011年には52.0％へと大幅に増加している。これに対し，独立した店を選ぶと回答した生徒は24.4％から10.4％に減少している。「どちらともいえない」と回答した生徒の割合は40.6％から37.6％とあまり変化しておらず，2時点間に高校生の会社勤め志向が強まったことがわかる。すでに確認した失業のおそれがないことを重視する生徒の増加とあわせて考えると，これらの変化は高校生の将来に対する不安の高まりを表しているようにみえる。

この点を踏まえ，会社勤めを選んだ生徒の割合を学校タイプ，職業希望，進路希望ごとに図で示したのが図3-5である。これまで検討してきた項目

第3章 職業希望の変容とその制度的基盤 75

と同様に，学校タイプとの関連は明確ではないが，職業希望や進路希望との間には関連があることが読み取れる。職業希望ごとにみると，1997年時点では会社員的な働き方の典型である事務・管理において会社勤め志向が特に強かったが，これに加えて2011年には販売・労務で特に大幅な上昇がみられる。すでに確認した小売店主などの自営業的な働き方の後退は，とりわけここでの販売・労務における会社勤め志向の上昇と関連しているのかもしれない。

進路希望との関連では，やはり予想通りの結果が得られている。1997年時点では職業を強く意識させる進路としての専門学校でのみ会社勤め志向が弱くなっており，2011年にはこれに加えて保育士などを目指す進路へと変化した短大でも会社勤め志向が弱くなっている。

4　職業希望・進路希望・職業関連意識の潜在クラス分析

ここまでの検討でみえてきたのは，学力の高低によって職業希望やその他の職業に関わる意識が連続変量的に決まるのではなく，進路希望が埋め込まれている制度的基盤に応じて質的にそれらが規定されるというメカニズムである。また，1997年と2011年の間には短大の位置づけに変化が生じている。以上を踏まえたうえで，本節では質的変数の関連構造を把握するのに適した潜在クラス分析を用いて変数間の結びつきのパターンを析出したい[10]。具体的には，進路希望，職業希望と前節の3種類の意識変数を同時に投入することで，1997年と2011年における高校生の職業希望形成の制度的基盤とその変容を明らかにする[11]。

なお，ここまでの分析では，学校ごとの生徒数が各時点で同じウェイトとなるように重みづけをおこなってきたが，本節では投入する変数に欠損値のあるケースをあらかじめ削除したうえで，1997年と2011年で学校ごとの生徒数がまったく同じになるように調整したデータを使用する[12]。分析に用いるサンプル数は，両時点とも1354ケースである。事前の検討の結果，尤度比カイ二乗統計量を基準とした場合にp値が5%水準を超えるモデルのうち，どちらの時点でも全体の構造を最も簡潔に表現できる4クラスのモデルを採

表3-2 進路希望・職業希望・職業に関する意識の潜在クラス分析（1997年，％）

	クラス1	クラス2	クラス3	クラス4	全体
構成割合	14.6	33.0	25.2	27.2	100.0
就職	88.3	30.3	6.6	12.4	27.9
大学進学	9.7	58.8	93.4	17.7	49.2
短大進学	0.0	10.1	0.0	21.7	9.2
専門進学	2.0	0.8	0.0	48.2	13.7
農業・林業・漁業	1.8	0.3	0.3	0.8	0.7
小売店主	9.2	3.5	0.5	2.1	3.2
販売職	17.4	0.0	0.0	1.8	3.0
自動車・電器製品などの生産工程	15.7	1.2	0.2	0.3	2.8
大工・自動車整備などの技能的職業	19.1	0.0	0.0	9.6	5.4
運輸・通信職	0.0	4.9	0.0	0.0	1.6
保安的職業	9.1	0.4	2.9	0.0	2.2
サービス職	4.6	3.6	0.0	19.2	7.1
事務職	0.0	30.7	2.3	0.0	10.7
管理的職業	0.0	6.3	2.4	0.2	2.7
専門①（医師・弁護士など）	0.0	1.6	21.0	1.4	6.2
専門②（技術者・小中高の教師など）	16.4	20.4	43.5	15.7	24.4
専門③（保育士・看護師など）	0.7	11.6	20.3	43.6	20.9
専門④（歌手・タレントなど）	6.2	1.3	6.6	5.3	4.4
考えていない	0.0	14.1	0.0	0.0	4.7
社会経済条件志向（高）	46.8	59.9	32.4	37.3	44.9
社会経済条件志向（低）	53.2	40.1	67.7	62.7	55.1
自己実現志向（高）	32.1	26.1	74.1	66.0	49.9
自己実現志向（低）	67.9	73.9	25.9	34.0	50.1
会社勤め志向	31.8	57.5	24.8	23.0	36.1
非会社勤め志向	68.2	42.5	75.2	77.0	63.9
ぜひつきたい	39.8	26.1	64.3	75.9	51.3
それ以外＋未定	60.2	73.9	35.7	24.1	48.7

用する。

　表3-2は，1997年データで析出した4つの潜在クラスの構成割合と応答確率を示したものである。一番右の「全体」の列は1997年データにおける各選択肢の回答率を示している。いずれの列においても，変数ごとに数値を縦に足していけば合計が100％となる。また，一番上の構成割合は潜在ク

ラスごとの比率を示しており，クラス1からクラス4までの値を合計すると全体の構成割合の100％になる。なお，表ではクラスごとの応答確率のうち，全体割合よりも10％程度高いカテゴリーを目安に網掛けを施している。したがって，この網掛け部分を中心的にみていけば，そのクラスの特徴が概ねわかるようになっている。網掛けの基準は，全体との比較における大きさであり，割合の絶対的な大小ではないことに注意されたい[13]。

最初に各クラスの進路希望と職業希望の組み合わせをもとに大まかな特徴を把握しておきたい。進路希望としては，クラス1は高卒就職，クラス2とクラス3は大学進学，クラス4は短大進学と専門学校進学を中心に構成されている。職業希望に着目すると，クラス1は販売・労務，クラス2は事務と未定，クラス3は高度な専門・技術，クラス4はサービスと準専門という形で分かれている。クラス2とクラス3は大学志望者が中心だが，前者は会社員的な志向，後者は専門・技術職希望をもっている。以下，クラス1から順に「高卒就職－販売・労務職クラス」「大学－事務・管理職・未定クラス」「大学－専門・技術職クラス」「短大・専門－準専門・サービス職クラス」と呼ぶことにする。

クラスごとの職業に対する意識を検討していこう。クラス1の「高卒就職－販売・労務職クラス」は，自己実現志向や希望職業へのこだわりが弱く，職業へのこだわりが弱い。また，このクラスでは社会経済条件や会社勤めに対する志向性もあまりみられない。クラス2の「大学－事務・管理職・未定クラス」は，会社勤め志向と社会経済条件志向が高く，自己実現や希望職業へのこだわりが弱いという典型的な会社員タイプの職業志向を示している。職業希望未定に対する応答確率も明らかに高い。会社で出世したいという意識を漠然ともっているが，職種を明確にイメージしていないことがこのクラスの特徴といえるだろう。なお，このクラスには短大や就職志望者も一定数含まれている。クラス3は，ほとんどが大学志望で，9割以上が専門職を希望する「大学－専門・技術職クラス」である。職業意識に着目すると，自己実現志向と希望職業へのこだわりは強いが社会経済条件志向と会社勤め志向は弱く，会社員的な志向をもつ先ほどのクラス2と対照的である。同様に，クラス4の「短大・専門－準専門・サービス職クラス」も，自己実現を重視

表 3－3　進路希望・職業希望・職業に関する意識の潜在クラス分析（2011年，％）

	クラス1	クラス2	クラス3	クラス4	全体
構成割合	16.0	27.3	37.9	18.8	100.0
就職	96.1	14.9	0.0	19.7	23.1
大学進学	0.0	81.2	90.3	9.0	58.1
短大進学	1.7	2.4	0.0	18.0	4.3
専門進学	2.3	1.5	9.6	53.5	14.5
農業・林業・漁業	3.7	1.1	2.7	0.0	1.9
小売店主	3.6	1.4	0.0	2.5	1.4
販売職	9.1	1.2	1.3	0.4	2.4
自動車・電器製品などの生産工程	29.2	3.4	0.3	1.1	5.9
大工・自動車整備などの技能的職業	14.6	2.8	0.0	9.5	4.9
運輸・通信職	8.0	0.2	1.4	0.0	1.9
保安的職業	3.9	0.0	2.5	3.4	2.2
サービス職	4.0	2.6	1.3	26.4	6.8
事務職	12.8	24.4	11.1	0.0	12.9
管理的職業	0.0	7.9	3.1	2.3	3.8
専門①（医師・弁護士など）	0.0	0.0	14.8	0.0	5.6
専門②（技術者・小中高の教師など）	7.9	24.1	34.7	4.9	21.9
専門③（保育士・看護師など）	1.7	9.9	21.4	41.5	18.9
専門④（歌手・タレントなど）	1.6	1.6	5.3	8.0	4.2
考えていない	0.0	19.5	0.0	0.0	5.3
社会経済条件志向（高）	67.7	63.0	54.3	50.9	58.2
社会経済条件志向（低）	32.3	37.0	45.7	49.1	41.8
自己実現志向（高）	29.0	21.4	60.3	52.5	43.2
自己実現志向（低）	71.0	78.6	39.7	47.5	56.8
会社勤め志向	68.2	61.1	51.7	34.6	53.7
非会社勤め志向	31.8	38.9	48.4	65.4	46.3
ぜひつきたい	35.2	0.0	71.0	76.4	46.9
それ以外＋未定	64.8	100.0	29.0	23.6	53.1

する非会社員的な志向を示している。

　この潜在クラス分析の結果は，職業希望と職業に関する意識との組み合わせに着目するならば荒牧（2001）と整合的なものとなっている。これに加えて進路希望との関連についても，本章で述べてきた通りの関連があることがわかる。因果関係を議論することはできないが，少なくとも進路が埋め込ま

れている制度的基盤が，日本において特徴的であるとされてきた職業希望とその背景となる意識との結びつきと共変関係にあるといえるだろう。

続いて，表3－2と同じ変数を用いて2011年調査データにおける潜在クラス分析の結果を示したものが表3－3である。クラス1から4の進路希望と職業希望の結びつきは1997年時点と基本的に同じである。クラスごとの進路希望の構成に着目するならば，クラス2「大学－事務・管理職・未定クラス」で表3－2よりも大学進学希望の応答確率が高いことは注目に値する。第2節でみたように，普通科高校における就職希望者のさらなる減少や，短大の専門分野への特化により，ホワイトカラーの会社員を目指すのはほとんど大学志望者に限られるようになった。1997年時点においてOL的な働き方を想定していた短大志望者は減少し，2011年では準専門やサービス職を希望するクラス4に集中している。

職業に関する意識に着目すると，クラス1の特徴は表3－2と若干異なっている。このクラスの社会経済条件志向や会社勤め志向の応答確率は1997年のクラス1より高い。自営業のような働き方ではなく会社でブルーカラー職につくことをイメージする生徒が増えたことが，高卒就職希望者の社会経済条件志向を強めた可能性がある。次のクラス2に表3－2との違いはさほどみられない。このクラスは職種へのこだわりをあまりもたず，大学進学を希望している。それに対し，クラス3も同じ大学進学希望層だが職種への明確なこだわりをもっている。ただし，このクラスの社会経済条件志向や会社勤め志向は1997年のクラス3ほど低くない。最後のクラス4は，2011年調査において唯一会社勤め志向が弱いクラスとなっている。荒牧（2001）はサービス職の独立志向の強さを指摘しているが，このサービス職希望の応答確率が高いことがクラス4で会社勤め志向が弱い理由かもしれない。

以上のように，1997年時点と2011年時点で社会の変化に伴い変数間の関連構造にいくつか違いがみられるものの，基本的に本章の仮説を支持する結果が得られたといえる。

5　制度に埋め込まれた高校生の職業希望と今後

　本章では，荒牧（2001）の提示した職業希望と職業に関する意識との対応関係が，第1節で述べた日本に独特の制度的基盤に支えられていることを明らかにした。日本の高校生の職業希望とその背後にある意識との対応関係が特殊なものとなっているのは，学校経由の就職や職務のない雇用契約といった制度的条件が存在しているからである。こうした仕組みが存在する領域では原理的に職種に対するこだわりが生じにくく，地位達成だけが重視されることになる。他方，このような領域の外を志向する生徒は，職業を通じた自己実現を重視するが，そうした生徒の地位達成志向は低くなっている。この事実は，学力上の位置において地位達成を諦めざるを得なくなった生徒が，やりたいことに向けて意欲を「再加熱」される（長尾 2009）という先行研究の解釈と整合する。こうして希望する職業の地位と重ならない形で2種類の職業志向性が制度的に規定されることにより，日本の高校生の職業希望における多次元性（有田 2002）が生じているのである。

　この30年の間，高校生が抱く職業希望の分布にそれほどドラスティックな変化があったわけではない。われわれの調査で観察されたのも，経済のサービス化や自営業的な働き方の後退に起因する比較的緩やかな変化である。しかし，高校3年生が抱く将来の職業イメージには，職種の次元だけでは捉えられない質的な変容が生じている。このことは，高校生の進路が埋め込まれている制度的基盤と合わせて考えることではじめてみえてくる。

　30年前には，学校が企業との継続的なつながりを利用して就職を斡旋する仕組みが普通科高校でも機能していた。もちろん，この制度を通じて就職する場合であっても高校生は自らの希望に沿って職業選択をおこなうことになる。しかし，そこでの選択は求人票によって外在的に制限されるため，職業的なこだわりをさしはさむ余地はあまりなかった。ところが，この学校経由の就職が維持できなくなったことにより，高校生の進路が埋め込まれている制度的基盤に変化が生じた。以前であれば高卒就職を選択していたであろう（特に普通科の）生徒が，大学へと進学するか，短大や専門学校へと進むかという選択を迫られるようになったのである。無目的な大学進学や夢追い型

の職業希望の原因を,自己実現を重視した進路指導やそれに呼応した生徒の意識変化だけに求めるわけにはいかない。

現在のところ,会社への帰属や社会経済条件を重視する意識の全体的な高まりはみられるものの,高校生の職業希望における多次元性は維持されている。だが今後,巷間で議論されるように教育の職業的レリヴァンス(職業的意義)が強まり,職種と明確に紐づいた雇用の領域が広がっていくならば,日本の高校生の職業希望も学歴＝地位達成モデルが想定するような一次元的なものに近づいていくことが予想される。その場合,現在の制度的基盤がもつ「再加熱」機能が失われる可能性をもつことも,合わせて考える必要がある。

1) 職業希望に関する質問の選択肢には調査時点ごとの違いがある。1981年には19の選択肢が用意されていたが,1997年には37,2011年では23(M01校のみ19)となっている。選択肢にいくつか違いがあるものの,ここでは尾嶋(2001)と可能な限り比較できるように調整をおこなった。なお,過去2回の調査票ではこの質問に「考えていない」と「わからない」という選択肢があったが,2011年の調査票ではこれらの選択肢は用意されていない。そこで,2011年調査では職業へのこだわりを尋ねた別の質問項目において「まだ決まっていない」と回答した生徒を「考えていない」に分類した。荒牧(2001)は職業希望を答えていない生徒は無回答も含めすべて「未定」としてまとめている。だが,本章では上述の選択肢の違いがあるため,同様の手続きを取ると時点間でこのカテゴリーの意味が異なってしまう。そこで,本章では過去の調査については無回答もしくは「わからない」と回答した生徒を,2011年の調査では職業希望が無回答かつ「まだ決まっていない」と回答していない生徒を,それぞれ分析から除外することにした。これらの作業の結果,過去2回よりも2011年の調査で欠損値がやや少なくなっているが,こうした処理が有効回答内部の職業希望の分布に及ぼす影響は小さいと考えられる。
2) 本章でも第1章と同じく各学校の時点ごとの回答の影響が同じになるように重みづけをおこなっている。そのため,本章で示している値と尾嶋編(2001)で示されている値には完全に一致しない箇所がある。しかし,本章のデータを用いた場合でも,そこで言及されている時代ごとの傾向や変化との間に大きな違いは生じていない。
3) 片瀬(2005)が使用した調査の継続版でも夢追い型アスピレーションの低下が確認されており,この現象が一時的なものであった可能性が言及されている(元治 2009)。
4) ただし,2011年のM01校の調査票では「その他」ではなく「この中にない」とい

う選択肢になっていることに注意が必要である。M01 を除外した場合でも本章の主要な分析結果に違いは生じないが，図 3 - 1 で 2011 年の普通科 A に「考えていない」の割合が高くなっていることにはこの選択肢の違いが影響している可能性がある。

5) 学校タイプと進路希望とのソマーズの D 係数は 1981 年から順に 0.490, 0.463, 0.430 であった（男女別の結果については第 1 章も参照）。なお，ソマーズの D 係数を求める際は進路希望に就職，専門学校，短大，大学以上という順序，職業希望に販売・労務，サービス・技能，事務・管理，専門・技術（「考えていない」は除外）という順序を設定している。

6) 本章ではこれら 2 変数の間に非対称な関係性を想定していないため，これら 3 つの数値は対称性の仮定のもとに計算した。

7) 短大と専門学校における質的変容と両者の間に生じた時間差は，大学収容定員の抑制政策がもたらした影響とそれへの対処の違いによるものである。専門学校は，非一条校であることによる柔軟性を活かし，1990 年代前半の抑制政策緩和と同時に大学との競合を避けるべく分野構成を大幅に変化させた（進学者の変化およびその男女差については多喜（近刊））。これに対し，短大は 1990 年代に大学との競合により進学者を減らしている。その後，企業の一般職採用枠減少と相まって実学系以外の学科を中心とした四年制大学への改組が進み，短大は 2000 年前後に専門学校に遅れてその特徴を変化させたのである。

8) この違いには，自己実現志向を構成する際に用いた質問項目が影響している可能性も考えられる。2 つの変数のうち「自分の興味や関心」は，職業を選択する際の重視項目ではなく，進路を決める際に重視したことを尋ねている。

9) この項目は，荒牧（2001）の「独立志向」と同じ質問項目の逆の側面に着目したものである。

10) 潜在クラス分析とは，「カテゴリカルな観測変数の背後にカテゴリカル潜在変数があることを仮定して潜在構造を読み解く」（三輪 2009：345）分析方法のことを言う。潜在クラスモデルを適用する際には LEM（Vermunt 1997）を用いて推定をおこなった。潜在クラス分析の考え方を紹介した文献としては三輪（2009）などを参照されたい。

11) 社会経済条件志向と自己実現志向は，それぞれ第 3 節で用いた得点分布を大きく 2 分割して相対的な高得点者と低得点者を分けた（前者は 6 点と 7 点の間，後者は 7 点と 8 点の間）。なお，これらの変数および会社勤め志向と職業へのこだわりはすべて 2 カテゴリーであるため，両カテゴリーの応答確率を示すのは冗長であるが，ここでは結果の読み取りやすさを重視して両方を示すことにする。

12) 具体的には，2 時点で同じ学校の生徒数を比較して，多い方の年度の度数が少ない方の年度と同じになるように，等間隔に生徒を抽出して削除を繰り返した。したがって，両時点での各学校内の度数はまったく同じであるが，ウェイトをかけた時とは違い，学校ごとの度数は異なっている。ここでの目的は変数ごとの分布それ自体ではなく，変数間の関連構造を析出して時点間で比較することにある。

13) ただし，全体割合より 10％程度高いセルに網掛けを施すという基準は，そのセルの全体割合に影響を受ける。全体としての割合が小さいセルの場合，そのクラスにおいて特徴的な回答であっても網掛けが施されにくいことには注意が必要である。
14) ただし，大学の理系分野へ進学を希望する生徒はこれに当てはまらない。
15) なお，刊行の順序は前後するが，この高校生の職業希望における多次元性が，本章が明らかにした制度的要因と，希望する職業自体の性質のどちらにどのように規定されているのかを「高校生と母親調査，2012」により検討した研究に多喜（2015）がある。

［文献］
荒川葉, 2009,『「夢追い」型進路形成の功罪――高校改革の社会学』東信堂.
荒牧草平, 2001,「高校生にとっての職業希望」尾嶋史章編『現代高校生の計量社会学――進路・生活・世代』ミネルヴァ書房, 81-106.
有田伸, 2002,「職業希望と職業的志向性」中村高康・藤田武志・有田伸編『学歴・選抜・学校の比較社会学――教育からみる日本と韓国』東洋館出版社, 175-193.
Benesse 教育研究開発センター編, 2010,『第 2 回子ども生活実態基本調査報告書』.
Breen, Richard and John H. Goldthorpe, 1997, "Explaining Educational Differentials: Towards a Formal Rational Theory," *Rationality and Society*, 9(3): 275-305.
元治恵子, 2009,「職業希望の構造」木村邦博編『教育と社会に対する高校生の意識――第 6 次調査報告書』東北大学教育文化研究会, 15-33.
濱口桂一郎, 2009,『新しい労働社会――雇用システムの再構築へ』岩波書店.
岩木秀夫・耳塚寛明, 1983,「高校生――学校格差の中で」『現代のエスプリ 高校生』至文堂, No. 195：5-24.
陣内靖彦, 1975,「社会的選抜の主観的帰結――都市高等学校における事例から」『東京学芸大学紀要 第 1 部門 教育科学』26：157-169.
―――, 1976,「職業選択と教育」石戸谷哲夫編『変動する社会の教育』〈教育学研究全集 4〉第一法規出版, 202-223.
苅谷剛彦, 1991,『学校・職業・選抜の社会学――高卒就職の日本的メカニズム』東京大学出版会.
片瀬一男, 2005,『夢の行方――高校生の教育・職業アスピレーションの変容』東北大学出版会.
三輪哲, 2009,「潜在クラスモデル入門」『理論と方法』24(2)：345-356.
望月由起, 2007,『進路形成に対する「在り方生き方指導」の功罪――高校進路指導の社会学』東信堂.
長尾由希子, 2009,「専門学校への進学希望にみるノン・メリトクラティックな進路形成」『研究所報』Benesse 教育研究開発センター, 49：109-125.
日本ドリコム, 2012,『2011 ドリームランキング――高校生の希望する職業ランキング』.

尾嶋史章，2001，「進路選択はどのように変わったのか——16年間にみる進路選択意識の変化」尾嶋史章編『現代高校生の計量社会学——進路・生活・世代』ミネルヴァ書房，21-61．
———編，2001，『現代高校生の計量社会学——進路・生活・世代』ミネルヴァ書房．
多喜弘文，2015，「高校生の職業希望における多次元性——職業志向性の規定要因に着目して」中澤渉・藤原翔編『格差社会の中の高校生——家族・学校・進路選択』勁草書房，81-95．
————，近刊，「男女における専門学校進学の意味——「変容モデル」再考」中村高康・平沢和司・荒牧草平・中澤渉編『教育と社会階層——全国調査からみた学歴・学校・格差』東京大学出版会．
Vermunt, Jeroen K., 1997, *LEM: A General Program for the Analysis of Categorical Data.*

II
進路選択の現在

第**4**章

家族構造と進学問題――ひとり親家庭に注目して

吉田　崇

1　子どもの貧困と進学問題

　近年，「子どもの貧困」という言葉を目にする機会が増え，貧困問題への社会的関心が高まっている（阿部 2008；子どもの貧困白書編集委員会編 2009 など）。2014 年に施行された「子どもの貧困対策の推進に関する法律」では，「子どもの将来がその生まれ育った環境によって左右されることのないよう（中略）教育の機会均等を図る」ことが謳われている。このような法律が制定された背景には子どもの貧困の深刻化がある。厚生労働省「平成 25 年国民生活基礎調査」によれば，2012 年の子ども（17 歳以下）の貧困率は 16.3％と過去最悪となっている。さらに，子どものいる現役世帯のうち「大人が一人」，すなわち「ひとり親」家庭の貧困率は 54.6％にも達する。近年の離婚率の上昇を背景に，ひとり親世帯（母子世帯と父子世帯の合計）は増加しており，2000 年から 2010 年にかけて 71 万世帯から 84 万世帯へと 20％も増えている（国勢調査）。こうした家計状態の悪化や家族構造の変化は，高校生の就学や進路選択にもさまざまな負の影響を及ぼすことが懸念されている。

　高校生の進路選択に最も大きな影響を与えるのは，生徒自身の学力と家計の経済力とされる（小林 2008）。教育社会学や社会階層論において，出身階層による教育機会の不平等は繰り返し明らかにされてきた（原・盛山 1999；荒牧 2000）。しかし，伝統的な社会移動研究では出身階層を父親の社会経済的な地位で測定することが多く，両親のそろっている「ふたり親」であることが暗黙の前提とされてきたため，近年になるまで家族構造の問題が焦点化されることは少なかった（稲葉 2008，2012）。上述の通り，家計状態と直結するひとり親世帯は無視できない広がりをみせている。本章では，こうした家族構造の違いに焦点を当て，高校生の進路形成に及ぼす影響について検討す

る。

　ところで，進路希望を含む広い意味での教育達成に影響を及ぼす家族の要因は，家族背景，家族構造，家族環境といった下位概念に分けることができる（近藤 1996）。家族背景は出身階層と言い換えることができ，家族構造は世帯類型やきょうだい（兄弟姉妹）数や構成といった人口学的特徴を指し，家族環境は家庭の雰囲気などを意味する。本章ではこのうち家族構造，とりわけひとり親，父不在，母不在といった世帯類型の影響に着目していく。

　なお，教育達成に影響を及ぼす家族構造として，これまでの研究では，主としてきょうだい数が関心を集めてきた。これは，子ども数が多いと教育投資が分散（希釈）されるという問題があるためである。近年，進行中の少子化の主因は非婚化・晩婚化傾向に求めることができるが，結婚した夫婦が理想の子ども数を実現できない理由の第一に挙げられるのは子育てと教育にかかる費用の問題である。[2] 家族形成の際に将来の教育費が勘案されているのであれば，きょうだい数は問題とならないはずであるが，洋の東西を問わずきょうだい数は教育達成に負の影響を与えていることが知られている（平沢 2011）。後述する通り大学の学費は所得の伸びを上回って上昇を続けており，家計の限界も繰り返し指摘されている。こうした状況下ではすべての子どもに均等な教育を与えることを断念せざるを得ない局面もあるだろう。分析の際には，こうした，高校生自らが選ぶことのできない定位家族の要素であるきょうだい数についても考慮する必要がある。

　ここで，大学の学費の推移について確認しておこう（図4-1）。

　「失われた20年」といわれる経済停滞の中で家計の所得が伸び悩む一方，大学の学費は一貫して上昇を続けており，家計をますます圧迫している。また，進学にかかる費用は学費だけでなく，生活費も含まれるため，実際の負担はこの数字以上のものとなる。子ども二人を（同時に）私立大学に通わせる場合の教育費支出は可処分所得（年額）の50％を超えるという試算や，長子が大学生になった段階で家計の貯蓄率がマイナスになる，といった報告もある（文部科学省 2009）。家計にとって，大学進学は住宅購入に次いでまさに「人生で二番目に高い買い物」となっているのである（小林 2008）。

　本書で用いる高校生調査を用いた大学進学の費用負担感の時点変化につい

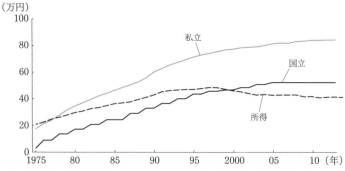

注：授業料は，国立大学法人（2005年以降）は標準額，私立大学は文部科学省「私立大学等の入学者に係る学生納付金調査」の平均値で，入学料や施設設備費は含まれない。所得は総務省「家計調査」の二人以上勤労者世帯の可処分所得（月額）。いずれも名目値で物価水準は調整していない。

図 4 - 1　大学授業料と可処分所得（月額）の推移

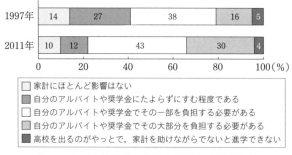

図 4 - 2　大学進学の費用負担感の 2 時点比較

ても確認しておこう。高校生を対象とした調査では，世帯収入などの客観的な情報を得ることはほぼ不可能であるが，本調査では「あなたがもし下宿して私立大学に進学するとしたら，あなたの家の大学の授業料や生活費の負担状況はどうですか」という仮想の質問を用いて大学進学に伴う費用負担感を捉えている。なお，この問いには大学進学を希望しない生徒も回答することになっている。1997 年と 2011 年の分布を示すと図 4 - 2 のようになっている[3]。

　これによると，1997 年から 2011 年にかけて，「アルバイトや奨学金にたよらずにすむ程度である」が 27％から 12％へと半減する一方で，「アルバ

イトや奨学金で大部分を負担する必要がある」が16％から30％へ倍増し，回答の最も多い「一部を負担する必要がある」も増加している。家計状態の最も厳しい認識である「高校を出るのがやっと」の比率こそ増えていないものの，高校生の目からみた家計状態は以前より厳しいものとなっていることがうかがえる。

2 家族構造が進学に及ぼす影響

2.1 出身階層・学力と進路希望

はじめに，進路希望の結果である教育達成に関する知見を，成人を対象とした調査の結果によって確認しておこう。教育達成が出身階層と学力（その代理指標としての学校ランク）によって大きく規定されていることは教育社会学，社会階層研究において繰り返し明らかにされてきた。原・盛山（1999）はSSM（社会階層と社会移動）調査を用いて，出身階層（父職業）ごとの男子の高校・大学進学率を世代別に算出し，高校進学についての出身階層間格差は高度経済成長期に解消した（基礎材の平等化）のに対して，短大を含む高等教育への進学については，階層間格差が維持されたままであり，高等教育が依然として「上級財」であることを示した。また，同じくSSM調査を用いた中西（2000）は，短大・大学進学実績に応じて出身高校を区分した「高校ランク」[4]によって，高等教育機関への進学率および進学先の大学ランクが大きく異なり，さらに高校ランクは出身階層（父職業，父教育年数）によって強く規定されていることも示している。

学歴達成の途上にある高校生を対象とする調査では，教育達成を規定する進学希望（教育アスピレーション）について多くの研究があり，進学希望は，出身階層と学力，そして学校タイプ（大学等への進学実績に学科区分を加味したもの）によって強く規定されていることが繰り返し検証されている。

耳塚（2000）は，2つの県の高校生調査を用いて進路志望の規定要因を探り，四年制大学志望か否かは学校タイプと出身階層（父職業や父母学歴）によって強く規定されており，中でも学校タイプが最重要であるとしている。尾嶋（2002）は，1981年と1997年の高校生調査を用い，出身階層と学校タイ

プによる教育アスピレーションの規定構造の変化の男女比較から，男子の規定構造が安定していることを示す一方で，女子において学校タイプの規定力が強まり，進路選択で男女の共通性が増したことを示した。片瀬（2005）も，仙台圏の高校生調査を用いて教育アスピレーションの規定構造の3時点比較を行い，男女ともに出身階層（父職業）が教育アスピレーションに及ぼす効果が大きく低下していることを示し，学校タイプの規定力は男子で弱まり，女子で強まっていることを明らかにしている。

このように，学校タイプによって進路は強く規定されており，どのコース（学校）に入るかによってその後の進路選択の機会と範囲が限定される状況，すなわちトラッキングの状態（藤田 1980）が確認できる。さらに，進路選択における家計要因について，小林（2008）は，2005年と2006年（追跡調査）に実施された全国調査を用いて，中学時代の成績と家庭の経済力によって（実際の）進路が大きく異なり，特に成績の低いグループで所得階層による差が大きいことを明らかにしている。一方，尾嶋（2001）は，高校生の進路希望において就職を選択する際の動機（理由）の分析から，経済的な理由から進学を断念するという経済的理由が女子において増加していることを示し，進路希望に対する経済的要因の「復活」を指摘した。

2.2 ひとり親家庭の不利

第1節で述べた通り，伝統的な階層研究の枠組みでは，ふたり親であることが前提とされ，父親が不在である場合は分析から除かれることが多かった（稲葉 2012）。この理由として，分析に十分なケース数が確保できないといった理由があるが，既述の通り，ひとり親世帯は無視しうるほど少数とはいえなくなっている。以下では，成人を対象とした地位達成研究と高校生の進路希望に関する知見について順に確認しよう。

三輪（2005）はJGSS（日本版総合社会調査）を用いて，15歳時に父不在および無職であることが教育達成に不利に働くことを示した。稲葉（2008）はSSM調査を用いて，父不在が教育達成（特に短大以上の進学）に不利に働き，とりわけ女子において顕著であること，加えて高等教育進学に対する父不在の不利は，暮らし向きや学業成績には還元できない独自の効果があることを

明らかにした。さらに余田（2012a）はJGSSを用いて，母子世帯だけでなく父子世帯も教育達成上の不利を抱えており，経済的要因だけではひとり親の不利を説明できないことを示した。

　高校生を対象とした研究では，平沢（2006）は4県で実施された調査を用いて，母子家庭出身であることが高卒後の予定進路（高校3年生の1〜3月に実施された調査）に負の影響を与え，学校タイプを統制しても直接効果が認められるとしている。これに対し余田（2012b）は，仙台圏の高校生調査を用い，家族構造と教育アスピレーションとの関連は学校タイプを統制するとみられない，すなわち父不在の直接効果はみられないことを示している。

　以上のように，父不在あるいはひとり親であることは地位達成や進路希望に不利に作用することが知られているが，それが学校タイプを統制しても直接効果をもつのか，あるいは経済的要因にどの程度帰因できるかについては未解明の問題も多い。

3　進路希望に対する家族構造の影響

　前節での検討をふまえ，本章の分析課題は次のようになる。父不在，母不在といった家族構造は高校生の進路希望にどのような影響を及ぼしているか。それは，トラッキングを考慮した場合にも残るのか。この点は先行研究の知見も分かれているので検討の余地がある。さらにこれらの男女差についても検討する。

3.1　家族構造の測定と分布

　はじめに，中心的な独立変数である家族構造について説明しよう。家族構造は，ふたり親，父不在，母不在の3つに区分する。マクラナハンら（McLanahan and Sandefur 1994）は「ふたり親家族（two-parent family）」という言葉を，生物学的な両親と同居する場合に限定して用いているが，本章では，単に父母が不在でない場合を「ふたり親」と呼んでいる。家族構造は，両親の従業上の地位に関する項目で，常時雇用やパートタイム，無職といった選択肢に加え，「あてはまる人がいない」という選択肢を設けることで把握し

表4−1 学校タイプ別にみた家族構造とふたり親世帯での父階層

	家族構造					出身階層（ふたり親）	
	ふたり親	父不在	母不在	計	実数	父大卒	父専門・管理
普通科A	95.9	3.1	1.0	100.0	679	61.4	24.6
普通科B	92.6	5.3	2.1	100.0	664	55.1	22.1
普通科C	85.7	10.3	4.1	100.0	691	31.1	12.2
職業科	91.4	6.4	2.2	100.0	873	27.6	11.4
計	91.4	6.3	2.3	100.0	2,907	43.0	17.3

$\chi^2_{(6)} = 27.5$, $p < .001$（ふたり親と父不在の比較：$\chi^2_{(3)} = 33.5$, $p < .001$）

ている。父母のそれぞれについて，いる・いないを区分することで，ふたり親，父不在，母不在に分類し，両親とも不在となる11ケースは分析から除外した。さらに，以下に示す通り母不在は十分なケース数が得られないため，分析の際にはふたり親と比較した父不在の不利に焦点を当てる。なお，父不在と母不在を合わせて「ひとり親」家庭としてグループ化することも可能であるが，父不在と母不在では，子の教育に及ぼす影響が異なることも知られているため（白川 2010），両者の合併は行わない。

高校生の基本属性ともいえる学校タイプごとにふたり親，父不在，母不在率を表4−1に示した。合計欄から，ふたり親，父不在，母不在はそれぞれ91.4％，6.3％，2.3％であることがわかる。父不在と母不在を合わせた「ひとり親」家庭が1割近くに達し，1997年調査の値と比べて2倍近くに増えている。さらに，学校タイプごとの出身階層の特徴を確認するために，ふたり親世帯における父親大卒比率と専門職・管理職比率を表の右端に示した。

一見して明らかなように，学校タイプごとに父不在家庭比率・母不在家庭比率が大きく異なる。父不在率は普通科Aで3％であるのに対して，普通科Cでは10％，職業科で6％と大きな開きがある。同じような傾向は母不在についてもみられる。公立高校に限定して父・母不在率を算出しても同様の傾向が得られるため，この違いは設置主体の公私別すなわち学費の差を反映しているわけではなさそうである。本調査データでは，ひとり親になった時期は特定できないため，この差がすべて高校入学前からあったとすることは

できないが，離死別のうち離別は幼少期におきることがほとんどであるため[9]，入学前にさかのぼった属性と考えてもよさそうである。したがって，高校の入試難易度とひとり親比率が反比例の関係にあるのは，ひとり親家庭が高校進学段階で不利を抱えていることにより生じた差とみなすことができるだろう[10]。なお，学校タイプごとのふたり親世帯における父親の大卒比率と専門・管理比率から，高校ランクに沿ってそれぞれの比率が高いことが確認でき，普通科Ａ・Ｂと普通科Ｃ・職業科との間で分布が大きく異なることがわかる。

次に，中心的な従属変数となる進路希望について説明しよう。本章では進学に及ぼす経済的な問題に関心があるため，卒業後の進路希望を，「就職」「短大・専門」「大学」の３カテゴリーに分けた。無回答と「その他」を分析から除外し，「決めていない（未定）」も少数であり，分析から除外した[11]。

以上から，分析に使用するのは，調査協力校の中で家族に関する情報が得られなかった２校を除く15校3,240名の中で，性別と後述する家族構造に関する質問について無回答のない2,918名のうち両親不在を除いた2,907名である。ただし，家族構造ごとの比較を行ううえで，母不在家庭は十分なケース数を確保することが難しいため，ふたり親家庭と父不在家庭の比較が分析の中心となることをあらかじめ断っておく。

3.2　家族構造と進学希望の関係

はじめに，家族構造と希望進路の関係についてみてみよう。進路は男女で異なるため，男女ごとに分布を示した（図4-3）。

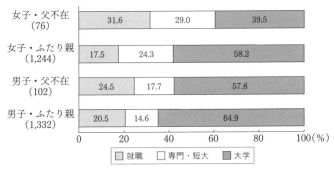

図4-3　男女・家族構造ごとの進路希望

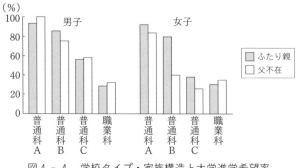

図4－4　学校タイプ・家族構造と大学進学希望率

　男女ともに父不在であれば進学希望が少なく，就職希望が多いことが確認できる。大学希望についてみると，男子ではふたり親65％と父不在58％となっている（統計的に有意な差ではない）。一方，女子ではこの傾向がより明瞭で，大学希望がふたり親58％に対して父不在40％，就職希望はふたり親18％に対して父不在32％となっている。女子の方が家族構造による影響を受けやすいというのは先行研究の知見とも合致する。

　次に，家族構造と進路希望の関係を学校タイプごとに掘り下げてみよう。ここでは3カテゴリーの希望進路のうち，大学進学希望率を示した（図4－4）。

　これによると，大学進学希望率は学校タイプに沿っていることがわかる。各学校タイプ内での家族構造による進路希望の違いは女子の普通科Bを除いて大きなものではなく，進路希望は家族構造よりも学校タイプによって大きく規定されていることがわかる。このことを確かめるために，ログリニアモデルによる検討を行った。家族構造をF，学校タイプをS，進学希望をAと表すと，男子では条件付き独立モデル［FS, SA］が，女子では対連関モデル［FA, FS, SA］が適合した。この結果は，女子においてのみFA関連，すなわち家族構造（F）と進学希望（A）との関連が無視できないことを意味している。すなわち，男子では学校タイプを統制すると家族構造の影響がみられないのに対し，女子では家族構造の影響が残ることが確かめられた。

3.3　進学希望のロジット分析

以上の記述的分析をふまえ，家族構造が進学希望に及ぼす影響について多変量解析によって検証する（表4－2）。モデル1は，性別と家族構造（父不在ダミー），きょうだい数を投入した基本モデルである。モデル2は所有財などの情報から作成した経済文化指標（付録2を参照のこと。ここでは5等分し，0〜4点を与えた）を加え，父不在の効果が経済要因に還元できるのかを検討する。なお，少数の欠損値には平均の2点を代入した。モデル3はトラッキングによる媒介効果を検討するために，学校タイプを加えたものである。モデル4は，性別と父不在の交互作用を投入したものである。

モデル1では，父不在に有意なマイナスの効果があることがわかる。父不在であればふたり親と比べて約半分（$e^{-.567}=0.57$）しか大学進学を希望しないということである。また，きょうだい数もマイナスの効果があることも確認できる。モデル2では，経済文化指標を加えたことで，父不在のマイナスの値が3分の2ほどの値に低下している。これは父不在の負の効果の3分の1は経済要因によって説明できることを示している。教育達成に関しては，父不在の不利のほとんどを経済力で説明できるとする先行研究もあるが，ここでは経済力の説明は一部にとどまっている。その理由として，進学希望と教育達成の規定構造の違いもあるだろうが，経済文化指標が所有財などで構成した指標のため，家計の経済力あるいは負担能力を正確に捉えていない可能性もある。モデル3はモデル1に学校タイプを加えたもので，父不在の負の効果はさらに小さくなり，有意でもなくなっている。このことは，家族構造の不利は学校タイプを媒介したものであることを示している。モデル4は，女子と父不在の交互作用効果が10％水準で有意になることから，家族構造の負の効果は学校タイプによって媒介されているものの，女子においては家族構造の効果がなお残っていることを意味する。これは，前項でのログリニアモデルの結果とも合致する。

以上をまとめると，進学希望に影響を及ぼすのは，性別ときょうだい数と学校タイプ，そして経済力であり，父不在の不利には男女差がみられる。すなわち，男子では直接効果はみられず，女子では直接効果が残るということである。家族構造の効果の一部は経済要因によって説明され，残りの多くは

表 4-2　大学進学希望のロジット分析

	モデル1	モデル2	モデル3	モデル4
性別（女子＝1）	－0.319**	－0.439**	－0.443**	－0.399**
家族構造（父不在＝1）	－0.567**	－0.385*	－0.181	0.072
きょうだい数	－0.352**	－0.355**	－0.265**	－0.266**
経済文化スコア（5段階）		0.319**	0.234**	0.234**
学校タイプ（ref: 普通科A）				
普通科B			－1.012**	－1.014**
普通科C			－2.522**	－2.521**
職業科			－3.262**	－3.265**
女子×父不在				－0.629†
定数	1.492**	0.923**	2.868**	2.850**
－2 log likelihood	3614.9	3495.4	2755.1	2752.3
McFadden's R^2	0.0188	0.0512	0.252	0.253
N	2753	2753	2753	2753

†$p<.10$,　*$p<.05$,　**$p<.01$

学校タイプに媒介されたものであった。このことは，ひとり親という家族構造の不利は，高校生の進路選択よりも，高校への進学段階ですでに始まっていることを示している。

　ここで，進路選択の際に何を重視するかが家族構造によって異なるのかをみてみよう。進路選択で考慮する事柄8項目について「じゅうぶん考える」から「ほとんど考えない」の4件法で尋ねたところ，結果表は省略するが，家族構造による違いがみられたのは家庭の経済状況と自宅から通えることの2項目であった。また，図4-2に示した費用負担認知に関して，大部分を負担する必要があると回答した者が，「ふたり親」では29％であるのに対して「父不在」では54％と大きな開きがある。これらの結果は，高校生であっても現実的な家計負担を認知できており，また負担を考慮して進路を決定しているとみることができる。これは，赤石（2014）の「ひとり親家庭の子どもたちは『どこに進学したいか』よりも『どこなら大学に行けるか』で進路を考え始める」という指摘とも符合する結果といえる。

4　家族構造と進学機会の不平等

　本章では，教育社会学や社会階層研究ではしばしば見落とされてきた家族構造と進学希望の関係について，高校生のデータから不利のメカニズムについて分析した。分析の結果，以下の点が明らかとなった。①ひとり親世帯は確実に増加しており，その分布は学校タイプによって大きく異なる。②父不在家庭では大学進学希望率が低く，その効果の一部は経済力で説明できる。③大学進学希望に対する父不在の負の効果は，男子の場合は学校タイプを統制すると消失するが，女子ではその効果が残る。

　男子の場合，大学進学希望に対する父不在のマイナスの効果が，学校タイプを統制すると消失することは，進学校に進めば父不在の不利は見えなくなることを意味する。しかし，これは家族構造による不利がないことを意味しているわけではない。実際，父不在の不利は，トラッキングすなわち高校進学前から形成されており，中学時の成績を自己評価により尋ねた項目については，ふたり親 2.86，父不在 2.39 と開きがある（$t=4.8, p<.001$）。また，小中学校段階での学校外教育の経験率についても 10％ほどの開きがある。このように，家族構造の不利の多くは，高校進学前に顕在化しており，このことが高校進学に不利にはたらいている。

　一方，女子の場合は，学校タイプを統制しても，父不在が進学希望に負の影響を及ぼしている。家族構造と勉強時間の関係を学校タイプ別にみると，普通科のすべてにおいて父不在である方が勉強時間が少なく，特に進学校の女子において顕著である。これは，家事の手伝いといった家族役割によって勉強時間が奪われている可能性を示している。このように父不在の影響は，経済的な不利以外にも，勉強する時間や環境にも及ぶのである。

　以上の結果は先行研究の知見と概ね合致し，意外なものではないが，教育機会を考えるうえで重要な論点を提供している。日本では，高等教育の費用負担の家計負担割合が高いことが知られており，教育の機会均等を達成するためには，公的支出の拡大や奨学金の拡充が求められている。これらの重要性は言うまでもないが，本章で示したように，家族構造の不利が高校進学段階ですでに始まっているのだとすれば，高等教育進学段階における経済的支

援だけでは問題の一部しか解決しないことになる。ひとり親に限らず，経済的に不利な家庭に対しては，高校入学までの早い段階における援助についても同時に議論していく必要があるだろう。

欧米では，日本以上に家族構造の多様化が進んでおり，家族構造と子どもの成績や進学希望，メンタルヘルス，あるいはその後の地位達成などさまざまな観点から研究蓄積が進んでいる。本章で扱えたのはこれらのほんの一部に過ぎず，父子世帯の不利など今後検討すべき問題は多い。生まれ育った環境によらない教育の機会均等を達成するためには，子の教育だけでなく，親の就労も含めた様々な施策が検討される必要があるが，実証研究の知見を積み重ねていくことが有効な施策につながると考えられる。

1) OECD による国際比較で使用される等価可処分所得の中央値の 50％で定義される貧困線で求めた相対的貧困率。世帯ベースでなく子どもの比率。
2) 国立社会保障・人口問題研究所「第 14 回出生動向基本調査（夫婦調査）」（2010 年）では，理想子ども数と予定（持つつもりの）子ども数について尋ねている。予定子ども数が理想子ども数を下回る夫婦（33.7％）を対象に，その理由を複数選択で尋ねた結果，「子育てや教育にお金がかかりすぎるから」が 60.4％と最も多くなり，特に若い年齢層でこの割合が高くなっている。
3) 2 時点の調査に共通して含まれる高校に限定し，第 1 章と同様のウェイト付けをしたものであり，後述する欠損値処理を施している。なお，無回答は集計から除外した。
4) 普通科高校を A（ほぼ全員が進学），B（半分以上が進学），C（半分以下が進学）の 3 段階に区分し，これとは別に職業科を区分したものを高校ランクとしている。本書の学校タイプとカテゴリーの名称は同じであるが，操作化の方法は異なる。
5) 家族構造は，同居家族についての質問で把握されることも多い。本調査では同居家族については尋ねていない。
6) 従業上の地位の設問は，父 7.8％，母 5.6％が無回答であった（両方無回答は 3.6％）。これが単に「わからない」であれば，「あてはまる人がいない」と回答していないためふたり親に含めてもそれほど問題はないだろう。しかし，経済文化スコアでみた出身家庭の経済水準を比較すると，父職無回答は，何らかの回答がある場合と比べて有意に得点が低かった。このことから，単に「わからない」だけでなく，何らかの家庭背景の不利が無回答を導いたと推察される。もちろん，無回答が不在を表しているとする根拠はない。そこで，今回は無回答を分析から除外した。すなわち，父母の従業上の地位の両方で無回答のないケースに限定した（この操作で失われるケースは

1割ほどある)。親の仕事について，一定数の「わからない」「知らない」が生じることは不可避だが，出身家庭の情報を精確に得ることは高校生調査の抱える課題といえよう。
7) 家族構造が先行変数であるなら，家族構造ごとの学校タイプ分布を示す方がしっくりくるかもしれない。しかし本調査は学校データであるため，ここではひとり親家庭の「出現率」を学校タイプごとに比較した。
8) 2時点ともこの情報を得られる8つの高校に限定した。第1章と同様に各校の生徒数が100となるようにウェイト付けした数値を1997年と2011年で比較すると，ふたり親95.1%→90.6%，父不在3.4%→6.9%，母不在1.5%→2.6%となっている。なお，本文の数値はウェイト付けしていないため，2時点比較の数値とは一致しない。
9) 厚生労働省の「平成23年度全国母子世帯等調査」によれば，母子世帯になった時の末子年齢は平均4.7歳で，12歳未満が75%，15歳未満が80%を占める(不詳を含めた集計で，除けばさらに高くなる)。調査対象の高校生が末子でないこともあるが，父不在のほとんどは高校入学前からそういう状態にあったとみなせるだろう。
10) 本調査データでは深く掘り下げることはできないが，高3時の調査であるため，家族構造ごとに退学率が異なることが反映されている可能性もある。もしこの影響があれば，高校入学段階での学校タイプ別のひとり親比率の差は，さらに大きくなると予測される。
11) 家族構造と未定との間に関連はみられなかったことを確認した。
12) a．自分の興味や関心，b．自分の成績，c．家庭の経済状況，d．結婚，e．学校の先生の意見，f．親の意見，g．家から通えること，h．学習内容と職業とのつながり，の8項目。
13) 1．下，2．中の下，3．中の中，4．中の上，5．上，の5件法。
14) 学習塾，家庭教師，通信添削のいずれか1つでも経験がある比率。

[文献]
阿部彩，2008，『子どもの貧困——日本の不公平を考える』岩波書店．
赤石千衣子，2014，『ひとり親家庭』岩波書店．
荒牧草平，2000，「教育機会の格差は縮小したか——教育環境の変化と出身階層間格差」近藤博之編『日本の階層システム3 戦後日本の教育社会』東京大学出版会，15-35．
藤田英典，1980，「進路選択のメカニズム」山村健・天野郁夫編『青年期の進路選択——高学歴時代の自立の条件』有斐閣，105-129．
原純輔・盛山和夫，1999，『社会階層——豊かさの中の不平等』東京大学出版会．
平沢和司，2006，「一人親家族と大学進学——2004年高校生調査の母子家族を中心に」佐藤博樹編『若年者の就業行動・意識と少子高齢化社会の関連に関する実証研究』厚生労働科学研究費補助金研究報告書，126-133．
————，2011，「きょうだい構成が教育達成に与える影響について——NFRJ08本人

データときょうだいデータを用いて」稲葉昭英・保田時男編『第3回家族についての全国調査（NFRJ08）第2次報告書第4巻　階層・ネットワーク』21-43.

稲葉昭英，2008，「「父のいない」子どもたちの教育達成——父早期不在者・早期死別者のライフコース」中井美樹・杉野勇編『ライフコース・ライフスタイルから見た社会階層』（2005年SSM調査シリーズ9），1-19.

————，2012，「家族の変動と社会階層移動」『三田社会学』17：28-42.

片瀬一男，2005，『夢の行方——高校生の教育・職業アスピレーションの変容』東北大学出版会.

小林雅之，2008，『進学格差——深刻化する教育費負担』ちくま新書.

子どもの貧困白書編集委員会編，2009，『子どもの貧困白書』明石書店.

近藤博之，1996，「地位達成と家族——キョウダイの教育達成を中心に」『家族社会学研究』8：19-31.

McLanahan, Sara, and Gary D. Sandefur, 1994, *Growing Up with a Single Parent: What Hurts, What Helps*, Cambridge, MA: Harvard University Press.

耳塚寛明，2000，「進路選択の構造と変容」樋田大二郎ほか編『高校生文化と進路形成の変容』学事出版，65-82.

三輪哲，2005，「父不在・無職層の帰結——将来の地位達成格差とその意味」尾嶋史章編『現代日本におけるジェンダーと社会階層に関する総合的研究』科学研究費補助金基盤研究(B)研究成果報告書，223-233.

文部科学省，2009，『平成21年度　文部科学白書』.

中西祐子，2000，「学校ランクと社会移動——トーナメント型社会移動規範が隠すもの」近藤博之編『日本の階層システム3　戦後日本の教育社会』東京大学出版会，37-56.

尾嶋史章，2001，「進路選択はどのように変わったのか——16年間にみる進路選択意識の変化」尾嶋史章編『現代高校生の計量社会学——進路・生活・世代』ミネルヴァ書房，21-61.

————，2002，「社会階層と進路形成の変容——90年代の変化を考える」『教育社会学研究』70：125-142.

白川俊之，2010，「家族構成と子どもの読解力形成——ひとり親家族の影響に関する日米比較」『理論と方法』25(2)：249-265.

余田翔平，2012a，「子ども期の家族構造と教育達成格差——二人親世帯／母子世帯／父子世帯の比較」『家族社会学研究』24(1)：60-71.

————，2012b，「母子世帯の高校生の教育達成過程——家族構造とジェンダーによる不平等の形成」『社会学研究』90：55-74.

第5章
高校生の進路選択と奨学金制度

古田 和久

1 奨学金制度の拡大

　高校生の進路選択に影響する代表的要因として，出身階層と学校タイプがある。出身階層による高等教育機会の動向については，格差拡大あるいは逆に縮小傾向を報告する研究もあるが，出身階層の影響は繰り返し確認されている（尾嶋編 2001；片瀬 2005 など）。後者の学校タイプに関しては，大学進学率の上昇や高校教育改革などによって，高校間の差が小さくなるとの予想もあった（樋田ほか編 2000）。しかし，第1章の分析が明らかにした通り，学校タイプと進路希望の関連性は長期的に安定している。このように，進路選択の基本構造はここ最近で大きく変化したようにはみられない。

　他方，高校生の意識においては，「家庭の経済状況」を進路選択の判断材料とする傾向が強まっている。本調査から3時点比較可能な10校を取り出してみると，卒業後の進路を決めるときに「家庭の経済状況」を重視する生徒は，1981年に19.8％，1997年に17.0％だったのが，2011年には42.5％と大幅に増えている[1]。これは経済状況の悪化によって，家庭背景が進路を左右する傾向が強まった可能性が一方にあるものの，教育格差に対する関心の高まりなど，進路選択を取り巻く社会的あるいは制度的状況が経済的要因への注目を促したと解釈することもできる。

　そうした背景にある政策動向として，奨学金規模の拡大が挙げられる。1990年代後半以降，日本育英会（現日本学生支援機構）が有利子の「第二種奨学金」を大幅に拡充したことにより，利用者が急増してきたからである。実際，大学生の貸与者数は拡大前の1998年に第一種と第二種がそれぞれ20.1万人，9.5万人程度であったのが，2012年には28.2万人，69.5万人へと第二種が顕著に増加している[2]。同時に，第二種では借入金額が選択できるよう

になり，より高額の利用も可能となった[3]。現在，奨学金を受給する大学生の91.6％は日本学生支援機構の「奨学金」を利用しているが[4]，同「奨学金」が卒業後の返済を要する貸与制であることは，高等教育への進学決定時や在学時だけでなく，卒業後の生活も含めて広範な影響を持つものと考えられる。

しかし，どのような層が奨学金を積極的に利用し，また高校生の進路選択にいかなる役割を果たしているかについては，ほとんどわかっていない。加えて，前章でも検討したように，最近では貧困やひとり親家庭の子どもの進学も注目を集めつつあるが（稲葉 2011；余田 2012，本書第4章），こうした家庭背景を持つ者に奨学金がどの程度行き渡っているかも，教育機会均等の問題にとって重要である。借入額の上昇や雇用状況の悪化などによって，ローン奨学金制度が以前にも増して人々の生活に深刻かつ長期的な影響を及ぼすと予想される現状において，奨学金の利用実態やその前段階にある応募状況を把握することは，この制度のあり方を考えるうえでも欠かすことのできない作業である。

このような関心のもと，本章は進路選択のなかに奨学金利用を位置づけ，高校生が奨学金への応募をどのように考えているかを検討する。近年の動向から奨学金貸与者が増えたことに間違いはないが，規模が拡充されれば，それに伴って利用層も自動的に増えるわけではない。利用者増加の背後には親や生徒のニーズや判断が不可欠であり，高校生調査の分析はそうした個人の意識や行動を捉えるための有効な手段だといえる。以下では，奨学金応募の状況を高校生の学校内外の環境と関連づけて検討することで，最近の進学動向の特徴を奨学金制度の観点から明らかにする。

2 奨学金研究の視角と課題

高校生の進路選択研究において，奨学金制度を扱ったものはあまりなかった。日本では奨学金利用者が少なかったためだと考えられるが，近年の利用者数の拡大とともに，奨学金に焦点をあてた分析が高等教育の研究において蓄積され始めている。それらのうち，本章に直接関係するのは次のような研究である[5]。

まず，所得階層別の大学在学率と奨学金受給率の動向から，奨学金がいずれの所得層に多く配分されたかを明らかにしようとする研究がある。1980年代中盤までの動向を分析した銭（1989）は，奨学金が中低所得層の進学促進効果があることを示している。一方，1990年代後半の奨学金拡充以降に関しては，在学率が大幅に伸びた私立大学の低所得層の学生にも奨学金が多く分配されたが（古田 2006），同時に中高所得層の利用者も増えたため，中高所得層への配分の伸びが相対的に多かったとする知見もある（藤森 2007）。

　次に，教育機会の階層間格差の縮小に対する影響を検討するものがある。ここでの焦点は，奨学金がなければ進学しなかったであろう高校生が奨学金の存在によって進学を促進されたかどうかにあるが，中澤（Nakazawa 2009）はパネル調査データからこの点について否定的な分析結果を提示している。また，藤村（2009）は第二種奨学金の予約採用が中低所得層の大学進学に結びつかないとしている。

　これらを含め奨学金の影響は複数の観点から捉えられるが，高校生の進路選択や教育機会の観点から，次の3点を指摘したい。第1に，奨学金に関する多くの研究は大学生を対象とした「学生生活調査」の分析結果である。このため大学・短大に進学しなかった者は観察できないし，大学入学後の家計状態から進学行動を推し量るという限界がある。また，この調査は一般に公表されているのが集計データに限られるという難点もある。高校生を対象とした調査であれば，卒業後に進学しない生徒との比較を通して，進学決定における奨学金の役割を検討することができる。

　第2に，高校生の進路選択研究の蓄積を踏まえれば，学校タイプによる進路選択傾向の違いを考慮しつつ，奨学金応募の状況を検討する必要がある。なぜなら，進路多様校と呼ばれる高校からの大学進学が増加しているなら，かつての非進学層に奨学金が積極的に利用され，費用負担面での後押しをしている可能性もあるからである。中村（2010）は，推薦入試や学校での進路指導が進路多様校からの大学進学者増加の背景にあることを指摘しているが，進学には多額の費用を要するので，奨学金制度もこうした動向と無関係ではないだろう。しかも高校在学中に大学入学後の奨学金に応募する予約採用が高校を通して行われている現状では，高校の進路指導の役割は大きいはずで

ある。

　最後に，奨学金の機会均等化効果に疑問を呈する分析結果もあったが，奨学金のターゲット層の間で進学意欲がそもそも高くないということも想定される。すなわち，高校生が奨学金に応募するか否かを考えるはるか以前に，進学以外の選択肢に水路づけられたり，進学への否定的態度が形成されているとすれば，受給見込みとそれによる費用負担の見通しがあるとしても，彼ら・彼女らは奨学金を申請してまで進学しようとは考えないだろう。そこには返済不安から奨学金の利用さらには進学自体を断念するといった，ローン回避問題（例えば，小林 2007）も関連してくる。これは進学決定時の短期的な費用負担というよりも，長期的な行動や意識形成の問題である。高校のトラッキング構造があるなかで，高校入学以前から大学志望の生徒が多くを占める進学校と必ずしも進学を前提としない高校では，奨学金の持つ意味やそれに対する反応も違う可能性が高い。

　要するに，奨学金は進学機会格差の縮小を意図した制度だが，高校生の進路選択構造に目を配りつつ奨学金の利用状況を明らかにしなければ，その成否はわからない。それは学校タイプが出身階層や学業成績など学校内外の要因と絡み合って，進学や奨学金に関する親と生徒の判断を形作っていくと考えられるからである。今回の 1 時点の調査データから奨学金拡充が機会均等化に及ぼした影響を判断することはできないが，もしも進学に不利なカテゴリーの生徒も多く応募していれば，これらの層にとって奨学金の役割は小さくないに違いない。逆に，出身階層の低い生徒の利用が低調で，有利な出身背景を持つ生徒が応募者の多くを占めているなら，機会均等化効果は限定的であろう。こうして奨学金応募を高校生の進路選択の文脈で検討すれば，マクロデータに表れた貸与者規模の拡大を高校生の意識や行動面から理解することができる。したがって，出身階層や学校タイプによる進路選択の差異に奨学金応募状況を重ねながら，高校生の進路選択構造を吟味する。

3　データと変数

　本章で使用するのは 2011 年に実施された第 3 次調査データである。これ

は奨学金に関する質問が，第3次調査ではじめて含まれる項目だからである。[6]

　従属変数は，進路と奨学金応募である。進学希望者のみに奨学金に応募する予定が「ある（すでに応募した）」「ない」「まだ決めていない」の3つから回答してもらっているので，進学志望か否かと組み合わせ「進学非利用（応募する予定がない）」「進学未定（まだ決めていない）」「進学利用（応募する予定がある・すでに応募した）」「就職」の4カテゴリーにまとめた。奨学金に応募すれば必ず受給できるわけではないが，申請者のうち96.2％が受給しているので，応募者と受給者はほぼ一致すると考えられる。[7]なお，奨学金応募率は進学先（大学，短大，専門学校）にかかわらず5割程度であったので，単純化のため一括した。

　一方の独立変数は性，出身階層，家族構成，地域といった属性要因，および学校タイプと高校の校内成績によって示される学力水準である。高校生を対象とした調査なので家庭の所得を質問することができない。このため出身階層の指標として，親の学歴（大学短大，高校（専門学校を含む），中学の3分類とし父母の学歴のうち高い方）と経済文化指標（家庭の所有財と蔵書数から構成された変数。詳しくは付録2を参照。ここでは上位Ⅴから下位Ⅰの5段階の変数として使用）を用いた。家族構成はひとり親かどうか（ふたり親，父不在，母不在）ときょうだい数である。地域は都市部を中心とした南東部と農村地帯を含む北部とを区別した。また，高校の校内成績（5段階の自己評価）は高校生集団全体における学力水準の指標とはなり得ないが，奨学金の採用基準として用いられているため，奨学金応募の状況を知るには重要な変数である。

4　家庭背景と進路・奨学金応募

　はじめに，進路と奨学金応募の状況を確認しよう。各タイプの構成は進学非利用，進学未定，進学利用，就職の順に，22.3％，16.8％，39.8％，21.1％となっている。進学希望率は合わせて約8割だが，そのうち半数は奨学金受給を希望し，「非利用」や「未定」と比べても圧倒的に多い。進学者の約半数が受給希望であることは「学生生活調査」の数値（平成22年度大学昼間部の50.7％が受給者）とも類似しており，現実的なものだとみられる。

表 5-1　出身階層と進路・奨学金応募

	各タイプの構成（就職者を含む）					進学希望者に占める利用者（％）
	進学非利用	進学未定	進学利用	就職	計（N）	
◆親学歴						
大学短大	29.8	19.9	38.8	11.5	100.0（1586）	43.9
高校	14.4	12.8	41.3	31.5	100.0（1310）	60.2
中学	8.1	8.1	37.8	45.9	100.0（　37）	70.0
計	22.6	16.6	39.9	20.9	100.0（2933）	50.5

$\chi^2=249.799$, $df=6$, $p<.001$, Cramer's $V=0.206$

◆経済文化指標						
Ⅴ（上）	37.1	19.6	33.3	10.0	100.0（　552）	37.0
Ⅳ	28.2	19.6	37.4	14.8	100.0（　593）	44.0
Ⅲ	19.2	18.3	42.2	20.4	100.0（　574）	53.0
Ⅱ	14.6	14.6	42.5	28.3	100.0（　671）	59.3
Ⅰ（下）	14.9	13.2	42.1	29.7	100.0（　643）	60.0
計	22.3	16.9	39.7	21.1	100.0（3033）	50.3

$\chi^2=204.550$, $df=12$, $p<.001$, Cramer's $V=0.150$

　このことから，奨学金による進学費用の調達を想定している高校生とその家族が多いといえるが，奨学金受給要件には一般に「育英」と「奨学」の側面，すなわち学力と家計基準があるので，成績上位層，低所得層あるいはきょうだい数が多いほど，利用率が高いと予想される。また，奨学金拡充が進学層の拡大につながったとすれば，かつては進学が少なかった学校タイプの生徒で応募者が多いことも考えられる。そこで，家庭背景と学力基準による進路と奨学金応募状況の違いを探っていく。

　表5-1には，家庭背景と進路・奨学金応募との関係を示している。表には就職者を含む場合の各タイプの構成比に，進学希望者ベースでの利用者割合（一番右側の列）を加えた。上段の結果から，親の学歴による進路と奨学金応募状況の違いは明確であり，進学するか否かの判断に大きな格差が認められる。奨学金応募率はどの学歴層でも4割程度だが，進学非利用と就職希望の割合は親学歴によって大きく異なるので，進学希望者に限定すれば，親学歴が低いほど応募率は高い。進学に不利な層ほど，奨学金に応募しているの

表 5 - 2　家族構成と進路・奨学金応募

	各タイプの構成（就職者を含む）					進学希望者に占める利用者（%）
	進学非利用	進学未定	進学利用	就職	計 (N)	
◆親の有無						
ふたり親	24.1	17.9	38.7	19.3	100.0 (2547)	47.9
父不在	9.6	11.3	50.8	28.2	100.0 (177)	70.9
母不在	24.2	6.5	46.8	22.6	100.0 (62)	60.4
計	23.2	17.2	39.6	20.0	100.0 (2786)	49.5

$\chi^2=37.345$, $df=6$, $p<.001$, Cramer's $V=0.082$

◆きょうだい数						
1人	27.9	19.2	39.1	13.8	100.0 (297)	45.3
2人	22.7	18.7	39.1	19.5	100.0 (1495)	48.5
3人	21.9	14.8	40.5	22.8	100.0 (1061)	52.5
4人以上	13.3	10.2	42.7	33.8	100.0 (225)	64.4
計	22.3	16.8	39.8	21.2	100.0 (3078)	50.5

$\chi^2=53.671$, $df=9$, $p<.001$, Cramer's $V=0.076$

である。

　家庭の経済文化的資源の場合も，同様の傾向が観察される（表 5 - 1 下段）。家庭の資源が多いほど進学非利用が増え，逆に資源が少ない層ほど就職者の割合が多くなっている。各層の利用者は 3 割強から 4 割ほどであるが，この割合を進学希望者ベースでみれば 4 割から 6 割程度となる。これらの結果から，出身階層の高い生徒の奨学金応募も少なくないけれども，低い出身階層の生徒は進学が相対的に少なく，また進学するときは奨学金を利用する傾向が強いことがわかる。

　続いて，家族構成別の進路と奨学金応募状況を示したのが表 5 - 2 である。父不在家庭では就職者が相対的に多いだけでなく，進学非利用がかなり少なくなっている。つまり，進学を考える場合はその大部分が奨学金の受給を想定しているのである。これに対し，母不在家庭の進路状況は，進学未定が少なくそのぶん進学利用が多いことを除けば，ふたり親家庭に類似している。ひとり親家庭の不利は経済資源の不足だけでなく，人間関係の葛藤や感情的問題あるいはコミュニティーとのつながりの喪失など，さまざまな原因によ

って生じるとされているが (McLanahan and Sandefur 1994)，大学進学局面では，父不在による不利は経済的資源の不足に由来することがはっきりと読み取れる。

　他方，きょうだい数が多くなるにつれて，就職者が増加する。とりわけきょうだいが4人以上の場合，就職者が顕著に増えるが，それだけ進学非利用者は減少する。進学者ベースでみた奨学金利用率は64.4％であり，きょうだい数が多い家族ほど応募率が明確に高くなっているので，奨学金が進学の費用負担を支えているとみられる。

　ここまでの分析から，家庭背景が進学するか否かや，奨学金に応募するかどうかの意思に影響することが明らかである。不利な出身背景を持つ生徒は就職する傾向が相対的に強いだけでなく，進学する際には，奨学金による費用の支出をかなり念頭においているからである。もちろん，進学希望者の半数が奨学金応募を表明している現在では，応募の意思は不利な出身背景を持つ生徒のみに限定されない。とはいえ，ひとり親や子ども数の多い家庭など進学に不利な層ほど，奨学金への応募率は高いため，奨学金が進学資金の不足を補っている部分も大きいとみられる。

5　学力水準と進路・奨学金応募

　次は学力水準と奨学金応募との関係に目を転じよう。近年は奨学金のウェイトが育英から奨学に移行したといわれるが (市川 2000)，受給には学力基準が設定されているので，その配分を考えるうえで学力要因は無視できない。学校内における生徒の学力水準として高校の校内成績を，各学校の学力水準として学校タイプをそれぞれ基準にして，進路と奨学金応募の状況を調べる。

5.1　学力水準の影響

　表5-3は高校生の学校内外の学力水準と進路・奨学金応募との関係をみている。まず，校内成績が低いほど就職者が増える傾向にあるが，奨学金応募状況に目を向ければ，学業成績の影響は限定的だといえる。なぜなら，校内成績を「下」と認識している生徒でも3割（進学希望者ベースで4割）は奨学

表5-3 学力水準と進路・奨学金応募

	各タイプの構成（就職者を含む）					進学希望者に占める利用者（%）
	進学非利用	進学未定	進学利用	就職	計（N）	
◆校内成績						
上	25.9	14.5	43.4	16.2	100.0（ 290）	51.9
中の上	22.7	16.6	43.4	17.3	100.0（ 807）	52.5
中の中	21.9	15.0	39.8	23.2	100.0（ 921）	51.9
中の下	21.2	18.3	39.4	21.1	100.0（ 627）	49.9
下	21.5	20.3	30.3	27.8	100.0（ 413）	41.9
計	22.3	16.8	39.7	21.2	100.0（3058）	50.4

$\chi^2=41.429$, $df=12$, $p<.001$, Cramer's $V=0.067$

◆学校タイプ						
普通科A	33.5	25.3	39.2	2.0	100.0（ 699）	40.0
普通科B	30.1	21.6	43.9	4.4	100.0（ 675）	45.9
普通科C	17.0	15.0	46.2	21.9	100.0（ 754）	59.1
職業科	12.7	8.4	32.4	46.5	100.0（ 951）	60.5
計	22.3	16.8	39.8	21.1	100.0（3079）	50.5

$\chi^2=709.958$, $df=9$, $p<.001$, Cramer's $V=0.277$

金への応募を考えているからである。これは奨学金受給における学力基準を生徒が強く意識していない可能性を示すが，第3節で確認したように応募者の95％以上が実際に採用されることも反映している。このことから，奨学金応募が学力上位層に集中しているわけではないことがわかる。

　表5-3の下段から，学校タイプによって進路が大きく異なることが確認される。普通科Cと職業科では就職者が多く，後者では約半数にのぼる。逆にいえば，職業科の生徒も半数は進学を希望しており，奨学金利用者も決して少ないわけでない。事実，進学希望者に限れば，普通科Cや職業科の応募率は約60％と高くなるので，進学が相対的に少ない層は奨学金に積極的に応募しているのである。なお，学校タイプによる応募率の差は，志望校の設置者の違いを反映している可能性もある。すなわち，学費は国公立よりも私立で高額になるので，普通科Cや職業科の生徒は私立の大学・短大を志望する傾向が強いために，奨学金の利用を予定しているという見立てである。し

第5章　高校生の進路選択と奨学金制度

かし，志望校の設置者を統制しても，普通科Cや職業科では応募率が高かった（表は省略）。以上の結果は，普通科Cや職業科の高校生の進学動向が奨学金受給の側面でも重要な意味を持つことを示唆する。

　結局，奨学金応募状況を学校内外の学力水準からみると，両者とも学力上位層にとくに偏っているわけではない。多くの学生が奨学金を利用する状況では，家庭背景だけでなく学力面でも幅広い層からの応募が観察されるのである。仮に奨学金がメリットベースで高学力層に集中的に配分されているとすれば，出身階層の高い生徒がますます有利になることによって進学機会の格差が拡大することもある（Dynarski 2000）。しかし，ここまでの分析をみる限り，学力の高くない生徒が奨学金への応募を断念しているとはいえない。

5.2　学校タイプによる進路・奨学金応募状況の違い

　幅広い層の高校生が奨学金に応募し進学する背景には，親世代の経済状況の悪化，高卒就職の厳しさ，進路指導の影響など学校内外のさまざまな要因が想定される。加えて，奨学金にどう反応するかは学校タイプによっても違うだろう。例えば，就職難のために，かつて就職者の多かった学校で奨学金を利用した進学が増えるかもしれない。逆にそれらの高校において出身階層の低い生徒が，奨学金には見向きもせず就職する傾向が強ければ，そもそも進学意欲が乏しかったり，ローンへの拒否感があると推測される。他方，同じ学校タイプのなかでは出身階層と奨学金応募との関連がないとすれば，どの学校に入学するかが重要であって，進学資金の問題は相対的に小さいと判断される。出身階層や学業成績がどのような構図で進路選択と奨学金応募に影響しているかを手がかりに，高校生を奨学金利用へと促す背景を探ろう。

　図5－1には学校タイプごとに，家庭の経済文化指標の5分位（Ⅴが最上階層）と進路・奨学金応募との関係を示した。いずれの学校タイプにおいても家庭の資源が多いほど進学非利用を，少ない家庭ほど就職を選択している。普通科Aはほとんどの生徒が進学希望なので，進学か就職かの選択に対する家庭背景の影響を見出しにくいのに対し，普通科Cと職業科では出身階層が高い生徒ほど進学している。進路選択に対する出身階層の影響は進学に不利な学校タイプほど強いとする仮説もあるが（Breen and Jonsson 2000；荒牧

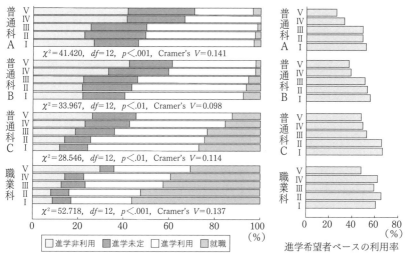

図 5 - 1　出身階層と進路・奨学金応募（学校タイプ別）

2008；三輪 2008），さらに分析してみると，家庭の資源の効果が学校タイプによって異なるとはいえなかった。[8)] 学校タイプを統制しても，出身階層が進路と奨学金応募に影響しており，かつその効果はどの学校でも変わらないのである。よって，上位ランクの高校に入学しても，家庭背景は進路と奨学金応募に影響し続けるということである。

　進学希望者ベースでは，普通科ではどのタイプも家庭の資源が少ない生徒ほど，奨学金に応募しており（図5‐1右側），家庭に経済的な余裕がなければこれを利用することを確認できる。ただし職業科ではこのパターンが明確ではない。出身階層が低ければ就職者が半数を超えるので，そもそも進学が視野に入っていない層がかなりいるということである。

　さらに進路決定時期から各学校タイプの特徴をみれば（表は省略），普通科Aは高校入学前（中学校時代まで）に卒業後の進路が決まっていた生徒が51.2％と多いだけでなく，第2次調査でもほぼ全員が進学を希望していたので（尾嶋編 2001），もともと高い進学意欲を持つ生徒が多く，そうした意欲を前提に奨学金を利用しているとみられる。これまでにも親が大学進学費用を工面する実態が明らかにされてきたので（矢野 1996；小林 2009），奨学金拡充以

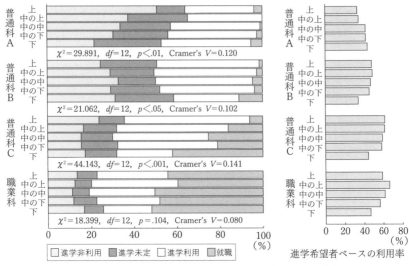

図5-2 校内成績と進路・奨学金応募（学校タイプ別）

前ならば，現在よりも多くの家庭が無理をしてでも進学費用を捻出したということかもしれない。同じ割合を他の学校タイプでみると，普通科Bで39.0％，普通科Cで21.3％，職業科では29.5％となっており，とくに普通科Cで入学前に進路を決めていた生徒が少ない。したがって，高校の進路指導など入学後の要因が影響する度合いは，普通科の下位校ほど強いはずである。こう考えれば，出身階層が進路選択に一貫した影響を持つなか，利用者増の背景を探るためには，入学後の要因が奨学金応募にどのように影響しているかに注目する必要がある。

そこで今度は，校内成績別の進路・奨学金応募状況を学校タイプごとにみよう（図5-2）。校内成績と進路・奨学金応募との関係には，各学校タイプの特徴がよく表れている。具体的には，普通科Bやとくに普通科Cでは校内成績が高ければ，就職よりも奨学金利用を念頭においた進学希望が顕著に増える。なお図では区別していないが，成績の上昇とともに増加するのは大学進学である。対照的に，普通科Aではそうした関係は観察されず，校内成績が高いほど奨学金応募が増えるわけではない。また，職業科も成績が高いほど進学利用が増える傾向にあるものの，成績上位層でもおよそ半数は就職を

114　Ⅱ　進路選択の現在

希望しており，学業成績との間に普通科Cほどはっきりした関係は認められない。

　これらの結果から，普通科BやCにおいて入学後に高い成績を獲得した生徒は進学へと加熱されると解釈できる。そして彼ら・彼女らが進学する手段として，奨学金が利用されているのである。この背景には成績上位層でも条件のよい就職が困難であるといった事情もかかわっていると推測される。この点，職業科には一定数の就職希望者が確認されるので，就職の見通しが相対的によいということだろう。

　こうした普通科進路多様校での進学行動の背景には，学校の指導に鍵の1つがあると推測される。例えば，苅谷ほか（2002）は進路多様校での指導が早期化，計画化し，進学者向けの内容も増加傾向にあることを指摘している。また，片山（2010）は進路多様校の観察から，進路指導は回数が多く内容も多岐にわたること，さらに奨学金の説明会も実施されていることを紹介している。これらの指摘から，進路多様校ではさまざまな進路指導が行われていると推察されるが，そこに奨学金に関する情報提供も含まれる可能性が高い。アメリカの研究では奨学金への申し込みが複雑化するほど大学進学の障壁となるとする指摘があるが（Avery and Kane 2004；Dynarski and Scott-Clayton 2013），日本では高校を通して予約採用の応募がなされるので，奨学金に関する情報提供や応募において学校の影響は大きいはずである。しかも，第二種奨学金新規採用者のうち予約採用を通じて受給する大学生は，2005年の32.8％から2012年の67.9％へと顕著に増加している点も重要である[9]。これをみても，高校の進路指導において奨学金情報が広く周知されていることがわかる。

　以上の結果から，高卒就職が困難になるなか，学費面では奨学金が普通科進路多様校からの進学を呼び込んでいると推察される。またこのタイプの高校では，校内成績が高いほど推薦入試を利用する傾向にあるので[10]，学力面では推薦入試が進学を後押ししているとみられる。中村（2010）は推薦入試とそれを前提とした学校の進路指導が，高校入学当初は進学を考えていなかった生徒に大学進学を促すと指摘しているが，資金面での裏付けがなければ進学は難しい。予約採用枠が拡大してきた現在，学力面だけでなく学費面でも，学校がそうした制度を背景に進学を促進する面があると考えられる。このよ

うに，高校在学中に高等教育進学後の奨学金に応募する生徒が増えれば，学校が進路指導を通して，生徒の進路選択に直接関与する余地も拡大していくのである。

6　奨学金利用者の特徴

ここまでの検討から，出身背景と学力ともに幅広い層からの奨学金応募が観察された。出身階層は学校タイプにかかわらず一貫して卒業後の進路や奨学金応募に影響するが，入学後要因の効果は学校タイプによって異なることが明らかとなった。とくに普通科進路多様校では，校内成績が高ければ進学へと加熱される可能性が示唆された。以下では複数の要因を同時に投入し，進路と奨学金応募タイプの特徴を比較する。地域間比較が可能なことも第3次調査の利点であるため，地域差にも着目する。地域によって雇用環境が違うだけでなく，自宅通学圏に高等教育機関が少なければ，進学の際は移動が必要となり，費用負担面でも大きく異なるからである。

表5–4は進路・奨学金応募を従属変数とした，多項ロジット・モデルによる分析結果である[11]。利用者の特徴を明確にするため，進学利用を基準カテゴリーに設定している。このため，係数が負になれば奨学金を利用して進学しようとする傾向が強いことを意味する[12]。この点に留意して結果をみていこう。まず，これまで検討してきた変数に地域を加えたモデル1から進学非利用と進学利用を比べると，親学歴，家庭の資源のどちらでみても，出身階層は非利用者の方が高い。逆にいえば，親学歴が低く資源が少ない家庭ほど，奨学金利用を想定して進学を希望しているのである。家族構成においてもふたり親に比べて父不在家庭の方が，またきょうだい数が多いほど進学層のなかでは奨学金に応募する傾向が強くなる。他方，就職を希望する者と比較すると出身階層が高いほど奨学金を利用して進学しようとする傾向が強い。進学利用者は，進学非利用と就職の中間に位置し，奨学金の利用も含めた進学機会の階層間格差が明らかに存在する。

学校タイプの効果は，出身階層を統制しても依然として観察される。普通科Aと比べれば普通科Cや職業科は就職を希望する傾向が強かったが，進学

表 5-4 多項ロジット・モデルの分析結果（N=2,679）

モデル1	進学非利用 vs. 進学利用		進学未定 vs. 進学利用		就職 vs. 進学利用	
	B	標準誤差	B	標準誤差	B	標準誤差
性別（0=女性，1=男性）	−0.035	0.106	0.282**	0.117	0.382***	0.122
親学歴（ref. 高校）						
大学短大	0.490***	0.114	0.277**	0.123	−0.601***	0.126
中学	−0.137	0.662	0.048	0.664	0.178	0.473
経済文化指標	0.267***	0.039	0.106**	0.042	−0.138***	0.046
家族構成（ref. ふたり親）						
父不在	−0.969***	0.285	−0.743***	0.278	−0.188	0.217
母不在	0.102	0.352	−1.300**	0.619	−0.245	0.386
きょうだい数	−0.181***	0.068	−0.229***	0.075	0.109	0.070
校内成績	−0.028	0.045	−0.112**	0.049	−0.269***	0.051
学校タイプ（ref. 普通科A）						
普通科B	−0.177	0.137	−0.267*	0.148	0.445	0.348
普通科C	−0.533***	0.154	0.659***	0.167	1.831***	0.301
職業科	−0.498***	0.155	−0.714***	0.173	3.178***	0.291
地域（ref. 南東部）						
北部	−0.163	0.124	−0.002	0.132	−0.251*	0.147
切片	−0.798***	0.279	−0.185	0.299	−1.770***	0.390

Log-likelihood=−3085.588, McFadden's R^2=0.133
*$p<.10$, **$p<.05$, ***$p<.01$

者のなかで非利用者と利用者を比較すると，これらの高校では利用者が相対的に多くなっている．加えて，校内成績の影響は就職と進学利用との対比に表れており，成績が高いほど就職よりも進学利用を選択する傾向にある．さらに南東部に比べれば，北部の高校生ほど進学者のなかでも奨学金に応募するようだが，その効果は統計的に有意ではない[13]．

このような基本的傾向を確認したうえで，モデル2とモデル3はそれぞれモデル1に交互作用を追加した結果である（表5-5）．モデル2では学校タイプと学業成績との交互作用を追加しているが，学業成績の効果は学校タイプによって異なることが示されている．前節でも確認した通り，普通科Aとそれ以外の学校では関連パターンが違う．進学者のなかでも基準カテゴリーの普通科Aでは校内成績の係数が正の値を示しており，成績が高い生徒が進

表5-5　多項ロジット・モデルによる交互作用の検討（N=2,679）

	進学非利用 vs. 進学利用		進学未定 vs. 進学利用		就職 vs. 進学利用	
	B	標準誤差	B	標準誤差	B	標準誤差
モデル2						
校内成績	0.238***	0.082	−0.028	0.085	−0.438*	0.247
校内成績×普通科B	−0.376***	0.117	−0.088	0.124	−0.039	0.304
校内成績×普通科C	−0.340***	0.130	−0.006	0.140	0.013	0.267
校内成績×専門学科	−0.445***	0.130	−0.261*	0.144	0.208	0.257
モデル3						
経済文化指標	0.258***	0.045	0.146***	0.049	−0.088*	0.052
経済文化指標×北部	0.049	0.090	−0.146	0.093	−0.237**	0.114

モデル2：Log-likelihood=−3072.239, McFadden's R^2=0.137
モデル3：Log-likelihood=−3081.681, McFadden's R^2=0.135
*p<.10,　**p<.05,　***p<.01
注：切片と主効果は省略した。

学非利用になりやすい。しかし普通科B・Cと職業科では，反対に成績が高いほど奨学金を利用する。一方，就職と進学利用との対比では，学業成績と学校タイプとの交互作用は観察されないので，どの学校タイプでも学業成績が高い生徒は就職よりも進学利用を選択する傾向にあるといえる。ただし統計的に有意ではないものの，職業科では相対的に大きな正の係数が示されており，そうした関連が弱いということかもしれない（これは図5-2で確認された傾向と一致する）。

　一方モデル3は，モデル1に出身階層と地域との交互作用を追加投入したものである。就職と進学利用の対比において，統計的に有意な交互作用が観察される。全体としても出身階層の低い者ほど進学利用より就職に傾くが，南東部よりも北部ではさらにその傾向が強くなっていることが示される。北部地域からの進学は地域移動を伴うことも多く多額の費用を要するため，就職者と進学利用者との階層差が大きいということだろう。

　以上の結果から，進学に不利な層ほど奨学金受給を想定していることが改めて確認された。普通科の下位に位置づけられた高校では，上位校に比して就職者も多いのだが，同時に進学希望者のなかでは，奨学金に応募する傾向

が強いのである。そこには前節でみた学校の進路指導の役割も大きいと推察される。サンプルサイズ等との関係から，学校の影響が地域で異なるかどうかの検討は断念せざるをえない。しかし，自宅通学圏に多くの高等教育機関がある都市部ほど下宿を想定した生活費の心配は少なく，奨学金を学費支出に充てることができる。そう考えれば，先の進路多様校の分析結果は，都市部の高校の特徴を捉えている可能性もある。出身階層や学校タイプが進路選択や奨学金受給に与える影響とそのメカニズムについて，地域移動の視点を含んだ検討も重要になってくるだろう。

7　奨学金制度の拡大と進路選択の変容

　本章は，奨学金への応募を高校生の進路選択のなかに位置づけて検討した。その結果，出身階層や学力水準と関連づければ，奨学金の利用希望は幅広い層でみられた。これは進学者の半数が奨学金を利用している現在の特徴を反映している。ただし，誰もが同じように利用しているわけではなく，進学に不利な層での応募率が高かったことには注意が必要である。進路選択の構造を通して吟味すれば，出身階層はいうに及ばず，学校タイプに関しても進路多様校から進学する場合に応募傾向が強かったからである。

　ここに奨学金規模拡大の背景をみることができる。1つは，学費の上昇や経済状況の悪化である。こうした状況が社会全体を覆うことによって，高校生の進路選択基準として「家庭の経済状況」を強く認識させるとともに（前章図4-2を参照），多様な層が奨学金に応募するようになったと考えられる。一方で，こうした奨学金利用者の拡大は，非利用者に比べて利用者が大学進学の便益を強く感じているわけではないこと（古田 2013）とも関係していよう。

　もう1つは高卒者の就職口が縮小するなか，とくに普通科の進路多様校では進学を選択せざるを得ない状況に直面していると推察される。もちろん進学を選択するとしても，入学試験に合格し，かつ入学金や授業料を支払わなければならない。つまり，学力と経済の2つのハードルを越えるために，推薦入試や奨学金が利用されており，こうした制度が両輪となって高校生の大

学進学を促進している面があると考えられるのである。奨学金制度に関していえば，貸与者規模が拡充されてきたことは周知の通りであるが，さらに予約採用枠が拡大していることにも注目すべきである。なぜなら，奨学金情報の周知や応募において，高校の果たす役割が間違いなく大きくなるからである。

　加えて，学校の指導では校内成績が重視されるが，とくに進路多様校では校内成績が進路決定に持つ意味は大きいだろう。それは単純化を恐れずにいえば，上位校では一般入試を受験する高校生が多いために学校外での競争が生じるのに対して，進路多様校では推薦入試の利用者も多く，とくに指定校推薦のような形態では学校内で競争が生じると思われるからである。[14] このように考えれば，高卒就職において学校の役割が強調されてきたように（苅谷1991），推薦入試や奨学金制度の拡大によって進学においても学校が直接関与する余地が高まってきたとみられる。今後，入試や奨学金の制度が複雑になっていけば，学校の進路指導による関与がますます増加する可能性があると同時に，他方ではこれらの制度に疎い層を結果的に進学から遠ざけてしまうこともあり得る。そしてそれは生徒の出身階層とも無関係ではないはずである。

　もちろん現在の奨学金制度には，問題点も多いことは明らかである。ローンによる費用負担には教育への投資とリスクの両面が含まれるが（Dwyer et al. 2012），最近では滞納など返済に関する問題が多く報告されるようになり（例えば，奨学金問題対策全国会議編 2013），リスクの側面が顕在化してきたからである。今後，奨学金の利用や返済が卒業後の生活に及ぼす影響が重要な論点になると思われるが，こうした側面でも調査研究の蓄積が求められる。

1) 調査時点によってワーディングが若干異なることには注意が必要である。1981 年と 2011 年調査は「家庭の経済状況」を「じゅうぶん考える」と回答した生徒の割合であるのに対し，1997 年調査は「たいへん重視する」割合である。しかし，他の判断基準と比べてもこれほど大きく変化した項目はみられない。
2) 数値は日本育英会『日本育英会年報』平成 10 年度版，日本学生支援機構『JASSO 年報』平成 24 年度版より。

3) 近年の奨学金制度の動向については小林編（2012）の第2章を参照。
4) 日本学生支援機構「平成22年度学生生活調査」より。数値は大学昼間部の学生で，奨学金利用者のうち「日本学生支援機構」の奨学金を利用している者83.7％と「日本学生支援機構」と「その他の奨学金」の両方を受給している者7.9％の合計。
5) この他に，奨学金利用者と非利用者の大学生活を経済面から比較するものがあり，奨学金の役割に関する評価は分かれている（伊藤・鈴木 2003，小林 2009，浦田 2007 など）。
6) 表序－1のM01は奨学金に関する質問が他と異なるために，同M13は出身階層に関する指標が得られていないために，分析から除外した。
7) 数値は日本学生支援機構「平成22年度学生生活調査」6－1表より算出した。
8) 後述の多項ロジット・モデルにおいて学校タイプと出身階層との交互作用を投入しても統計的に有意な結果は得られない。
9) 日本学生支援機構『JASSO年報』各年度版より。
10) 図は省略するが，図5－2と同様の傾向をみることができる。
11) 多項ロジット・モデルとは，複数の選択肢が並列してあるときに，各個人の特徴などによって，いずれの選択肢を選びやすいかを分析する方法である。なお，分析方法として，はじめに進学か否かの選択を分岐させたうえで，進学者に限定し奨学金の応募状況を捉える2段階のモデルを想定することもできるが，ここでは利用者の特徴を非利用者だけでなく，就職者とも比較するためにこのモデルを用いた。なお，Hausman検定の結果，IIA（2つの選択肢間の選択が他の選択肢の有無に影響されないこと）の仮定が成立することを確認した。
12) 「進学非利用 vs 進学利用」の欄であれば，係数が正のとき「進学非利用」が「進学利用」よりも選択されやすいことを意味する。例えば，経済文化指標の係数は正なので，この値が高いほど「進学非利用」が「進学利用」よりも選ばれやすいのに対し，きょうだい数は負の係数なので，きょうだい数が多いほど「進学非利用」が「進学利用」よりも選ばれにくいことを意味する。
13) 明確な地域差がみられないのは，北部地域の対象校の特徴を反映している可能性も大きい。
14) 一般入試の受験を想定せず推薦入試（指定校推薦，公募推薦）・AO入試のみの受験を考えている生徒は，普通科Aで6.8％，普通科Bで36.3％であるのに対し，普通科Cでは63.1％，職業科では74.6％であった。また，片山（2010）は進路多様校の大学進学者は指定校推薦によるものが多くを占めること，学校内では就職者も含めて，苅谷（1991）が指摘したような成績による希望調整が行われていることを明らかにしている。

[文献]

荒牧草平，2008，「大衆教育社会の不平等――多項トランジッション・モデルによる検討」『群馬大学教育学部紀要 人文・社会科学編』57：235-248.

Avery, Christopher and Thomas J. Kane, 2004, "Student Perceptions of College Opportunities: The Boston COACH Program," Caroline M. Hoxby ed., *College Choices: The Economics of Where to Go, When to Go, and How to Pay For It*, Chicago: University of Chicago Press, 355-394.

Breen, Richard and Jan O. Jonsson, 2000, "Analyzing Educational Careers: A Multinomial Transition Model," *American Sociological Review*, 65(5): 754-772.

Dwyer, Rachel E., Laura McCloud and Randy Hodson, 2012, "Debt and Graduation from American Universities," *Social Forces*, 90(4): 1133-1155.

Dynarski, Susan, 2000, "Hope for Whom? Financial Aid for the Middle Class and Its Impact on College Attendance," *National Tax Journal*, 53(3): 629-661.

———— and Judith Scott-Clayton, 2013, "Financial Aid Policy: Lessons from Research," *Future of Children*, 23(1): 67-91.

藤森宏明, 2007,「奨学金拡大政策の効果に関する実証的研究――理工系学部に着目して」『高等教育研究』10: 257-277.

藤村正司, 2009,「大学進学における所得格差と高等教育政策の可能性」『教育社会学研究』85: 27-48.

古田和久, 2006,「奨学金政策と大学教育機会の動向」『教育学研究』73(3): 207-217.

————, 2013,「奨学金制度と高校生の進路選択動機――学歴便益の意識類型から」尾嶋史章・荒牧草平編『現代高校生の進路と生活――3時点学校パネル調査からみた30年の軌跡』科学研究費補助金基盤研究(B)研究成果報告書, 49-65.

樋田大二郎・耳塚寛明・岩木秀夫・苅谷剛彦編, 2000,『高校生文化と進路形成の変容』学事出版.

市川昭午, 2000,『高等教育の変貌と財政』玉川大学出版部.

稲葉昭英, 2011,「ひとり親家庭における子どもの教育達成」佐藤嘉倫・尾嶋史章編『現代の階層社会1 格差と多様性』東京大学出版会, 239-252.

伊藤由紀子・鈴木亘, 2003,「奨学金は有効に使われているか」『季刊家計経済研究』58: 86-96.

苅谷剛彦, 1991,『学校・職業・選抜の社会学――高卒就職の日本的メカニズム』東京大学出版会.

————・濱中義隆・千葉勝吾・山口一雄・筒井美紀・大島真夫・新谷周平, 2002,「ポスト選抜社会の進路分化と進路指導」『東京大学大学院教育学研究科紀要』41: 127-154.

片瀬一男, 2005,『夢の行方――高校生の教育・職業アスピレーションの変容』東北大学出版会.

片山悠樹, 2010,「進路多様校における進路指導」中村高康編『進路選択の過程と構造――高校入学から卒業までの量的・質的アプローチ』ミネルヴァ書房, 74-94.

小林雅之, 2007,「高等教育機会の格差と是正政策」『教育社会学研究』80: 101-125.

————, 2009,『大学進学の機会――均等化政策の検証』東京大学出版会.

―――編，2012，『教育機会均等への挑戦――授業料と奨学金の8カ国比較』東信堂．
McLanahan, Sara and Gary Sandefur, 1994, *Growing Up with a Single Parent: What Hurts, What Helps*, Cambridge, MA: Harvard University Press.
三輪哲，2008，「教育達成過程にみられる出身階層の影響」谷岡一郎・仁田道夫・岩井紀子編『日本人の意識と行動――日本版総合的社会調査JGSSによる分析』東京大学出版会，225-236．
中村高康，2010，「四大シフト現象の分析」中村高康編『進路選択の過程と構造――高校入学から卒業までの量的・質的アプローチ』ミネルヴァ書房，163-183．
Nakazawa, Wataru, 2009, "Does the Japanese Scholarship Loan Programs Reduce Inequality of Opportunities for Access to Universities ?" *Social Science Japan*, 40: 11-14.
尾嶋史章編，2001，『現代高校生の計量社会学――進路・生活・世代』ミネルヴァ書房．
銭小英，1989，「教育機会均等化の実態と奨学金政策」『教育社会学研究』44：101-118．
奨学金問題対策全国会議編，2013，『日本の奨学金はこれでいいのか！――奨学金という名の貧困ビジネス』あけび書房．
浦田広朗，2007，「奨学金と大学生の経済生活」『大学と学生』521：22-29．
矢野眞和，1996，『高等教育の経済分析と政策』玉川大学出版部．
余田翔平，2012，「母子世帯の高校生の教育達成過程――家族構造とジェンダーによる不平等の形成」『社会学研究』90：55-74．

第6章
進路選択の背景としての職業観・学歴観

白川 俊之／古田 和久

1　進路選択の背後にある意識

　第2次調査の行われた1990年代の後半以降，18歳人口の減少に対応して，大学への進学率は上昇してきた。しかしながら，経済状況がなかなか好転しない現代においては，高校卒業後すぐに働く者ばかりでなく，大学進学後に就職しようとする者にとっても楽観的な見通しはもちにくい。第3章で見たように，高校生の職業選択において，就業の安定性や高収入といった社会経済条件を重視する傾向が強まっているのは，雇用不安の裏返しであると解釈することもできるだろう。高い学歴が「よい仕事（就職）」を保証しなくなった状況では，どの生徒にとっても，地位不安から逃れることは難しいように思われる。

　一方で，社会的地位の追求とは異なる次元での価値基準として，自己実現への志向が注目を集めている（荒牧 2001b；有田 2002；本書第3章）。自己実現は多義的な用語であり，その用いられ方も論者によってさまざまであるが，基本的には地位達成や業績主義とは別の次元の意識の基盤となるもので，個性重視や自己充足という特徴でくくられる志向性だと理解できる。荒牧（2001b）は過去の様々な調査の結果から，高校生が職業評価の基準として仕事のやりがいや内容を重視する傾向は，すでに1980年頃からみられることを指摘している。

　こうした地位不安や自己実現は現代社会を特徴づける意識のあり方だと考えられるが，どのような進路を希望するかによって，その内面化の程度に個人差がみられるはずである。とりわけ，大学進学者が増大した今日の状況を考えると，大学進学を希望する生徒の意識の多様性に注目することが重要だと思われる。近年の大学進学者の増大は，選抜度の高くない大学における入

学者の増加に強く依存しているため，同じ大学進学者のなかでも質的な差異が拡大している。大卒者の学校歴が職業達成に一貫して影響してきたこと（平沢 2011）を考慮すれば，専門職への到達や組織内での昇進・昇給といった，従来の大卒後の標準的なキャリア・イメージや，それと対応した学歴の手段的価値の評価において，伝統的な進学層（成績が高く有名大学への進学志向が強い）と新たな進学層（成績が低く有名大学への進学志向も弱い）とでは大きな隔たりがあるのではないかと考えられる。そのため単に大学進学を希望するか否かではつかみきれない価値観や志向性の違いを，大学のタイプも含めた志望する学校の違いも考慮して検討することが，本章の主要な目的である。

　自己実現の志向においても，好きなことや将来の夢に適合的な職業を求める傾向が，学歴取得競争から降りる動機づけを与えているといった指摘がある（荒川 2009）。この荒川の指摘を大学進学者内部の分析に敷衍するなら，選抜度の低い大学への進学を予定する生徒（高い学校歴の獲得をめぐる競争から降りた生徒）において自己実現志向が強いと予想することができるかもしれない。他方，有海（2011）は自己実現志向を，私的欲求を追求する側面と社会貢献の側面とに分け，後者が高校生の進学意欲を促すことを報告している。ただし，そこでの検討素材となっているのは「進学校」の高校生であり，近年の高等教育の拡大を担っている層とのあいだにどのような意識の違いがあるかは明らかではない。大学進学予定者の内部で自己実現的な進学動機に差異が生じているかどうかは経験的な確認が必要であり，この点についても志望校の違いを中心に分析を進めていく。

　このように，高卒後の進学状況の変化（具体的には進学層の拡大と多様化）と，進学動機にかかわる価値観の多次元性を念頭に置いたうえで，本章では社会経済条件志向や手段的な学歴観に加え，自己目的的な学習観や自己実現志向を切り口にして分析を進める。すでに述べているように，高校生の進路希望を志望校まで加味して捉え，これを上記の変数と関連づけることによって，進路タイプごとの志向性を描く。加えて，進路希望と職業希望の関連構造にも着目する。大卒者の学校歴と職業生活（大企業への就職率，平均賃金など）との結びつきは，日本的な学歴主義として人々のあいだに広く浸透している。このため，高校生の意識とはいえ，進路希望とその先の職業希望が無関係で

あるとは考えにくい。また，職業によって自己実現を図ろうと思えば，それに見合った知識・技能，資格が必要であり，現代社会ではそれらが学校教育を通して獲得されることも容易に想像がつく。したがって，進路希望と職業希望の関連構造を明らかにしつつ，そこに高校生の志向性を位置づけることを試みる。

2 分析に用いる変数

ここで変数の説明をしておこう（表6–1）。すでに述べたように本章は進学層の内部の差異に関心があるため，進学希望の生徒にかんしては志望校を加味したうえで，進路希望の変数を作成した。また各進路にどのような職業が対応するかを探るために，職業希望の変数も利用する。本調査では，希望する職業をただ1つ回答してもらうのではなく，複数の職業名を提示したうえで，あてはまるものすべてを選択してもらっているので，その関連パターンにも着目する。

社会経済条件志向と自己実現志向の指標は，進学や就職の際にどのような条件を重視するかについて聞いた6つの項目から作成した（「失業のおそれがない」「高い収入が得られる」「自分の興味や関心」「自分の知識や技術が生かせる」「その道のプロフェッショナルになりたい」「社会に役立つ」）。社会経済条件志向の操作的定義は第3章で用いられているものと同じだが，自己実現志向にかんしては興味・関心や知識・技術の重視に加えて新たに「その道のプロフェッショナルになりたい」と「社会に役立つ」の2項目を追加している。これらは仕事を通して能力を発揮することや社会に貢献することへのこだわりを捉えたものと見なせるので，自己実現志向の尺度に含めることが可能だと考えた[1]。

さらに，本章では「ひとつの職業にとらわれるより，その時々に有利な職業についた方がよい」「職業は，お金を得るためだけのものとしてわりきり，職業以外の生活に自分の生きがいを見つけたい」に対する賛否を合計した変数と，進路希望との関係を検討する。これらの項目への肯定的な回答は，日本社会の経済成長を主導した職業規範から逸脱する態度をあらわしていると解釈できる。両者を合成した変数はさまざまな仕事を転々とし，生きがいの

表6-1 分析で用いた変数

進路希望	大学Ⅰ，大学Ⅱ，大学Ⅲ，大学M，短大・専門，就職
職業希望	22項目の職業希望の有無（複数回答）
社会経済条件志向	「失業のおそれがない」「高い収入が得られる」（4段階）に対する回答
自己実現志向	「自分の興味や関心」「自分の知識や技術が生かせる」「社会に役立つ」（4段階）／「その道のプロフェッショナルになりたい」（5段階）に対する回答
転職-余暇志向	「ひとつの職業にとらわれるより，その時々に有利な職業についた方がよい」「職業は，お金を得るためだけのものとしてわりきり，職業以外の生活に自分の生きがいを見つけたい」（5段階）に対する回答
手段的学歴観	「学歴は本人の実力をかなり反映している」「高い学歴を得たからといって，収入面で恵まれるとは限らない」「大学での人間関係は将来の仕事に役立つ」「正社員になるには大学を出ておいた方がよい」（5段階）に対する回答
自己目的的学習観	「大学での勉強は面白そうだ」（5段階）に対する回答
希望する将来像	「将来どういう人間になりたいか」（仕事に関してひとかどのもの／親しまれ，尊敬される人間／心のよりどころがある／出世，金持ち／平凡で安定した家庭）に対する回答

注1：「大学Ⅰ」（＝銘柄大学）の定義は荒牧（2011）の研究を参考にした。詳細な大学名はそちらを参照されたい。大まかにいえば，旧帝国大学，上位国公立大学，東京と関西の有名私立大学，医療系単科大学を銘柄大学として数え上げている。「大学Ⅱ」＝大学Ⅰに含まれない地方国公立大学，「大学Ⅲ」＝大学Ⅰに含まれないその他私立大学，「大学M」＝大学進学希望だが志望校が未定のもの。
注2：「職業希望」の具体的項目については図6-1の凡例および付録の調査票を参照。
注3：「希望する将来像」は後半の分析にのみ使用。

ありかとして職業よりも余暇を優先する考え方への支持をあらわす指標であるため，これを転職-余暇志向と呼ぶことにしよう。日本における支配的な職業達成の仕組み（年功制など）を踏まえるならば，転職-余暇志向には社会経済条件志向とは相反する意識を含んでいる可能性がある。その一方で，1つの仕事に長く従事することは，その職業へのこだわりの強さを示す証拠ともとれるし，職業生活のなかに自分の生きがいを模索するライフスタイルは，自己実現志向の内容とも重複する。進路希望別の転職-余暇志向の分布をみることにより，高校生がもつ就業生活や自己実現のイメージをいっそうクリアにすることができると考えている。

　学歴社会に対する高校生の認識は，「学歴は本人の実力をかなり反映して

いる」「高い学歴を得たからといって，収入面で恵まれるとは限らない[2)]」「大学での人間関係は将来の仕事に役立つ」「正社員になるには大学を出ておいた方がよい」の 4 つの項目によって測定した。社会経済的な成功の要件として学歴取得がどのくらい有用かを，高校生の主観的な観点から評価したものであり，これらの 4 項目から作成した尺度は，手段的学歴観と名づけることができる。

そして，このような手段的学歴観とは別に，大学に進学すること自体から効用を引きだそうとする意識を捉えるために，「大学での勉強は面白そうだ」という意見への賛否もここでの検討対象に含める。この意識は，将来の職業生活と学歴との関係に直接的に言及するものではないことを踏まえ，手段的学歴観との差異を強調するために，自己目的的学習観と呼び，次節での議論を進めていく。

3　高校生の進路希望と意識・志向性

3.1　進路希望タイプ別にみた社会意識

表 6 - 2 は先に定義した進路希望のカテゴリーごとに，社会意識の平均値を計算したものである。異なる意識同士の比較を容易にするために，すべての意識のスコアが 0 から 1 のあいだにおさまるように，変数がとる値の範囲

表 6 - 2　進路希望別の社会意識の分布（平均値）

	社会経済条件志向	自己実現志向	転職-余暇志向	手段的学歴観	自己目的的学習観	度数
大学 I	0.799	0.815	0.407	0.653	0.803	449
大学 II	0.761	0.814	0.384	0.611	0.779	148
大学 III	0.789	0.785	0.477	0.634	0.678	615
大学 M	0.789	0.769	0.452	0.622	0.717	774
短大・専門	0.757	0.793	0.452	0.560	0.527	692
就職	0.805	0.721	0.512	0.509	0.429	626
全体	0.786	0.776	0.459	0.594	0.630	3304
F	5.21	24.80	17.04	80.62	148.45	
p	<.001	<.001	<.001	<.001	<.001	

注：全体平均を下回る数値を下線で表示。

を調節している。この章の冒頭で，どのような大学を志望するかに応じて職業生活（社会経済条件の重視，自己実現の志向）や学歴社会に対する考え方に差異が生じているのではないかとの疑問を提起したが，そうした推測を実際のデータで裏づけることは可能だろうか。短大・専門学校への進学者や就職希望者（高卒層）との対比にも注意しつつ，職業志向，学歴意識の順にみていくことにしよう。

3.1.1 進路選択や職業に関する志向性

　進路希望のカテゴリー間には社会経済条件志向の得点について有意な差が認められるものの，どのような進路を希望するかによって意識が大きく異なっているとはいえない。進路希望と社会経済条件志向との関連が統計的に有意でないことは第3章でも指摘されているが，進学を希望する生徒の志望校の違いを考慮したとしても，基本的な結論は変わらないということである。就業と収入の安定は，どのような進路をとる高校生にとってもないがしろにできない条件である。一般的には大卒学歴を得ること，なかでも高威信の大学を卒業することは，そのような条件の職業に就くための主要なルートだと考えられる。銘柄大学への進学をライフコース展望のなかに位置づける生徒でさえ，職業における社会経済条件を強く意識しなければならない状況は，以前であれば失業や非正規雇用と無縁であった学歴層にまで雇用不安が広がりつつある環境を彼らなりに理解した結果なのかもしれない。

　自己実現志向については，社会経済条件志向とは異なる傾向が表れている。表6-2からも明らかなように，この志向が強いのは大学Ⅰ・Ⅱへの進学を希望する者と，短大・専門への進学を希望する者である[3]。短大や専門学校への進学を考えている者は希望職が明確であり，自己実現的な職業条件も具体的にイメージしやすいというのが第3章での解釈であった。大学Ⅰ・Ⅱにはいわゆる有名校が多く含まれるため，大卒後の職業達成にかんして生徒が専門職や組織内での昇進による自己実現を期待することも比較的容易だろう。ところが大学Ⅲではそのような職業達成のパターンが保証されているとは必ずしもいえず，自身の興味や関心と職業との結びつき，職業の社会的意義などが認知されにくくなっていることが想像できる。

　転職-余暇志向は社会経済条件志向や自己実現志向とは少し意識の性質が

異なり，働くこと自体へのかまえがより直接的に測定されている。分析結果は，自己実現志向に表れている傾向を補完するものといえる。職業生活において自己実現的な要素を求める傾向が大学Ⅰ・Ⅱへの進学を希望する者のあいだで強いことは自己実現志向の分析結果から確認した通りだが，そうした傾向は転職‐余暇志向の弱さとしても見て取れる。彼らがもつ典型的な職業意識は，特定の職業に長く従事することにより，そこから非金銭的な報酬（やりがいなど）を引きだすことを肯定するものであることがわかる。大学進学者層内部の差異は自己実現志向よりも顕著で，大学Ⅲの数値が大学Ⅰ・Ⅱと比較すると明確に高く出ていることも，ここでの重要な発見である。このような意識が最も低調な（転職‐余暇志向が強い）のが高卒後に就職を予定している生徒たちである点も，彼らの自己実現志向が相対的に低かったことと一貫しており，近代的な職業規範と自己実現志向との意味的な重なりを示唆しているようにみえる。

3.1.2　学歴観と学習観

手段的学歴観からも，特徴的な意識の分布を読み取ることができる。この意識は比較的単純に，大学進学者層と非進学者層とをわける働きをしている。実際，大学に進学しようとする者は大学の手段的な価値観を重視し，そうでない者はそれを否定している。ただし，そうした意識の背後に社会経済的な職業条件に対する志向性の差異があるわけではないことは，改めて確認しておく必要がある。非進学層は失業の恐れがないことや高い収入が得られることのような伝統的な社会的成功観を全般的に否定しているわけではなく，そうした条件を職業選択の基準として重視しつつも，そのような仕事に就くのに大卒資格が有効な手段となるという見方には与していないということである。

自己目的的学習観も大学進学を希望する者のあいだで強く，それを希望しない者のあいだで弱い。手段的学歴観と異なるのは，大学進学者層の内部に意識差が生じている点である。自己目的的学習観は大学Ⅰ・Ⅱのような従来型の大学進学者層に特徴的な意識であり，相対的に入学の容易な，したがって近年の進学率の上昇を担っていると考えられる大学Ⅲへの進学を希望する生徒にはそれほど重視されていない。大学Ⅰ・Ⅱと大学Ⅲとのあいだにみら

れる平均値の差は，統計的にも有意（$p<.001$）である（Tukey の多重比較による）。

3.2　意識や志向性の差異化要因

このように進路希望によってさまざまな意識が異なることをみてきたが，それは出身階層や学校タイプなどの他の要因が意識に及ぼす影響を考慮していない。進路希望は生徒の出身階層とも関係が強いため，進路希望に応じた意識の差異とみられるもののなかには，出身階層の効果が紛れ込んでいる可能性を否定できない。また，第1章ではトラッキングと高校生の学校適応との関係が弱まっていることを指摘したが，上記のような社会意識に関しても同様の関係がみられるかどうかは，改めて確認しておく必要がある。そうした目的のために，表6-2の各意識を従属変数とする重回帰分析をおこなった。これにより，トラッキングに対応する学校タイプや出身階層が同じ生徒のあいだで，進路希望が意識変数にどのような影響を及ぼしているのかを推定することができる。

重回帰分析の結果は，これまでにみてきた傾向を大きくくつがえすものではない（表6-3）。学校タイプや出身階層（経済文化指標）と意識との相関関係の多くは，進路希望を回帰式に投入することで減少する（有意な関係がみられなくなるものもある）。逆にいえば，進路希望は学校タイプや出身階層をコントロールしても，高校生の意識を有意に差異化する機能を保持しているということである。

ここまでの検討から，現代の多くの高校生にとって社会経済条件が進路選択の基準として重視されていることが指摘できる。社会経済条件を重視する傾向は第2次調査がおこなわれた1997年から第3次調査の2011年にかけて強まったことが確認されている（第3章）。この時期における日本社会の長引く不況と就職難を反映した安定志向が進路意識の中核に位置づいていること，そうした傾向が選抜度の高い大学への進学を希望する生徒にも例外なくみられることが，高校生の意識構造の基本的なあり方だといえそうだ。

就職希望者も大学進学層と同じように職業の社会経済的な側面に重要性を見出しているが，人的ネットワークの構築や正規雇用への足掛かりとして，

表6-3 社会意識変数と独立変数との関係（重回帰分析）

	社会経済条件志向	自己実現志向	転職-余暇志向	手段的学歴観	自己目的的学習観
切片	0.776***	0.789***	0.418***	0.644***	0.724***
性別（vs. 男性）					
女性	−0.012†	−0.023***	−0.019*	−0.005	0.055***
経済文化指標	0.049*	0.050**	0.009	0.031†	0.051†
学校タイプ（vs. 普通科A）					
普通科B	0.031**	−0.006	0.042***	0.002	−0.032*
普通科C	0.015	−0.046***	0.072***	0.001	−0.031†
職業科	0.019	−0.002	0.020	−0.027**	−0.045**
校内成績	0.005†	0.015***	−0.008*	0.004†	0.026***
進路希望（vs. 大学Ⅰ）					
大学Ⅱ	−0.035†	0.010	−0.027	−0.036**	−0.006
大学Ⅲ	−0.014	−0.011	0.039**	−0.014	−0.086***
大学M	−0.009	−0.028**	0.031*	−0.025**	−0.064***
短大・専門	−0.035**	0.011	0.020	−0.078***	−0.242***
就職	0.008	−0.071***	0.081***	−0.123***	−0.326***
R^2	0.014	0.067	0.040	0.126	0.209
N	3,320	3,297	3,320	3,287	3,298

*** $p<.001$, ** $p<.01$, * $p<.05$, † $p<.10$

大学教育を利用することが効果的な手段だとは考えていない。これに対して大学への進学を希望する者は志望校の選抜性を問わず，社会経済条件を満足させるような仕事を見つけるうえで学歴資格に備わる有効性を認めている。将来，就業や収入の安定性が高くリスクの小さな労働市場に参入するためには大学を出ておく方が得だという考え方は，大学への進学を考えている者に共通の意識傾向だということである。

　その点を除くと，高校生のあいだで意識の分化が生じているのは，社会的地位の高低や経済的に安定した生活とは独立していると考えられる自己実現志向のような意識のもち方である。転職-余暇志向の分析で得られた知見も合わせて整理すれば，従来の進学者層のイメージと重なる部分が大きい大学Ⅰ・Ⅱを志望する生徒のあいだで，職業生活における興味・関心や知識・技術の重視，さらに職業を人生の生きがいとすることなどが強く希求されてい

た。これと対照的なのが就職希望者の意識の特徴であり，彼らは自己実現志向が相対的に弱い一方，転職－余暇志向は他の進路を希望する者と比べて，明確に強かった。大学Ⅲへの進学を希望する生徒の自己実現志向と転職－余暇志向の水準は，大学Ⅰ・Ⅱと就職のちょうど中間に位置する。そして，それと同様の傾向が自己目的的学習観についてもみられた。手段的な学歴の利用について進学希望者のあいだに明確な認識の差異は認められないため，自己実現的な意識のあり方が，進学者層の価値観の分化を捉える際のキーになっていることがわかる。

4　高校生の進路・職業希望と意識・志向性

　高校生の社会経済条件志向が全般的に高い一方で，自己実現志向や学歴観・学習観は希望する進路によって異なることが明らかになった。ここでは，その先にある職業希望を加味してさらに検討を進めよう。なお，ここでの職業希望の捉え方には2つの特徴がある。1つは，本調査では複数の職業名を提示したうえで，希望する職業にあてはまるものすべてを選択してもらっていることである。もう1つは，職業希望を少数のカテゴリーにまとめないで，調査票に設定された22個の職業名をそのまま用いている点である。これらの特徴から，選ばれた職業同士の関連をもとに，希望職種のパターンを探索的に分析することが可能である。以下では，こうした複数の職業希望に進路希望と出身階層や学校タイプなどの背景変数を加味して，さまざまな意識変数との関連を多重対応分析によって探った。具体的には，第1段階として背景変数と進路および職業希望変数で空間の構築をおこない，第2段階で社会経済条件志向や自己実現志向などの意識変数を補充変数としてプロットした[5]。
　図6－1は多重対応分析の結果である[6]。第1軸（ヨコ）と第2軸（タテ）によって，投入した変数間関連の4割程度が説明される[7]。ここでは，それぞれの軸の形成に対して寄与の大きいカテゴリーを中心に結果の解釈を進める[8]（表は省略）。
　まず，第1軸の形成に大きく寄与している職業カテゴリーは「5．生産工程」「6．運転手」「7．技能職」「8．建築士」「9．技術者」「11．薬剤

師・カウンセラー」「12. 看護師・栄養士・介護福祉士」「13. 教員・保育士」である。第1軸のマイナス方向からみると，左端から順にブルーカラー的職業（「5」「6」「7」），技術系の職業（「8」「9」）と続き，プラス方向には資格を要する専門職（「11」「12」「13」）が位置づけられているので，この軸にはブルーカラー職と専門職の対比が明確に表れている。職業希望以外の変数も重ねて解釈すれば，進路希望では就職がマイナス方向にプロットされているため，就職希望者はブルーカラー的職業を志望する傾向にあると読み取れる。学校タイプは，職業科がマイナス方向に普通科Aがプラス方向にあり，進路や職業の希望が学校タイプによって大きく異なるという常識的な傾向が示されている。また，男女の位置からは希望職種の性差が把握でき，男子はブルーカラー職を，女子は上に示した専門職を希望する傾向が強いことがわかる。

次に第2軸の希望職種の位置をみれば，プラスの方向では「4. 理容師・美容師・料理人」「21. デザイナー・スタイリスト・カメラマン」の寄与が大きかった。対照的に，「9. 技術者」「10. 医師・弁護士・大学教授」「14. 事務職」「15. 経営者・管理職」「16. 銀行員」「17. 公務員」といった専門職やホワイトカラー職がマイナス方向にある。したがって，第2軸には事務職を中心としたホワイトカラー職や威信の高い専門職と入職に技能を必要とする職業との対比が表れている。

この第2軸に対しては志望校の違いを含む進路希望の寄与が大きいのだが，実際どのタイプの進学先を志望しているかがはっきりと区別されている。すなわち，第2軸のプラス方向からは，技能を要する職業に就きたいと考える生徒は専門学校や短大進学を希望していることが窺える。他方，大学Ⅰはマイナス方向にプロットされている通り，威信の高い専門職や典型的なホワイトカラー職との親和性が高い。そして，大学Ⅲは大学Ⅰと短大や専門学校とのあいだに位置しているので，職業希望という点で明確な特徴をもっているとはいい難い。さらに，学校タイプは普通科Aがマイナスの領域に，普通科Cや職業科がプラスの領域にあるので，学校タイプがこうした進路希望や職業希望を枠づけていることも読み取れる。なお，ここでの分析は進路希望と職業希望の関連構造がベースとなっているため，これらに対する出身階層の

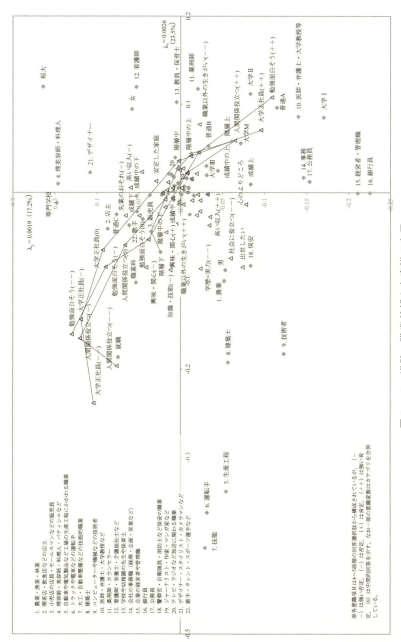

図6－1 進路・職業希望と各意識の布置

第6章 進路選択の背景としての職業観・学歴観

影響はみえにくいが，図6－1でも第1軸のプラス方向に進むほど出身階層が高くなっており，出身階層が進路希望や職業希望の形成に関与していることがわかる。

続いて第2段階目の検討として，進路希望や職業希望変数から構成された平面上に意識変数を重ねることで，意識の特徴を調べよう。図には各意識項目を補充変数としてプロットしている（△で表示）。学歴観・学習観のばらつきが大きいことがまず目を引く。実際，それらの変数が原点の左上から右下の領域にかけてプロットされている。左上の領域には「大学正社員」や「人間関係役立つ」「勉強面白そう」などという大学の便益に対する否定的意見が集中している。就職希望者はブルーカラー職（「5」「6」「7」）を希望することが多かったが，こうした職業に就くことを想定した場合，大学進学の有用性は感じられないということであろう。他方，大学Iや専門職，ホワイトカラー職に特徴づけられた右下の領域では，これらに対する肯定的意見がみられる。進学希望者とりわけ威信の高い大学を志望する高校生は，手段的側面だけでなく自己目的的側面も含めた学歴の効用を強く認識しているのである。

社会経済条件志向など他の意識項目は，学歴観・学習観ほど大きなばらつきを示していない。これは前節での分析結果とも一致する。進学するか否かの決定を目前に控えた高校3年生においては，進路によって学歴意識が違っているというのが最も大きな特徴だといえる。ただし，「興味・関心」や「知識・技術」重視の進路選択を否定する意識が第1軸のマイナス方向にみられるのは，就職希望者で自己実現志向が相対的に弱いことを捉えたものと考えられる。また，「職業以外の生活に自分の生きがいを見つけたい」を明確に否定する意識が第1軸のプラス側に位置していることから，専門職希望者ほど職業に内的報酬を求めていると推察される。さらに第2軸に沿って，マイナス方向ほど経済的側面を重視する傾向（「高い収入が得られる」「出世したい」）が観察されることにも注意したい。ホワイトカラー職（「14」「15」「16」「17」）を希望する者は社会経済条件志向が強いのである。前節の分析において，社会経済条件志向は進路希望と明確に対応していなかったが，職業希望を考慮することによって，職種との関係が捉えられたということだろう。

このように学歴観をはじめとして，進路に関わる意識や志向性が異なることがわかったが，そこには職業希望も大きく関係することが確認できた。例えば，大学Ⅰ・Ⅱを希望する生徒で転職－余暇志向が弱いこと，あるいは非進学者が学歴の有用性を感じていないことの背後には，彼ら・彼女らが就くであろう職業の見通しが大いに関係していると推察される。職業希望の観点から大学タイプ間の違いを指摘するなら，典型的な専門・管理職やホワイトカラー職に就くことをどのくらいイメージするかに若干の違いがある。例えば「9」「10」「14」「15」「16」「17」という典型的な専門・管理職やホワイトカラー職のいずれも選択していない生徒の割合は大学Ⅰで38.3％だったのが，大学Ⅱと大学Ⅲではそれぞれ59.9％，56.9％にのぼる。同割合は短大・専門で79.9％となっているので，大学志望者内のばらつきは相対的に小さいといえるものの，やはり職業希望の面ではこうした専門・管理職やホワイトカラー職は大学Ⅰと結びつきやすいのである。卒業した大学によってどのような職業に就くことができるか，その就業可能性を見越したうえで，高校生の職業希望が形成されているということかもしれない。

5　進路選択の社会的文脈と高校生の意識

　高校生の進路選択に意識・志向性の側面から迫ることを課題として，本章の議論を進めてきた。とくに大学進学希望者のなかでも，志望校の違いを中心に据えて，その進路分化の意識的背景を探った。

　まず，社会経済条件志向は，大学を志望する者のあいだではほとんど違いがなかった。これは他の進路を希望している高校生に範囲を広げても同様である。つまり，どの大学を志望しようとも，あるいはどの進路を希望しようとも安定した経済的基盤を求めるのは変わらない。加えて，手段的学歴観も大学タイプによって異ならなかった。この意識は大学進学希望者と就職希望者のあいだに大きな違いがあったのだが，経済的安定を重視し，そのために大学に進学した方が有利だという認識は大学進学者に共通の意識的基盤だといえる。

　他方，自己実現志向は高い威信の大学を希望する高校生で強かった。また

短大や専門学校を希望する者でも，大学Ⅰ・Ⅱを希望する者とのあいだであまり違いがなかった。これらのことを考えれば，自己実現志向の弱さはむしろ大学Ⅲ，大学Ｍ（志望大学未定）の特徴といえるかもしれない。質問文の内容を考慮すれば，本章で検討を加えた自己実現志向が，職業をつうじた自己実現を意味していることは間違いない。また進路希望と職業希望の布置から考えると，それが仕事に必要な技能であれ高い威信であれ，明確な職業希望をもっていれば，職業を通じた自己実現をイメージしやすい。

職業希望の明確さについて付言するならば，とくに大学Ⅰを希望する生徒の多くが，就きたい職業として専門・管理職や事務職を挙げていた。こうした職業には外在的な報酬だけでなく内在的な報酬も付随しており，その側面が特に魅力的に見えているのかもしれない。これに対し，大学Ⅲを希望する高校生は職業希望においてもその他の進路ほどはっきりしておらず，仕事に就くことのイメージや特定の価値（自己実現など）の追求の点ではやや曖昧という，高等学歴における周辺層の特徴の一端を示しているといえる。

この点で，大学Ⅰ・Ⅱを志望する生徒に多くみられる自己目的的な学習観も，彼らがもつ内在的なインセンティブや欲求の先送りへの耐性と大いに関係しているだろう。将来，専門的で高度なスキルが要求される労働市場に入ることを希望し，職業において短期的な（主として金銭的な）見返りと同じかそれ以上に内在的な条件を重視する場合，大学の手段的価値はもちろん，専門的な学習内容への興味や関心も進学の有力な動因となるはずである。もちろん，このような学習観の形成には，彼らの現在までの学校生活体験（勉強が好き，得意）が少なからず関与していることも推察される。

就職希望者の自己実現志向が弱いことも，高校生の進路意識にみられる特徴的な傾向の１つであった。卒業後に就職を控えている生徒が（職業的な）自己実現をそれほど重視していないというのは，一見すると奇妙である。長いあいだ１つの仕事を続け，そこから内在的報酬を引きだすような職業生活は，現実の就職が間近に迫っている生徒にとっては，むしろイメージしにくいということなのかもしれない。内在的な達成動機（自己実現はその典型だろう）に基づいて設定される目標は，たいていは目に見えにくい。卒業後に就く仕事が内的報酬をもたらすものかどうかを，高校生が正確に判断するのは

難しい。職業を中心とした生活が今にも始まろうとしている生徒は，興味や関心に基づき仕事を選ぶことにあまり現実味を感じていない可能性が高い。

　このように本章では進路選択にかかわる意識・志向性について，希望する進路に応じて違いがみられる部分はどこなのかを探ってきた。社会経済条件志向の全般的な強さや，進学希望層における手段的学歴観など，共通性の方が目立つ意識も存在したが，自己実現志向や転職-余暇志向では進路ごとの違いが比較的明確に表れていた。ここから自己実現の追求可能性に進路・職業による偏りがあること，さらに進路選択において重視される事柄が高校生の埋め込まれた社会的文脈に規定されていることについて示唆が得られたといえる。本章で扱った意識項目は，どれも関係概念の一部を指標化したものに過ぎず，またじゅうぶんな理論的な検討を経て構成されたものでもない。こうした測定の問題をさらに精緻化させていく必要性はあるが，進路分化の特徴を意識の側面から描き出したこと，とくに自己実現志向と具体的な進路（大学Ⅰ・Ⅱ，短大・専門）との対応を示したことには一定の意義があったと考えられる。ここで明らかにした傾向が他地域や他時点に検討範囲を広げてもみられるのか，引き続きデータの整備を進めていくとともに，限定的な価値観の強調が特定の進路を選ぶ生徒に疎外感を与える結果を招いていないか，進路選択を取り巻く学校教育環境に今後も注意を向けていくことが肝要である。

1) これらの項目に対して因子分析を適用すると（図表省略），モデルに投入した6個の変数から2つの因子（固有値1以上）が抽出される（因子抽出には最尤法を，因子の回転にはヴァリマックス法を用いた）。「失業のおそれがない」「高い収入が得られる」は第1因子に対する因子負荷量が大きく，「自分の興味や関心」「自分の知識や技術が生かせる」「その道のプロフェッショナルになりたい」「社会に役立つ」は第2因子に対する因子負荷量が大きい。因子分析の結果は，ここで取り上げた6つの項目によって高校生の多様な志向（社会経済条件志向，自己実現志向）を測定することが可能であること，それらを区別した分析が統計的に無理のないことを示している。
2) 「高い学歴を得たからといって，収入面で恵まれるとは限らない」については，高い学歴を得た方が収入面で恵まれると考えるほど回答の数値が大きくなるようにするために，選択肢の順序（賛成／反対）を逆転させて分析に用いた。

3) 大学進学者層と就職希望者層との差がすべて統計的に有意であり，大学進学者に限れば大学Ⅰと大学Ⅲとのあいだにも有意な差が認められる（Tukey の多重比較による）。
4) Tukey の多重比較により大学タイプ間の平均値の差を検定すると，大学Ⅲと大学Ⅰおよび大学Ⅱとの差は1％水準で有意である。
5) 有田（2002）は複数の職業選択基準に数量化Ⅲ類を適用し職業的志向性を捉えたうえで，個別の職業の特徴を位置づけている。以下の分析は進路希望を含めて検討するため，有田とは逆の方向から志向性を捉えているといえる。
6) ここでは短大と専門学校を別々のカテゴリーとして投入した。
7) バート表の対角ブロックを除外した修正イナーシャによる（Greenacre 2007）。
8) 本調査では職業希望を複数回答によって捉えていることはすでに述べたが，図で原点付近に点が集中しているのは，職業希望の複数回答で選択されていない組み合わせが多いためであり，これらは軸の形成にほとんど寄与していない。
9) 分析では表6-1で紹介したすべての意識変数を投入しているが，各軸に沿って対比的に解釈ができるものを中心に図に示した。

［文献］
荒川葉，2009，『「夢追い」型進路形成の功罪――高校改革の社会学』東信堂．
荒牧草平，2001a，「学校生活と進路選択――高校生活の変化と大学・短大進学」尾嶋史章編『現代高校生の計量社会学――進路・生活・世代』ミネルヴァ書房，63-80．
―――，2001b，「高校生にとっての職業希望」尾嶋史章編『現代高校生の計量社会学――進路・生活・世代』ミネルヴァ書房，81-106．
―――，2011，「教育達成過程における階層差の生成――「社会化効果」と「直接効果」に着目して」佐藤嘉倫・尾嶋史章編『現代の階層社会1　格差と多様性』東京大学出版会，253-266．
有海拓巳，2011，「地方／中央都市部の進学校生徒の学習・進学意欲――学習環境と達成動機の質的差異に着目して」『教育社会学研究』88：185-205．
有田伸，2002，「職業希望と職業的志向性」中村高康・藤田武志・有田伸編『学歴・選抜・学校の比較社会学――教育からみる日本と韓国』東洋館出版社，175-193．
Greenacre, Michael, 2007, *Correspondence Analysis in Practice*, Second Edition, Boca Raton: Chapman & Hall/CRC.
平沢和司，2011，「大学の学校歴を加味した教育・職業達成分析」石田浩・近藤博之・中尾啓子編『現代の階層社会2　階層と移動の構造』東京大学出版会，155-170．
轟亮，2001，「職業観と学校生活感――若者の「まじめ」は崩壊したか」尾嶋史章編『現代高校生の計量社会学――進路・生活・世代』ミネルヴァ書房，129-158．

III

生活構造と生活意識

第 7 章
大学入試の多様化と学校外教育利用

多喜 弘文／スティーフ・エントリッヒ

1　大学受験と学校外教育利用

1.1　現代高校生の進学意欲における加熱 – 冷却メカニズムと受験行動

　第 1 次調査がおこなわれた 1980 年代初頭には，大学定員抑制政策の影響もあり，高校生の間で現在よりも激しい受験競争が繰り広げられていた。この時期に大学進学を希望する生徒にとって，入学試験に備えて学習塾や予備校といった学校外教育機関に通うことは，現在よりもごく自然なこととみなされていたであろう。フォーマルな学校教育ではないにもかかわらず，日本などの国で特に広く利用される学校外教育は，海外の研究者にも「影の教育」と呼ばれて注目されてきた (Stevenson and Baker 1992)。本章では，この「影の教育」としての学校外教育に着目することで，大学全入時代における高校生の受験行動のあり方とその背後にある進学意欲加熱メカニズムを探っていきたい。

　「影の教育」がどのように利用されるかは，その社会の教育選抜や地位配分のあり方に規定される。日本において学校外教育利用を伴った激しい受験競争がおこなわれていた背景として，相互に関連しあう 2 つの制度的条件が指摘されてきた。1 つは選抜プロセスの公平性である。日本では小学校から高校に至るまで，学習指導要領に定められた標準化された知識内容が教えられている。次の段階の学校に進むための入学試験では，この知識内容の習熟度が筆記試験で問われるため，誰でも刻苦勉励すれば良い成績をおさめられるという努力信仰が生まれることになる。これが学歴のもたらす報酬への強い期待と結びつくことで，大衆的なレベルでの加熱した受験競争を生じさせることになった（苅谷 1995）。もう 1 つは，日本独特の学校階層構造に埋め込まれた加熱 – 冷却メカニズムである。高校と大学の序列が偏差値により小

刻みなレンジで可視化されていることが，入学した高校の難易度にかかわらず，誰もが少しでも難易度の高い大学への入学を目指して再加熱される構造を生み出した（竹内 1995）。

しかし，大学全入時代と呼ばれる現代の日本社会において，以前のような激しい受験競争イメージが現実感を失いつつあることも確かである。学力試験を課さない推薦入試や AO 入試を用いる大学が増加しており，これらの方法を利用して大学に入学する生徒は全体の 4 割にのぼっている。また，「良い会社」に入ってもその先の保証があるとは限らないといわれる中で，手に職をつけるため，もしくは自分の夢を追うために大学よりも専門学校や短大へと積極的に進学する生徒も存在する。こうした状況を踏まえると，誰もが少しでも難易度の高い学校へと進学を目指す従来の受験イメージには修正の余地がある。

この点に関して参考となるのが，現代高校生の進学アスピレーションにおける加熱 – 冷却メカニズムに関し，新たな説明の枠組みを提起した中村（2011）である。中村は，これまでの日本の教育社会学が「エリート選抜」としての競争的筆記試験を過度に強調してきたことを指摘し，「マス選抜」としての推薦入試が非エリート高校生の大学進学に果たす役割を明らかにした。もともと大学入学を目指していなかった高校生が，推薦入試という「社会的な誘導装置」の存在により大学進学を視野に入れるようになることが，マス選抜による進学意欲加熱のメカニズムである。この議論を踏まえるならば，影の教育としての学校外教育利用の背景として想定されてきた大衆的な競争状況というイメージにも修正を加える必要がある。中村が述べるマス選抜を通じた加熱メカニズムが事実であれば，学校外教育を利用してまで選抜における成功可能性を高めようとするのは，競争的筆記試験を視野に入れる生徒層だけであり，推薦入試の利用を検討する生徒層との間に断絶が存在する可能性がある。

そこで，本章では誰が学校外教育を利用して大学進学を目指すのかを検討することで，大学全入時代における高校生の受験行動とその意味を改めて明らかにしたい。中村は，高校生における進路希望の変化と学校タイプや意識および成績といった変数との関連の分析を通じて，2 つの受験方法を利用す

る生徒層の違いや，その理論的な含意を明確にしている。だが，そこでは結果として異なる受験方法を選択するに至った生徒が，それまでどのように受験に備えてきたかが検討されていない。学校外教育利用という行動レベルの変数を軸に検討することで，中村が提起した説明枠組みが大学全入時代における大学進学メカニズムとしてどの程度妥当なものかを検証するとともに，「影の教育」利用と制度的背景の関係性についての考察を深めることが本章の目的である[1]。

1.2　なぜ高校生は学校外教育を利用しないのか

　分析に先立ち，本調査における学校外教育機関の利用割合を確認しておきたい。第3次調査では，利用したことのある学校外教育を学校段階別に尋ねている。図7‒1は，「学習塾」「家庭教師」「通信添削」および3つのうちの「どれかを経験」という4カテゴリーに分けて，小学校，中学校，高校段階ごとに該当するカテゴリーを選択した生徒の割合を示したものである[2]。図より，学校外教育の利用経験がある生徒の割合は，学校段階により大きく異なることがわかる。3種類の学校外教育のうち，どれか1つでも経験したことがある生徒の割合は小学校で60.4％，中学校で83.1％と半数を超えているが，高校段階では39.0％にとどまっている。学校外教育の利用割合が中学校段階で最も高く，高校段階で最も低いという結果は，他の調査の結果とも一致する（NHK放送文化研究所編 2013）。高校生は中学生の時ほど学校外教育を利用しないのである。

　続いて学校外教育の種類に着目すると，どの学校段階でも学習塾が最も多く利用されていることがわかる。小学校時代に通塾していた生徒は45.4％であるのに対し，中学校段階では72.7％に増えており，そのあと高校で半分以下の32.1％まで減少している。そのほかの学校外教育では，通信添削の利用割合が小学校から順に20.9％，15.4％，9.1％と学校段階が上がるにつれ単調に減少しており，家庭教師の利用割合は小学校で3.1％，高校で2.6％と低いが，中学校では8.8％と比較的高くなっている。本調査で確認されたこれらの数値の大小も，先行研究とおおむね整合的である（神林 2001）。

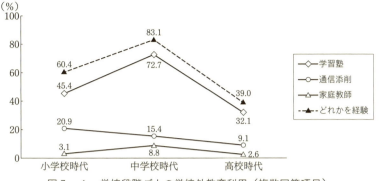

図7-1　学校段階ごとの学校外教育利用（複数回答項目）

　日本では高校入学時点の試験によって学力に応じて高校でのトラックへと振り分けられ，そのトラックがその後の進路を強く水路づけることがよく知られている（藤田 1980）。そのため，現在でも高校入試で少しでも良い得点をとるために，多くの生徒が中学校時代に学校外教育を利用しているのであろう。それに対し，大学進学率が50％を超え，専門学校などを含めると卒業後の進学者が約7割に達する中でも，高校在学中に1度でも学校外教育機関を利用する生徒は39.0％にとどまっている。仮に高校生がより上位の学校段階，あるいは少しでも入学難易度の高い大学に向けて万遍なく加熱されているのであれば，中学校時代のようにもっと多くの生徒が学校外教育機関を利用しようとすると考えられる。しかし，現実にはそのようになっておらず，入学試験に向けて学校外教育機関に通ってまで学力を向上させようという行動は一部の高校生にしかみられない。
　本章では次節以降，この中学校と高校における学校外教育利用の違いを手掛かりに，学校タイプ（トラッキング）や進路希望および大学進学者の受験方法との関連を検討していく。

2　学校段階別にみた学校外教育の利用状況

2.1　中学校段階

　図7-2は，中学時の成績を5段階で尋ねた質問項目と学校外教育の種類

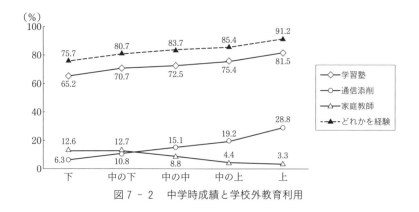

図7-2　中学時成績と学校外教育利用

ごとの利用経験との関連を示したものである。図からは，中学時成績と学校外教育の利用との間に明確な関連があることを読み取れる（いずれも1％水準で有意）。中学生時に成績が高かった生徒ほど学習塾や通信添削の利用割合が高い。これとは逆に，成績が低かった生徒ほど家庭教師を利用する傾向がみられる。家庭教師の利用が成績と負の関連をもつことは他の研究でも報告されており，そこでは家庭教師が一種の補償教育として利用されているという解釈がなされている（Baker et al. 2001）。家庭教師を雇うと成績が悪くなるということは考えにくい以上，ここでも先行研究と同様に，成績のすぐれない生徒が学校や塾の勉強に追いつくために家庭教師を利用していると考えるのが自然であろう。

　以上をまとめると，中学段階では成績にかかわらずかなりの生徒が何らかの学校外教育を一度は利用しており，しかも成績が低い場合には家庭教師を雇ってまで不利を補おうとしていると読める[3]。このような結果は，従来日本の教育社会学が説明してきたように，輪切りといわれる高校階層構造が存在する中で，成績にかかわらず少しでも難易度の高い高校進学を目指して生徒を万遍なく加熱する仕組みが働いていると解釈することができる。また，ほとんどの場合筆記試験によっておこなわれる高校入試の選抜プロセスの公平性も，このような影の教育の利用を制度的に支えていると考えられる。

2.2 高校段階

次に高校段階の場合をみてみよう。図7－3は学校外教育利用と学校タイプとの関連を示したものだが，学校外教育の利用傾向は高校が置かれるトラックによって異なることが一目瞭然である。特に，学習塾の利用は学校タイプ間で明らかに異なっている。普通科Aでは71.5％に達しているのに対し，普通科B，普通科C，職業科ではそれぞれ32.5％，11.9％，8.0％にとどまる。同じく通信添削の利用も，普通科Aから順に20.4％，7.7％，2.9％，3.9％となっており，普通科高校間で入学難易度による差が生じている。家庭教師に関しては，普通科Bの利用割合がやや高いものの，全体の利用割合が小さいために明確な差を読み取ることはできない。

学校タイプによる差は中学時成績による違いよりもはるかに大きく，学校外教育利用は入学した高校によって大部分決まっている。学校タイプによって進路が結果として大きく異なることは知られているが，そもそも学校外教育を利用して勉強するという行動にもこれほどの差が生じている。なお，中学校の場合と同様に，高校内での成績との関連を調べてみたが，成績の上下による利用傾向の違いは認められなかった。これは，入学した高校によって，大学進学を希望するかどうかが大きく異なるからであろう。

この点をより詳細に検討するために，生徒が現在希望する進路ごとの学校外教育利用をみてみよう。図7－4より，進路希望による学校外教育利用の差はやはり大きいことがわかる。短大や専門学校への進学を予定する生徒の

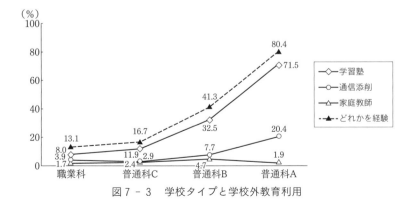

図7－3　学校タイプと学校外教育利用

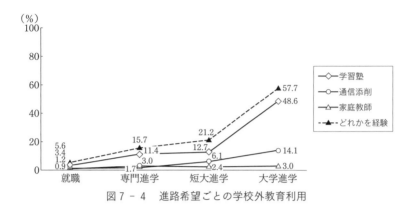

図7-4 進路希望ごとの学校外教育利用

学校外教育利用は15〜20％程度にとどまっている。また，学校外教育を経験したことのある就職希望者はたった5.6％しかいない。図表は省略するが，進路を決めた時期をみると，高校1年生のころまでに現在の進路を決めている生徒が，就職希望者で52.8％，専門学校と短大進学希望者でそれぞれ39.3％と33.8％もいる（大学進学希望者は後述）。つまり，これらの進路希望をもつ生徒には，高校入学後の比較的早い段階ですでに大学進学への意欲が冷却されている生徒も少なくないということである。第3章でもみたように，短期高等教育への進学を希望する生徒は，受験競争から冷却されるとともに，仕事内容自体を重視するなど，異なった価値体系に向けて再加熱（代替的加熱）されているのかもしれない。

ここで疑問に感じられるのが，先の図7-3でみた，学校タイプ間にみられる利用傾向の違いである。もちろん，それぞれの学校タイプで生徒の進路希望には大きな違いがあるのだが，それを考慮しても，学校タイプ間の違いは相当に大きい。しかも，第1章でも示したように，現在では学校タイプにかかわらず相当数の生徒が大学進学を希望するようになっている。実は，後に示すように，普通科Ｃや職業科では大学進学希望者にサンプルを限定しても学校外教育をあまり利用していないのである。この疑問点を検討するため，これ以降は大学進学希望者にサンプルを限定して，大学進学希望者における学校外教育利用について詳しく探っていきたい。なお，ここからは学校外教育利用を種類ごとにみるのではなく，どれか1つでも利用したことがあれば

学校外教育利用経験ありとみなすことにする。

3　大学進学希望者における受験方法と学校外教育利用

　大学進学希望者にサンプルを限定したうえで，学校タイプごとの学校外教育利用割合をみると，普通科Aより順に 82.8％，50.1％，28.8％，25.7％となる。大学進学を同じように希望しているにもかかわらず，学校タイプによる利用差は大きい。特に普通科Cと職業科における利用割合の低さは際立っている。これは，高校階層上の位置にかかわらず受験勉強への加熱を促すと説明されてきた傾斜的選抜システム（竹内 1995）の機能に疑問を呈する結果である。また，大学進学希望者のうち，高校1年生段階までに進路を決めていた生徒は，他の進路希望者と比べると多いものの 66.6％にとどまっている。これらのことは，やはり競争的筆記試験を前提としてきたこれまでの受験競争に関する説明の限界を示している。中村（2011）が指摘するように，マス選抜の存在が学校タイプによる学校外教育利用の差に結びついている可能性を検討する必要がある。

　表7-1は，大学進学希望者における学校タイプと予定している受験方法の関連をみたものである。受験方法は，複数回答で尋ねたものを「一般受験予定あり」と「一般受験予定なし」に分けている。表からは，大学進学希望者の予定する入試形態が学校タイプによって明確に異なることを読み取ることができる。普通科Aには一般入試の受験予定者が 96.3％もいるが，普通科Cではその割合が半分以下の 42.9％である。逆に，AO入試，指定校推

表7-1　学校タイプと受験予定方法（大学進学者のみ）

	一般受験予定あり	一般受験予定なし	合計（％）	度数
普通科A	96.3	3.7	100.0	925
普通科B	70.4	29.6	100.0	575
普通科C	42.9	57.1	100.0	352
職業科	26.3	73.7	100.0	281
全体	71.3	28.7	100.0	2,133

表7-2 学校タイプと受験予定大学（大学進学者のみ）

	旧帝大 ＋上位国立大	その他 国公立大学	私立 有名大学	その他 私立大学	大学名不明	合計 （％）	度数
普通科A	30.1	18.9	7.4	6.3	37.4	100.0	925
普通科B	2.8	5.7	13.9	38.8	38.8	100.0	575
普通科C	0.0	3.4	3.4	57.4	35.8	100.0	352
職業科	1.8	13.5	5.3	33.1	46.3	100.0	281
全体	14.0	12.1	8.2	27.0	38.7	100.0	2,133

薦，公募推薦のみによる受験を予定している「一般受験予定なし」の生徒は，普通科Cで過半数，職業科では7割を超えている。「一般受験予定あり」にも推薦入試の受験を予定する生徒が含まれることを考えると，もはや高校生の大学進学はマス選抜の枠組みなしに考えられないといえる。

続いて表7-2は，学校タイプごとに受験予定の大学を示したものである[4]。大学の分類は，設置者種別と入学難易度を組み合わせた「旧帝大＋上位国立大」「その他国公立大学」「私立有名大学」「その他私立大学」に「大学名不明」を加えた5カテゴリーで作成した。受験予定の大学名が判別できない「大学名不明」は全体で約4割いるものの，職業科に若干多いことを除けば，学校タイプごとの割合にほとんど違いはない。志望大学の類型に着目して違いをみていくと，普通科Aでは3割の生徒が難易度の高い国立大学を目指しており，次に割合が多い「その他国公立大学」と合わせるとほぼ半数が国公立大学を志望している。大学名を回答した生徒に限定するならば，国公立大学志望の生徒は普通科Aの8割近くにも達している。それに対し，普通科Bの国公立大学志望者は合計しても8.5％と少なく，難易度の高い私立大学への進学希望者が13.9％と多くなっている。普通科Cでは大学進学希望者の60.8％（大学名回答者の約95％）が私立大学の名前をあげており，そのほとんどが「その他私立大学」である。職業科でも「その他私立大学」志望者が33.1％と多いが，「その他国公立大学」を志望する生徒も13.5％にのぼっており，普通科Cとは少し回答傾向が異なる。一部の職業高校に学科の特色に応じた特殊な推薦枠が存在することがこうした違いをもたらしているのかもしれない。

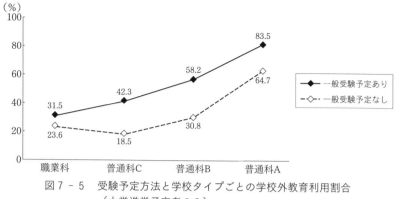

図7-5　受験予定方法と学校タイプごとの学校外教育利用割合
（大学進学予定者のみ）

　なお，表は省略するが，受験予定方法と受験予定大学の組み合わせを検討したところ，一般受験予定者は私立大学よりも国公立大学志望者に多く，設置者種別にかかわらず入学難易度が高い大学ほど多いという結果が得られた。この結果は先行研究とも一致する（山村 2009；中村 2011；西丸 2015）。表7-1に示された学校タイプごとの受験予定方法の違いも，学校タイプと志望大学の設置者種別および難易度との関連から理解することができる。普通科Aや普通科Bの生徒が受験予定の大学は国公立や難易度の高い私立大学など競争的筆記試験による選抜が中心であるため，学校外教育利用が多くなっている可能性がある。

　この点を検討するために，学校タイプによる学校外教育利用割合を受験予定方法ごとに示したのが図7-5である。図より明らかなように，学校外教育の利用割合は受験予定方法によって異なっている。一般受験の予定がある生徒の間では，学校外教育の利用割合は普通科Aから順に83.5％，58.2％，42.3％，31.5％であるが，一般受験の予定がない生徒間ではこの割合が64.7％，30.8％，18.5％，23.6％となっており，同じ学校タイプ内でも普通科校では両者の間で20ポイントから25ポイント程度もの差が開いている。依然として学校タイプごとの利用差は大きいが，それでも一般受験予定がある生徒に限定すれば，学校タイプ間の学校外教育利用割合の差は比較的なだらかである。ここで，受験予定方法と進路決定時期の関連も調べてみると

（図表略），一般受験の予定がある生徒のうち2年生以降に大学進学を決めた者は25.1％だが，一般受験の予定がない者ではその割合が2倍の50.2％となっている。この結果は，もともと大学進学を予定していなかった生徒を進学へと加熱する「社会的な誘導装置」として推薦入試が機能しているという中村の指摘と合致する（第5章も参照）。

以上のことから，一般受験を予定する生徒については，学校タイプごとに加熱される強さは異なるものの，学校外教育を利用して学力を高めつつ大学進学を目指す生徒が，入学難易度の低い高校にも一定数存在することがわかった。他方，一般受験を予定していない生徒には，もともと大学進学を明確には希望していなかったため，学校外教育もほとんど利用したことがないが，推薦入試の存在により大学進学を希望するに至ったケースが多いと考えられた。このうち前者は小刻みな輪切りのトラッキングによる従来の図式における加熱メカニズムに，後者は中村が述べるマス選抜を通じた加熱メカニズムにそれぞれ対応しているといえる。

4　大学進学希望者における学校外教育利用の規定要因

ここまで学校外教育利用とさまざまな要因の関連を検討してきたが，本節では多変量解析を用いて，変数相互の関連をコントロールした上でそれぞれの要因が及ぼす効果をより詳細に検討していきたい。分析対象は前節と同様に大学進学希望者に限定し，学校外教育利用を従属変数としたロジスティック回帰分析をおこなう[5]。

表7-3がその結果である。まず，基本となるモデル1をみると，性別や高校時成績の影響をコントロールしても，学校タイプが学校外教育利用に強い影響を及ぼしていることがわかる。普通科Aや普通科Bの学校外教育利用は，他の変数をコントロールしても普通科Cの11.6倍，1.8倍となっている。すでに確認した通り，同じ大学進学希望者でも普通科高校の間には難易度による学校外教育利用の大きな差があり，特に普通科Aとそれ以外の高校との差は大きい。また，普通科Cと職業科の利用差は有意ではない。

次に，モデル2で投入した家庭の経済文化指標ときょうだい数はそれぞれ

表7-3 大学進学希望者における学校外教育利用のロジスティック回帰分析

	モデル1		モデル2		モデル3		モデル4	
	B	Exp(B)	B	Exp(B)	B	Exp(B)	B	Exp(B)
定数	−0.597**	0.550	−0.185	0.831	−0.077	0.926	−0.641*	0.527
	(0.210)		(0.234)		(0.281)		(0.296)	
男性	−0.584**	0.558	−0.526**	0.591	−0.520**	0.594	−0.521**	0.594
	(0.105)		(0.108)		(0.109)		(0.110)	
高校成績	0.030	1.031	0.039	1.040	0.018	1.018	0.018	1.018
	(0.045)		(0.046)		(0.046)		(0.047)	
学校タイプ（基準：普通科C）								
普通科A	2.454**	11.640	2.404**	11.064	2.293**	9.901	1.905**	6.717
	(0.165)		(0.167)		(0.172)		(0.181)	
普通科B	0.604**	1.829	0.547**	1.727	0.453**	1.572	0.257	1.293
	(0.145)		(0.148)		(0.152)		(0.157)	
職業科	−0.279	0.757	−0.313	0.731	−0.363	0.695	−0.183	0.832
	(0.188)		(0.191)		(0.193)		(0.197)	
経済文化指標			1.567**	4.794	1.559**	4.755	1.614**	5.024
			(0.339)		(0.342)		(0.348)	
きょうだい数			−0.360**	0.698	−0.355**	0.701	−0.376**	0.686
			(0.081)		(0.081)		(0.083)	
進路決定時期（基準：中学入学以前）								
中学校時代					0.127	1.135	0.211	1.235
					(0.174)		(0.176)	
高校1年のころ					0.144	1.155	0.239	1.269
					(0.174)		(0.176)	
高校2年のころ					0.072	1.075	0.247	1.280
					(0.187)		(0.191)	
高校3年になってから					−0.496*	0.609	−0.272	0.762
					(0.213)		(0.217)	
一般受験予定あり							0.950**	2.585
							(0.128)	
疑似決定係数（Nagelkerke）	0.288		0.310		0.317		0.346	
N				1,944				

** $p<.01$, * $p<.05$
注：カッコ内は標準誤差

強い効果をもっている。家庭が豊かであるほど，またきょうだい数が少ないほど，学校外教育を利用する傾向がある。学校タイプの効果にもモデル1から若干の変化がみられるが，投入した変数は主に学校タイプと独立した効果を示す。学校タイプごとに出身階層は異なるが，そのことで学校外教育利用割合の差が説明できるわけではない。

モデル3には，進路決定時期に関するダミー変数を新たに投入している。ここからは，中学入学以前に大学進学を決めていた生徒を基準にすると，高校3年生になってから進路を決めた生徒は学校外教育を利用しない傾向にあることがわかる。高校3年生になるまで大学進学を決めていなかった生徒が，それより前に大学進学を希望していた生徒と比べて高校時代に学校外教育を利用していないのは納得のいく結果である。だが，これとともに重要なのは，モデル2からモデル3にかけて学校タイプの係数が変化していることである。2つのモデルを比べると，普通科Cを基準としたときの普通科Aや普通科Bの係数が小さくなっている。このことは，普通科Aや普通科Bと普通科Cとの間における学校外教育利用割合の差の一部が，進路決定時期の違いとして説明できることを意味する。普通科Cでは高校3年生になってから大学進学を決めた生徒が多いために，学校外教育を利用する生徒の割合が少ないのである。

最後に，一般受験予定の有無を投入したモデル4では，予想通り大きな変化を読み取ることができる。まず，新たに投入した受験予定方法は明確な正の効果を示している。一般受験の予定がある生徒は，そうでない生徒よりも約2.5倍学校外教育を利用する傾向がある。また，この変数を投入したことにより，モデル3で有意な効果をもっていた進路決定時期の効果が有意でなくなっている。つまり，高校3年生で進路を決める生徒は学校外教育利用をしない傾向があるが，そのような生徒は一般受験の予定がない，すなわち推薦入試やAO入試のみによる大学進学を考えている生徒なのである。この結果は，中村（2011）が示したマス選抜による進学アスピレーションの加熱現象と合致する。

さらに興味深いのが，学校タイプの係数の変化である。モデル4では普通科Bの係数が有意ではなくなっており，普通科Aの係数も大幅に小さくなっ

ている。学校タイプによる学校外教育利用の違いのうち，少なくない部分が一般受験予定のある生徒割合が違うことによって説明されるのである。なお，一般受験予定と学校タイプの交互作用項を投入したモデルも検討したが，その効果は有意ではなかった。よって，学校タイプにかかわらず，一般受験を予定していることが学校外教育の利用傾向を同じように高めているといえる。以上のことから，競争的筆記試験による一般受験を予定していることが学校外教育利用と結びついており，その一般受験予定者割合の違いが，学校タイプによる学校外教育利用割合の大きな差を生み出していることが明らかになった。

5　大学入試制度と学校外教育利用

　本章では，大学全入時代における高校生の学校外教育利用に焦点を当てて検討をおこなってきた。その結果，高校3年生時点で大学進学希望をもつ高校生にサンプルを限定しても，その利用割合は所属する学校タイプによって大きく異なることが明らかになった。これは，少しでも難易度の高い大学に進学するために，誰もが学校外教育を利用して受験勉強に励むという従来の日本に関するイメージとはやや異なっている。中村（2011）が述べる通り，競争的筆記試験を通じて大学進学を目指すというイメージは，日本の高校生全体に適用できるものではない。そのようなエリート選抜とは異なる領域にある，非競争的なマス選抜装置としての推薦入試やAO入試を考慮に入れる必要がある。ここでは，従来の教育社会学における議論とは異なる大学進学加熱メカニズムとしての中村の議論の妥当性を，学校外教育利用という行動レベルの変数を用いて裏付けることができた。

　本章から得られるインプリケーションとしては，以下の3点が挙げられる。まず1つ目は学習意欲の問題である。以前は普通科Cの生徒にも就職のために学習意欲を加熱する仕組みがあったが（苅谷 1991），実績関係の崩壊によりそれが弱まっている可能性がある。ブリントン（2008）はこのような変化を，高校がもつ「場」としての意味が薄れつつあると表現した。マス選抜としての推薦入試が新たな学習意欲の加熱装置として機能する可能性を考える

ことも可能ではある。だが，中村（2011）や本章でも確認されている通り，推薦による大学進学希望者のうち少なくない割合が高校2年生および3年生の段階で進路を決めた生徒である。古田（2015）は，高校2年生を対象としたデータにおいて，大学進学を希望するにもかかわらず大学進学に積極的な意味を認めない生徒が一定数いることを明らかにしているが，推薦入学を用いる生徒がそうした生徒層と重なる可能性も考えられる。マス選抜の拡大が生徒の学習意欲や進学動機に与える影響やその帰結は慎重に検討する必要があるだろう。

　2点目に，「影の教育」としての学校外教育利用の研究に対するインプリケーションである。近年，学校外教育機関の利用は世界的にさらなる広がりを見せており，ますます注目されるようになっている（Bray 2007）。だが，そこでは多様な実態が紹介されるにとどまっており，体系だった説明がおこなわれるに至っていない。これまで日本における学習塾の利用は1つのモデルケースとして注目されてきたが，そうした研究も競争的筆記試験という国レベルの制度的条件と学校外教育利用の関連を指摘するにとどまっている。本章で示された，一つの国の中でも学校段階や選抜方法と学校外教育利用が解釈可能な形で結びついているという事実は，「影の教育」とそれが埋め込まれた制度的文脈の関連を考える上で重要である。誰が教育投資をおこなうのか（尾嶋 1997；都村・西丸・織田 2011），「影の教育」に実質的な効果はあるのか（盛山・野口 1984；Byun and Park 2012），その効果は誰にとってあるのか（中澤 2013）といった論点に加え，本章で議論した学校外教育利用が埋め込まれているコンテクストに関しても知見を積み重ねていく必要がある。

　最後に，3点目は出身家庭の社会経済的背景に関する問題である。普通科Cや職業科から大学進学を目指す場合，ほとんどの生徒は推薦入試の受験を予定している。こうした生徒が志望する大学は，その大部分が私立大学である。また，本章では示すことができなかったが，農村部を含む北部地域の高校から大学進学を希望する生徒には国公立大学希望者が多かった。ここにはおそらく，自宅から通える範囲に大学が存在しないため，私立大学と下宿の組み合わせによる二重負担を回避しようという意識が働いている（吉川 2001）。こうした点は，大学全入時代における出身家庭と進学の新たな問題

として，第 5 章で取り上げた奨学金問題などとともに，機会の平等をめぐる重要な政策的論点となり得るだろう。

1) 本章の著者の一人は，本章と同じデータを用いて学校外教育に関わる分析をおこなっている（Entrich 2015）。そこでも推薦入試に関する言及がなされており，受験方法に関わる変数が分析に一部用いられていることなどの共通点が本章との間にある。しかしながら，その論文は親と子どもの意思決定と学校外教育利用との関連の解明を目的としており，設定される課題や結論は本章と異なっている。また，使用している学校数が異なることにも注意されたい（注 2 参照）。
2) 本章では学校が放課後に補習をおこなうことで学校外教育の代替的機能を提供している北部地域の普通科 B の高校 1 校を分析からあらかじめ除外した。高校がこのような機能を提供していること自体も非都市部であることと密接に関連する問題であり（吉川 2001），学校外教育の利用機会を検討する上で重要であるが，本章の主要な問題関心からはずれるためここでは扱わない。
3) ただし，本調査は高校 3 年生を対象としているため，高校非進学者や中退者がサンプルから抜けていることには注意が必要である。
4) 回答された大学を踏まえて，「旧帝大＋上位国立大」には旧帝大に加え，東京工業，一橋，東京外国語，神戸を，「有名私立大学」には早稲田，慶應義塾，上智，明治，青山学院，立教，中央，法政，関西，関西学院，同志社，立命館を分類した。
5) ロジスティック回帰分析とは，従属変数が 2 値（この場合は「大学進学を希望するか否か」）の場合に，回答者の特徴によって，どちらを選びやすいかを調べる分析手法である。この分析におけるモデル比較を適切におこなうため，学校タイプ以外に何も投入していないモデルと比べた時の効果の減少率を KHB 法（Karlson et al. 2012）で求めると，普通科 A はモデル 1 から順に 1.4％，8.3％，13.5％，32.9％，普通科 B は 0.5％，17.0％，31.4％，64.7％，職業科は－14.3％，－12.6％，－34.9％，20.9％となる。以上の変化は表 7 － 3 から直接観察できる変化よりも大きいが，最後のモデル 4 における変化が最も大きいことなどは共通しており，解釈の上で致命的な違いを生じさせるものではないため，本文中で言及しないことにした。

［文献］

Baker, David P., Akiba Motoko, Gerald K. LeTendre and Alexander W. Wiseman, 2001, "Worldwide Shadow Education: Outside-School Learning, Institutional Quality of Schooling, and Cross-National Mathematics Achievement," *Educational Evaluation and Policy Analysis*, 23(1): 1-17.

Bray, Mark, 2007, *The Shadow Education System: Private Tutoring and Its Implications for*

Planners (Second edition), UNESCO International Institute for Educational Planning.

ブリントン，メアリー・C., 2008, 『失われた場を探して——ロストジェネレーションの社会学』NTT 出版．

Byun, Soo-Yong and Hyunjoon Park, 2012, "The Academic Success of East Asian American Youth: The Role of Shadow Education," *Sociology of Education*, 85(1): 40-60.

Entrich, Steve R., 2015, "The Decision for Shadow Education in Japan: Students' Choice or Parents' Pressure?," *Social Science Japan Journal*, 18(2): 193-216.

藤田英典，1980，「進路選択のメカニズム」山村健・天野郁夫編『青年期の進路選択——高学歴時代の自立の条件』有斐閣，105-129．

古田和久，2015，「「学校不適応」層の大学進学——出身階層，学校生活と進路希望の形成」中澤渉・藤原翔編著『格差社会の中の高校生——家族・学校・進路選択』勁草書房，37-52．

神林博史，2001，「学校外教育投資がもたらすもの——学校外教育投資と教育達成，学習意識との関連について」片瀬一男編『教育と社会に対する高校生の意識——第4次調査報告書』東北大学教育文化研究会，57-77．

Karlson, Kristian Bernt, Anders Holm and Richard Breen, 2012, "Comparing Regression Coefficients between Same-sample Nested Models Using Logit and Probit: A New Method," *Sociological Methodology*, 42(1): 286-313.

苅谷剛彦，1991，『学校・職業・選抜の社会学——高卒就職の日本的メカニズム』東京大学出版会．

————，1995，『大衆教育社会のゆくえ——学歴主義と平等神話の戦後史』中公新書．

吉川徹，2001，『学歴社会のローカルトラック——地方からの大学進学』世界思想社．

中村高康，2011，『大衆化とメリトクラシー——教育選抜をめぐる試験と推薦のパラドクス』東京大学出版会．

中澤渉，2013，「通塾が進路選択に及ぼす因果効果の異質性——傾向スコア・マッチングの応用」『教育社会学研究』92：151-174．

NHK 放送文化研究所編，2013，『NHK 中学生・高校生の生活と意識調査 2012——失われた 20 年が生んだ "幸せ" な十代』NHK 出版．

西丸良一，2015，「誰が推薦入試を利用するか——高校生の進学理由に注目して」中澤渉・藤原翔編『格差社会の中の高校生——家族・学校・進路選択』勁草書房，68-80．

尾嶋史章，1997，「誰が教育に支出するのか——学校外教育支出の分析」『大阪経大論集』48(3)：311-327．

盛山和夫・野口裕二，1984，「高校進学における学校外教育投資の効果」『教育社会学研究』39：113-126．

Stevenson, David L. and David P. Baker, 1992, "Shadow Education and Allocation in Formal Schooling: Transition to University in Japan," *American Journal of Sociology*, 97(6): 1639-1657.

竹内洋，1995，『日本のメリトクラシー――構造と心性』東京大学出版会.
都村聞人・西丸良一・織田輝哉，2011，「教育投資の規定要因と効果――学校外教育と私立中学進学を中心に」佐藤嘉倫・尾嶋史章編『現代の階層社会1　格差と多様性』東京大学出版会，267-280.
山村滋，2009，「高大接続の視点から見た高等学校教育の在り方」国立教育政策研究所第28回教育研究公開シンポジウム配布資料.

第8章

生活時間の使い方——学校タイプ・進路希望・「まじめさ」との関係から

西丸 良一／坂野 誠

1 生活時間からみる高校生活

　人々の生活の様子を把握する方法はいくつかあるが，生活時間を調べることはその有効な手段の1つと言えるだろう。これは当然，高校生の場合にもあてはまる。高校生の生活時間のうち最も注目されてきたのは学習時間であるが，これまでの研究から指摘された重要な事実として，学習時間の減少を挙げることができる（苅谷 2000 など）。近年では，その減少傾向に歯止めがかかったという結果も報告されている（NHK放送文化研究所編 2013；樋田ほか編 2014）が，われわれが調査してきた過去30年あまりの変化をたどるなら，学習時間は減少してきたとみて間違いないだろう。

　ここで少し疑問に感じられるのは，この間における大学進学率の上昇との関連である。一般に，大学進学を目指す者は，そうでない者よりも長い時間を学習に費やすはずなので，大学進学率の上昇と高校生の学習時間の減少は矛盾するように思われるからだ。これに対する回答として，まず大学入学の容易化を指摘することができる。とりわけ学力試験を課さない推薦入試やAO入試の拡大は，いわゆる「一般入試」が前提とされたかつての状況と比較して，大学進学希望者の平均的な学習時間を減少させる方向にはたらくと考えられる。このように考えるなら，大学入学の容易化は，大学進学率が上昇する中での学習時間の減少を上手く説明する[1]。

　とはいえ，高校生の学習時間は，大学入試のような外部要因ばかりでなく，学校の内部的な要因とも関係しているはずである。とりわけ，「ゆとり教育」に代表される学校教育改革は，上述のような理解の背景となってきた状況，すなわち受験競争に規定される教育から離脱する方向で進められてきたことを考えると，学校内環境の変化がどのような影響を及ぼしてきたのかに興味

が持たれる。この点については，すでに本書でも述べてきたように，近年の高校では，生徒の興味関心をひくような様々な工夫が取り入れられており，生徒の側でも授業に充実感を感じ，高校教育に意義を感じる者の割合が増えている状況がある。こうした高校生の「まじめ」化は，学習時間の減少という客観的事実とどう関連するのだろうか。

　この第2の疑問に関連して，堀（2000）は，生徒の勉強に対する肯定的意識と学習時間との関連が，過去の調査と比較して弱まる傾向にあることを指摘している。そうした状況がその後も継続しているとすれば，いくら勉強に対する肯定的態度が広がったとしても，それと学習時間の減少が同時に進行することには何も矛盾はない。

　ところで，以上の議論と関連して疑問に思われることが，もう1つある。それは学習時間と学校タイプとの関連である。第1章では，高校生が全体的に「まじめ」化し，学校タイプによる差もなくなってきたことが示された。では，学習時間についても，学校差はなくなる傾向にあるのだろうか。この点について，先行研究の回答は否定的で，全体的に学習時間が減少する中でも，学習時間の学校差は維持されていること，また，それとは独立して，大学進学を希望する生徒の学習時間が長いことも明らかになっている（鳶島2012）。したがって，学校タイプだけでなく，卒業後の希望進路にも目を向ける必要があるだろう。他方，学習時間以外の生活時間に目を向けると，学習時間の短い進路多様校の生徒は，メディア接触時間[2]の長いことが指摘されている（神林 2007）。つまり，学習時間に限らず，高校生の生活時間には，学校タイプや卒業後の希望進路による明確な違いがあると考えられるのだ。では，学校タイプにかかわらない全体的なまじめ化と生活時間の学校差という事実とは，一体どのように関連しているのだろうか。「まじめ」かどうかは，生徒本人の主観的評価であり，実際の行動（生活時間の過ごし方）とは関連しないのだろうか。

　以上のような関心に基づき，本章では，学習時間を含めた高校生の生活時間について，学校タイプや卒業後の進路希望との関連を確認したうえで，それらと生徒の「まじめさ」がどのように関連しているのかを検討してみたい。

第8章　生活時間の使い方

2　学習時間と学習以外の生活時間

　はじめに本章で使用する「学習時間」と「学習以外の生活時間」について説明しよう。まず「学習時間」については，「あなたは学校のある平日（試験期間等を除く），学校の授業以外に，1日平均何時間くらい勉強しますか。学校の予習復習や宿題，受験勉強，資格の勉強，学習塾での勉強など，すべてを合わせた時間に最も近い番号に○をつけてください」という設問に対して，「全くしない」「15分」「30分」「1時間」「1時間半」「2時間」「2時間半」「3時間」「3時間半」「4時間以上」という選択肢を用意して回答を得た。分析ではこの回答に時間（分）を割り当てて用いている[3]。

　「学習以外の生活時間」については，「あなたは学校のある平日に，次のことを平均してどれくらいしますか」という設問に続いて，「パソコンでインターネットをする（以下，「PCでネット」と略す。他も同様）」「携帯電話を使う（携帯電話）」「テレビをみる（TV）」「マンガや雑誌を読む（漫画・雑誌）」「何もせずにボーッと過ごす（ぼんやりする）」の5項目を取り上げ，「全くしない」「30分くらい」「1時間くらい」「2時間くらい」「3時間以上」の中から最もあてはまるものを1つ選んで回答してもらった[4]。高校生にとっての「PCでネット」は，政木（2013）によると，メール，調べもの，動画をみる，音楽や動画のダウンロード，ブログ，SNSを利用するためである。「携帯電話」は，メール利用のためのネット端末とされることが多い。また，PCでネットと携帯電話の時間は「TV」視聴と重複し，利用されている傾向にもある（諸藤・関根 2012）ことから，「PCでネット」「携帯電話」「TV」は高校生にとって学習以外の生活時間をあらわす重要な項目といえる。「漫画・雑誌」に費やす時間が，学習以外の生活時間であることに特別な説明は必要ないだろう。もちろん，これらを学習として利用する可能性もあるかもしれないが，高校生の場合，そうしたケースはまれであろう。「ぼんやりする」時間は，ただ単に何もしない時間をあらわす[5]。

3　学校タイプ・卒業後の進路希望と時間の使い方

はじめに，学校タイプ別に高校生の時間の使い方を確認しておこう。図8－1は，学校タイプ別に学習時間と学習以外の生活時間の平均値を示したものである。まず，学習時間をみると，普通科Aの生徒の平均学習時間は151分，普通科Bは97分，普通科Cは43分，職業科は42分となっており，最大で3倍以上の開きがある。先行研究でも指摘されたように，学習時間は学校タイプによってかなり異なることがわかる。これに比べると，学習以外の生活時間の学校差は小さいが，やはり明確な違いがあると言ってよいだろう。全体の平均時間をみると，学習時間とは対照的に，普通科Aで193分と最も短く，普通科Bが237分で続き，普通科Cと職業科ではともに300分以上となっている。なかでも，携帯電話の平均利用時間は顕著な差を示しており，普通科Aの生徒が51分であるのに対し，普通科Cでは99分，職業科では98分とおよそ2倍の時間に達している。

次に，生徒の進路希望別に学習時間と学習以外の生活時間を示した図8－2を検討する。生徒の進路希望は，近年の大学進学率が5割を超えていることを踏まえ，四年制大学への進学を希望しているかどうかであらわしている。

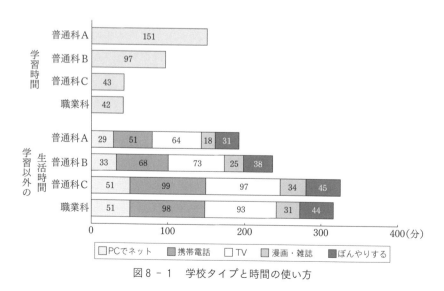

図8－1　学校タイプと時間の使い方

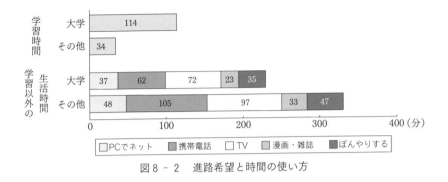

図8-2 進路希望と時間の使い方

　大学への進学を希望する生徒の平均学習時間が114分であるのに対し，大学への進学を希望しない生徒は34分となっており，80分の差が確認できる。一方，学習以外の生活時間をみると，大学への進学を希望する生徒は合計で平均229分となっており，進学を希望しない生徒の平均330分に比べ，101分も短い。また先の分析と同様に，学習以外の生活時間のなかでも携帯電話の平均利用時間に43分と大きな差が確認できる。

4　高校生の「まじめさ」と時間の使い方

　このように，生活時間の過ごし方は，現在でも学校タイプや希望進路と強く関連する。ただし，近年では，高校生の意識や態度における学校差は以前よりも小さくなっており，全体的な「まじめ」化の傾向が認められることは第1章でも指摘した通りである。堀（2000）の主張するように，勉強に対する肯定的意識と学習時間との関連が弱まり，生徒の「まじめさ」は生活時間の過ごし方と関係しなくなってきているのであろうか。
　これを確認するため，高校生の「まじめさ」と生活時間の使い方との関連を検討してみたい。「まじめさ」の指標は，第1章と同様に，①授業や勉強に対する「熱心さ」，②朝，学校に「遅刻」する頻度，③授業に感じる「充実感」，④単純なことでもこつこつやることをあらわす「勤勉さ」，⑤礼儀よいことをあらわす「礼儀正しさ」の5項目に，主成分分析を適用して作成した。[6] 分析の結果，全分散の約38％を説明する固有値1以上の主成分が1つ

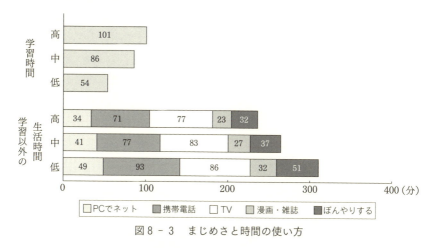
図8-3 まじめさと時間の使い方

抽出されたため、この主成分得点を「まじめさ」の指標として用いることにした。

主成分得点をもとに作成された高校生の「まじめさ」指標に基づいて全体を3等分し、学習時間と学習以外の生活時間との関係を示したものが図8-3である。まじめな生徒であることを示す「高」の平均学習時間は101分となっている一方、「中」は86分、「低」は54分となっており、まじめな生徒ほど長時間勉強していることがわかる。また、学習以外の生活時間をみても、「高」は合計で平均237分、「中」で平均265分、「低」で平均311分と明確な差が認められ、まじめでない生徒ほど、学習以外の事柄に多くの時間を費やしていることがわかる。特に「ぼんやりする」時間で差が大きいことから、「まじめさ」は勉強以外のことも含めた意欲の強さとも関連する可能性が示唆される。

これと先の結果とを合わせると、大学進学希望者の多い進学校ほど、まじめな生徒が多いように思われるかもしれない。だが、第1章の学校タイプと学校適応との関連でも確認したように、生徒の「まじめさ」と学校タイプとの間には、そうした関連は示されない。図8-4から学校タイプ別に集計した「まじめさ」の分布を確認すると、進学校の生徒ほど「まじめ」であるという対応関係にはなっていないことがわかる。あえて言うなら、進学校である普通科Aと普通科Cの生徒の「まじめさ・高」はほぼ同じであるし、職業

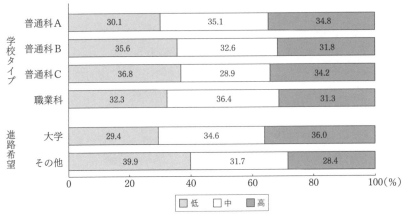

図8-4 学校タイプ・進路希望とまじめさ

科の生徒の「まじめさ・低」は普通科Aのそれにかなり近い。進路希望別では、大学への進学を希望する生徒は希望しない生徒より「まじめさ・高」が多く「低」が少ない傾向は一応認められるものの、決定的に大きな違いとは言えない。

つまり、生活時間の過ごし方は学校タイプや進路希望と強く関連し、「まじめさ」とも一定の関連をもつのだが、それは必ずしも進学校ほどまじめな生徒が多いことを意味しているわけではないのである。むしろ学校タイプや進路希望にかかわらず、まじめな生徒とそうでない生徒がいるという方が現実に近い。ここから、学校タイプや希望進路と生徒の「まじめさ」は、互いに独立して生活時間の過ごし方に影響しているのではないかと予想される。これを確認するため、学校タイプや進路希望を統制した上で、「まじめさ」と生活時間の使い方の関係を確かめてみよう。

図8-5は、学校タイプ別に「まじめさ」と生活時間の使い方の関係を示したものである。普通科Aの平均学習時間をみると、「まじめさ・高」で172分、「中」で161分、「低」で116分となっており、「まじめさ」による学習時間の差が確認できる。他の学校タイプにおいても同様に、まじめな生徒ほど学習時間が長い。また、たとえば普通科Aに在学するまじめさ「低」の生徒の学習時間が、普通科Bに在学する「まじめさ・高」の生徒の学習時

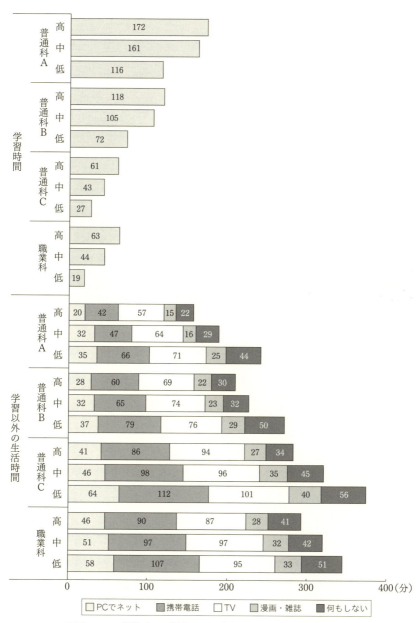

図8-5　学校タイプ別にみた「まじめさ」と時間の使い方

第8章　生活時間の使い方

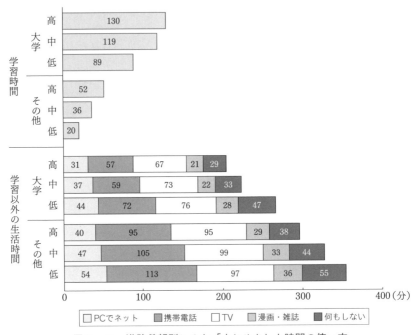

図8-6 進路希望別にみた「まじめさ」と時間の使い方

間より2分短いといったところはあるものの,「まじめさ」の影響は各学校タイプの範囲内に留まっている。つまり,学習時間は学校タイプによる違いを基本としながら,それぞれの学校タイプの中では,まじめさの度合いと学習時間に正の相関関係が認められるということだ。

一方,学習以外の生活時間をみても,各学校タイプで,「まじめさ・高」より「まじめさ・低」で学習以外の生活時間が長くなっている。ただし,たとえば普通科Aの「まじめさ・低」(合計:241分)は,普通科Bの「まじめさ・高」(合計:209分)よりも時間が長いなど,学習時間の場合と比較すれば,「まじめさ」の影響は各学校タイプの枠内に留まっていないようにみえる。特に,普通科Cにおける「まじめさ・低」の生徒たちは,非常に多くの時間を学習以外の活動に費やしていることになる。

図8-6は,進路希望別に「まじめさ」と時間の使い方の関係を示したものである。大学進学を希望する生徒の平均学習時間をみると,まじめさ

「高」で130分,「中」で119分,「低」で89分,大学進学を希望しない生徒においても,「まじめさ・高」で52分,「中」で36分,「低」で20分となっており,どちらの場合もまじめな生徒ほど学習時間の長い傾向は一応認められる。ただし,基本的な差異は大学進学を希望するかどうかに基づいており,それぞれの集団内における「まじめさ」による違いは小さい。

　学習以外の生活時間の場合,大学進学を希望する生徒では,「まじめさ・高」で205分,「中」で224分,「低」で267分であり,大学進学を希望しない生徒では,「まじめさ・高」で297分,「中」で328分,「低」で355分となっている。学習時間の場合,希望する進路による違いが大きく,「まじめさ」の影響は小さかったが,学習以外の生活時間については卒業後の進路希望が同じだとしても,生徒の「まじめさ」によって時間の使い方に明確な差が現れていると言えるだろう。

5 「まじめさ」と生活時間からみた高校生像

　本章は学習時間だけでなく,学習以外の活動も含めて高校生の生活時間の使い方と,学校タイプ,卒業後の進路希望,「まじめさ」との関係を検討した。分析の結果,以下のことが明らかとなった。①進学校の生徒,および大学進学を希望する生徒ほど学習時間が長く,学習以外の生活時間が短い。②「まじめ」な生徒ほど学習時間が長く,学習以外の生活時間が短い。③学校タイプや進路希望をコントロールしても,まじめな生徒ほど学習時間が長く,学習以外の生活時間は短い。

　本章のはじめに,今日の高校生における「まじめさ」は,単なる生徒の主観的な思い込みに過ぎないのか,という疑問を提示した。これは,第1章で確認された学校タイプと関連しない「まじめさ」という分析結果と,学習に対する肯定的意識と学習時間の関連が弱まってきたという堀(2000)の指摘から導かれた1つの予想であった。しかし,本章の分析結果は,こうした予想が誤っており,生徒の主観的な「まじめさ」が実際の行動面とも対応していることを示している。

　それぞれの学校タイプにおいて,「まじめ」な生徒ほど学習時間が長く学

習以外の生活時間が短いという分析結果は，言ってしまえば極めて常識的なものである。これはおそらく，生徒たちが，自分の身の回りにいる生徒を準拠集団として，自らの「まじめさ」を判断していることと対応しているのだろう。とはいえ，もしも現代の高校生に認められた，この結果が「当たり前」のことと考えられるなら，かつての高校生たちの状況はどのように理解できるだろうか。

　第1章で指摘したように，30年前の高校生のまじめさは，学校タイプによって大きく規定されていた。このことは将来の進路や生活展望と関連づけられて，「当たり前」のこととして理解されてきた。しかし今日においては，この「当たり前」が通用せず，代わりに上述した別の「当たり前」によって解釈可能な状況となっている。2つの当たり前を別々に見ている限りは何の違和感もないが，両者を合わせると，高校生の意識を理解する「当たり前」が，この30年間に大きく変化したと解釈できないだろうか。すなわち，かつては学校の社会的位置づけや卒業後の進路という学校外的要因に準拠して判断されてきた生徒の自己評価が，今日では，学校内的要因に左右されるようになってきたと。過去の学習時間に関するデータを欠いている中で，勇み足の解釈は慎まなければならないが，1つの可能性としてはあり得るように思える。

　今日の高校教育において，序章でも述べたように，生徒の興味・関心を惹くような様々な取り組みや工夫があり，禁止的・抑圧的な規範の押しつけも弱まり，生徒を支援する方向性に向かっている。そうした背景の中で進路多様校や職業科の生徒における学校適応が向上しているなら望ましいことである。一方で，かつての高校生は学歴社会や受験競争および将来の社会経済的な成功を過剰に意識し過ぎていたとみなせるなら，学校内的要因によって自己評価する傾向の強まりも好意的に解釈できるかもしれない。ただし，これらと平行して，学習時間は全体的に短くなっており，学校適応の平準化に，進学校の生徒における学校適応の低下も含まれているならば，それほど単純に喜んでばかりはいられない。

　その意味で注目されるのは学習以外の生活時間の過ごし方であろう。本章に示したどの図をみても，学校タイプや進路希望やまじめさにかかわらず，

学習時間より学習以外の生活時間が長くなっている。もちろん，ここにはテレビを見ながら携帯電話でメールをやり取りするといった「ながら時間」が含まれているので，本章のように単純加算する集計方法は，これらの時間を過大にとらえている点には注意が必要である。しかし，それを差し引いても，特に進路多様校や職業科では，仮に生徒が自分はまじめだと自己認識していても，学習時間に比して学習以外の生活時間の方がかなり長くなっている。

「まじめ」な生徒ほど学習時間が長く，テレビや携帯電話の時間が短いという分析結果は，生徒の自己評価がある意味で客観的な根拠に基づく正当なものであることを示している。しかし，そうした評価を解釈するわれわれは，30年にわたる様々な社会的変化の中で——それと連動した，全体的な学習時間の減少や，自己評価基準が学校内に置かれるようになったといった変化の中で——，そうした自己評価の持つ意味がどのように変化したのかを，冷静に見つめた上で理解する必要があると言えるだろう。

1) 一般入試で大学へ進学する高校生よりも，推薦入試で大学へ進学する高校生の方が，短い学習時間となっている（中村 2011；西丸 2015）。
2) 神林（2007）のメディア接触時間は，「電話やメールをする」「テレビをみる」「テレビゲームをする」で構成されている。
3) 具体的には，「全くしない」に0，「15分」に15，「30分」に30，「1時間」に60，「1時間半」に90，「2時間」に120，「2時間半」に150，「3時間」に180，「3時間半」に210，「4時間以上」に240を割り当てた。
4) 分析では，「全くしない」に0，「30分くらい」に30，「1時間くらい」に60，「2時間くらい」に120，「3時間以上」に180を割り当てて用いた。
5) 質問の形式上，各学習以外の生活時間を厳密に分けることができないため，完全に独立した状態をあらわすわけではない。だが，先にも述べた通り，実際に「ながら」利用をする場合が多く，各項目の生活時間を完全に独立したものとしてデータ収集することは，そもそもできないともいえる。
6) 第1章は第2次調査と第3次調査10校の結合ファイル（ウェイト付き）を用い，本章は第3次調査対象校全部のデータを用いたという違いはあるが，主成分分析の結果はほぼ同じであった。

[文献]

樋田大二郎・苅谷剛彦・堀健志・大多和直樹編, 2014,『現代高校生の学習と進路――高校の「常識」はどう変わってきたか?』学事出版.

堀健志, 2000,「学業へのコミットメント――空洞化する業績主義についての一考察」樋田大二郎・耳塚寛明・岩木秀夫・苅谷剛彦編『高校生文化と進路形成の変容』学事出版, 165-183.

堀有喜衣, 2002,「高校生とフリーター」小杉礼子編『自由の代償／フリーター――現代若者の就業意識と行動』日本労働研究機構, 119-132.

神林博史, 2007,「高校生の学習時間とメディア接触時間――仙台圏の高校生データを用いた分析」『東北学院大学教養学部論集』147：1-22.

苅谷剛彦, 2000,「学習時間の研究――努力の不平等とメリトクラシー」『教育社会学研究』66：213-230.

片山悠樹, 2008,「高校中退と新規高卒労働市場――高校生のフリーター容認意識との関連から」『教育社会学研究』83：23-43.

政木みき, 2013,「ネットでつながる身近な友だち」NHK放送文化研究所編『NHK中学生・高校生の生活と意識調査2012――失われた20年が生んだ"幸せ"な十代』NHK出版, 55-89.

諸藤絵美・関根智江, 2012,「多様化するインターネット利用の現在――「メディア利用の生活時間調査」から②」『放送研究と調査』62(11)：16-34.

中村高康, 2011,『大衆化とメリトクラシー――教育選抜をめぐる試験と推薦のパラドクス』東京大学出版会.

西丸良一, 2015,「誰が推薦入試を利用するか――高校生の進学理由に注目して」中澤渉・藤原翔編『格差社会の中の高校生――家族・学校・進路選択』勁草書房, 68-80.

NHK放送文化研究所編, 2013,『NHK中学生・高校生の生活と意識調査2012――失われた20年が生んだ"幸せ"な十代』NHK出版.

鳶島修治, 2012,「高校生の学習時間に対する早期学校外教育投資の影響」『年報社会学論集』25：144-155.

轟亮, 2001,「職業観と学校生活感――若者の「まじめ」は崩壊したか」尾嶋史章編『現代高校生の計量社会学――進路・生活・世代』ミネルヴァ書房, 129-158.

第 9 章
生活満足度からみる現代の若者と高校生の姿

轟　亮

1　「幸福化」する若者たち？

　近年の若者論では，若者が幸福感（生活満足度）を高めているという指摘がなされている。そこでは社会調査の結果を根拠にしつつも，精神分析的で，論理的に複雑な語り口によって，若者の心の解読が試みられている。しかし，計量社会学の立場からは，これらの先行研究の議論に対してやや疑問を感じる。先行研究は，根拠とする社会調査の検討が十分になされておらず，また，年齢層や世代間にみられる生活満足度の違いや，若者の生活満足に与える学校教育の影響に目が向けられていない，という点で問題があると思われるのだ。

　本書では高校生調査のデータを用いて，この 30 年間の高校生の生活意識の推移を分析し，「まじめ」化や「保守化」等の変化を捉えてきた。若者論において議論の対象とされている若者たちと，われわれの高校生調査の回答者である高校生は重なりをもっており，両者に関する議論を照らし合わせることによって，現代の日本の若者をより深く理解できると思われる。

1.1　「若者の幸福化」命題

　上で述べた通りに，近年，若者論の分野では，日本の若者が，(a)高い幸福感を有しており，(b)過去に比べて幸福感を高めている，と指摘されている。ここでは，この主張の全体を「幸せな若者」論と呼ぶことにし，(a)を「若者の高幸福」命題，(b)を「若者の幸福化」命題として区別しておこう。古市憲寿の『絶望の国の幸福な若者たち』（古市 2011）は，「幸せな若者」論を示した，広く知られている書籍である。そこで古市は，統計的な客観指標や主観指標，あるいは独自のフィールドワークに基づき，現在の日本の若者が基本

的な生活条件を保証され，とても満足していることを述べた上で，しかし，現在のような豊かさの享受は客観的に（つまり研究者の視点からみて）持続不可能であること，旧世代による若者叩きや，若者を憐れむような言説は誤っているが，若者たち自身も将来社会の深刻さに自覚的ではないことなどの指摘を行っている。

　豊泉周治（2010），そして大澤真幸（2011）が先だって「幸せな若者」論を述べ，それが古市憲寿（2011）に至るという議論の系譜を成している。これらの研究は，それぞれがいろいろな調査結果に基づいているが，三者はすべて，内閣府が毎年度実施している「国民生活に関する世論調査」の生活満足度データ（2つの選択肢「満足している」と「まあ満足している」の比率の計）を，重要な根拠として用いている。古市（2011）では，「国民生活に関する世論調査」を使って，1967年から2010年までの20代の生活満足度の推移をグラフにしている（古市 2011：103，図13）。また，1970年から2010年までの10年間隔の5時点で，男性サンプルについて，10歳刻みの年齢層と生活満足度の関係をグラフにしている（古市 2011：99，図11）。これらのグラフ（特に後者）が，古市（2011）の「幸せな若者」論の，最重要の根拠であり，そこから次のように述べられる。

> こんなに格差社会だ，若者は不幸だといわれながらも，今の20代の<u>約7割は生活に満足している</u>のだ。…（中略）…現代の若者たちは<u>過去の若者よりも自分たちのことを「幸せだ」と感じているらしい</u>のだ。…（中略）…また生活満足度や幸福度を年代別に見てみると，<u>40代から50代の「中年」のほうが数値が低い</u>ことがわかる。「若者は不幸だ」と心配している自分たちのほうが，よっぽど幸せじゃなかったのである。
>
> （古市 2011：98-100，下線は筆者）

　この引用部分が指摘するのは，(1)現在の若者の満足度が過去と比べて高いこと，(2)現在，中年層よりも若者の満足度が高いこと，である。その根拠は，(1) 20代男性の満足度が，1970年から90年にかけての50％台から，2001年と2010年では約65％になったこと（つまり，同一年齢層に関する，異時点間での

比較)，そして，(2) 2001 年と 2010 年に，20 代男性の満足度が，40 代，50 代よりも 10 数ポイント高くなっていること(同一時点での，異なる年齢層間の比較)である。そして，3 つの先行研究すべては，1970 年ごろから 2010 年ごろまでの期間を議論の対象とし，1990 年代において若者の「幸福化」が起こったと結論するのである(古市 2011：99；豊泉 2010：96；大澤 2011：118)。

1.2 「国民生活に関する世論調査」のデータによる再検討

このように先行研究では「国民生活に関する世論調査」が重要な位置にあるのだが，改めてこの調査の調査票を確認してみると，生活満足の質問項目で，選択肢の文章表現(ワーディング)が 1992 年に変更されていることがわかった。端的に言うと，1991 年までは若年層が「不満足」側の選択肢を選びやすい表現を用いているので，満足化(幸福化)という変化は，このワーディングの変更によって生じた可能性がある。

具体的に説明すると，1992 年以降は，質問文「あなたは，全体として，現在の生活にどの程度満足していますか。次の中から 1 つお答えください」について，選択肢「満足している」「まあ満足している」「やや不満だ」「不満だ」「どちらともいえない」が用いられている。これに対して，1970 年から 91 年までは，質問文「あなたは，現在の暮らしについてどう思っていらっしゃいますか。この中ではどうでしょうか」に，4 つの選択肢「十分満足している」「十分とはいえないが，一応満足している」「まだまだ不満だ」「きわめて不満だ」で回答を得てきた。選択肢「まだまだ不満だ」は，現在の暮らしを単純に評価するのではなくて，将来の自分の暮らしぶりを想像し，それと比較して現在の生活に不足や低さを感じる場合に選ばれるものだろう。若い年齢層の方が相対的に将来の可能性に開かれていて，いつの時代であっても，将来と比べたときに現在を低く評価しやすいのではないだろうか。特に経済の成長期には，この傾向が強く表れるように思われる。このようなワーディングの変更があるので，「国民生活に関する世論調査」の生活満足度を，1991 年までと 1992 年以降で単純に比較することは適切ではないだろう。先行研究の主張した 1990 年代の「幸福化」は，ワーディングの変更時期とまさに一致しており，このことによって生じた可能性がある[3]。

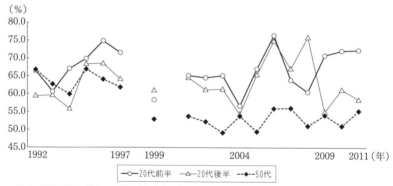

出典:「国民生活に関する世論調査報告書」(内閣府大臣官房政府広報室)(各年)に基づいて作成
注:1998年と2000年は,調査が実施されていない。

図9-1　年齢階級別の生活満足度の推移(男性)

　1992年以降は同じワーディングが用いられており,少なくともその点においては比較が可能である。20代前半と後半,そして50代の男性の生活満足度の推移(2011年まで)を図9-1に示した[4]。一般に,このような時系列の変化を検討する場合には,どの時点を基準とするか,そして基準点と比較される「現在」をいつとするかによって,データの見え方や変化の語り方が大きく異なってくる。いまここで1992年を基準とし,そこから2011年までの推移を中期的にみるとき,20代男性の生活満足度がはっきりと高まる傾向があるとは言いにくい。短期でみた場合には,金融危機があった1997年頃から2004年にかけて,満足度が逆に低下しているようにもみえる。その後2000年代中ごろに上昇するが,20代後半層ではリーマンショック後の2009年に急落しており,また20代前半層では大きく上下動している。このように,この期間を通じて「幸福化」が生じたと単純に表現することはきわめて難しい。「国民生活に関する世論調査」の結果は,「若者の幸福化」命題,および1990年代における「幸福化」の証拠となってはいないのである[5]。

　しかし,図9-1からは年齢差の推移については,ある程度明確な傾向がみられる。つまり,(1)1990年代後半以降,50代と20代との差があらわれ,2000年代を通じて中年層よりも若年層の満足度は高くなっている,(2)この期間を通じて,例外はあるものの,概して20代前半層が後半層よりも満足度が高いこと,がわかる。つまり,「幸せな若者」論のうち,(a)「若者の高

幸福」命題を支持する結果が得られている。

2　学校教育に注目することの重要性

2.1　相対的に高い学生の満足度

ここでまず，なぜ20代前半層が後半層に比べて満足度が高い傾向があるかを考えてみたい。先行研究ではまったく考慮されていないのだが，社会的地位と社会意識の関連を念頭におけば，20代前半層には学生が多く含まれており，学生の満足度が他の地位にある者よりも高いことによってこの差異が生じている，というメカニズムが考えられるだろう。そこでSSM調査の20代男性データを使って，従業上の地位と生活満足（「どちらともいえない」を中央におく5肢尺度）の関連を分析した。2つの選択肢を合計した「満足」の比率は，1985年調査では，常雇の一般従業者56.5％，学生59.7％であり，差は小さい。しかし1995年調査では，常雇52.5％，学生70.8％と大きな差が生じている。2005年調査でも，常雇60.1％，臨時雇用・パート・アルバイト41.7％に対して，学生は75.0％であり，学生グループの生活満足度が相対的に高くなっている。

このように1995年，2005年では，学生の満足度が有職者よりも高くなっている。男性の四年制大学進学率は1992年から2010年にかけて約21ポイントも増加しており，学生が20代前半層のなかに多く含まれるようになった。このことが20代前半層の相対的に高い生活満足の基礎になったと考えられる。学生の満足度がより高いという傾向は1980年代にはなく，90年代と2000年代でみられることから，この時期に，学校教育における何らかの変化があったことが推測される。つまり学校生活の諸条件が以前よりも高い満足を学生に生じさせる，というような方向での変化である。

2.2　NHK「中学生・高校生の生活と意識調査」の結果から

そこで，高校生の幸福感，満足度に関する繰り返し調査の結果をみてみよう。NHK放送文化研究所は，全国無作為抽出標本による「中学生・高校生の生活と意識調査」を，1982年から2012年にかけて計5回実施している。[6]

表 9 - 1　高校生（男女計）の幸福感

	1982年	1987年	1992年	2002年	2012年
とても幸せだ	23.8	25.1	31.6	33.2	41.7
まあ幸せだ	65.2	66.5	58.8	59.6	54.8
あまり幸せではない	9.5	6.9	7.9	6.3	3.1
まったく幸せではない	0.6	0.5	0.5	0.6	0.4
わからない，無回答	0.9	1.0	1.1	0.3	0.2
計	100.0	100.0	100.0	100.0	100.0
N	1,350	729	730	671	557

出典：NHK放送文化研究所編（2013）より作成

　この調査では生徒調査と父母調査をセットで行っており，生徒に幸福感と学校生活満足度（学校の楽しさ），父親と母親には幸福感を尋ねている（NHK放送文化研究所編 2013）。

　幸福感は，生徒に対しては「あなたは今，幸せだと思っていますか，それとも幸せではないと思っていますか」という質問文を，親には「あなたは今，自分を幸せだと思っていますか」という質問文を用いて，4つの選択肢「とても幸せだ」「まあ幸せだ」「あまり幸せではない」「まったく幸せではない」によって回答を得ている。また，生徒の学校生活満足度については，「ひとことでいって，学校は楽しいですか」という質問文で，4つの選択肢「とても楽しい」「まあ楽しい」「あまり楽しくない」「ぜんぜん楽しくない」によって回答を得ている。表 9 - 1 に高校生の幸福感，表 9 - 2 に高校生の学校生活満足度，表 9 - 3 には父親（中学生の保護者を含む）の幸福感の集計結果を示した。

　まず表 9 - 1 の高校生の幸福感はすべての年で，「幸せ」（「とても幸せだ」「まあ幸せだ」の合計）が89％以上となっており，すでに1982年の時点で幸福を感じているのが当然だと言えるような水準にある。このようにたいへん高い状態から，さらに数ポイントずつ，幸福感が高まっている。特に2002年から10年間の上昇が3.7ポイントと大きい。選択肢「とても幸せだ」では，1982年から2012年に約18ポイントも高まっており，2012年では約4割が「とても幸せだ」と回答している。上昇は1987年から1992年にかけてと，2002年から2012年にかけての2つの時期で起こっている。

表 9 - 2　高校生（男女計）の学校生活満足度

	1982年	1987年	1992年	2002年	2012年
とても楽しい	23.0	23.5	33.0	37.1	53.7
まあ楽しい	56.9	64.6	55.8	53.1	42.2
あまり楽しくない	15.8	9.9	10.3	7.5	2.9
ぜんぜん楽しくない	3.9	1.9	1.0	1.8	1.1
わからない，無回答	0.4	0.1	0.0	0.6	0.2
計	100.0	100.0	100.0	100.0	100.0
N	1,350	729	730	671	557

出典：NHK 放送文化研究所編（2013）より作成

　学校生活満足度についてはどうだろうか。表 9 - 2 をみると，肯定的回答の比率が高いことや推移は，幸福感とよく似ている。1982 年でも「楽しい」（「とても楽しい」「まあ楽しい」の合計）がほぼ 80 ％ となっていたが，その後 1987 年にかけて，そして 2002 年から 2012 年にかけて上昇し，2012 年には 95.9 ％ が「楽しい」と回答した。選択肢「とても楽しい」に注目すると，変化は幸福感よりも大きく，1982 年から 2012 年に約 30 ポイントも上昇し，結果として 2012 年は半数超が「とても楽しい」と回答している。この変化が顕著なのは，幸福感と同じく 1987 年から 1992 年にかけてと，2002 年から 2012 年にかけてであり，特に後者の期間では何と 16.6 ポイントも増加しているのである。

　もし高校生の幸福感が学校生活満足度に規定されているならば，高校生の幸福感の高まりを，学校生活の満足度の高まりで説明することができるだろう。この調査の個票データは使用できず，幸福感と学校生活満足度の関連を直接分析することはできないが，両者の間にかなり高い相関関係があることは十分に予想できる。

　一方，親たちの幸福感は，この間あまり変化していない。表 9 - 3 に父親の結果を示した。すべての年の調査で「幸せ」（「とても幸せだ」「まあ幸せだ」2 つの選択肢の合計）は 90 ％ 前後とたいへん高いが，「とても幸せだ」の比率は，高校生の半分程度にとどまっている。変化の様相については，高校生で明確な幸福感の高まりがみられたのに対し，父親の変化はかなり小さなものだと言えるだろう。「国民生活に関する世論調査」での，若者と中年層の生

表9-3　中高生の父親の幸福感

	1982年	1987年	1992年	2002年	2012年
とても幸せだ	14.3	15.6	17.5	16.5	19.1
まあ幸せだ	73.7	72.9	72.0	74.4	70.4
あまり幸せではない	9.0	7.3	6.8	8.1	8.2
まったく幸せではない	1.2	1.6	0.6	0.7	1.4
わからない，無回答	1.8	2.6	3.1	0.2	0.9
計	100.0	100.0	100.0	100.0	100.0
N	2,629	1,284	1,136	1,209	969

出典：NHK放送文化研究所編（2013）より作成

活満足度の差異と同様，高校生と父親の間に幸福感の差がみられるという事実は，たいへんに興味深い。[8]

2.3　なぜ学校生活満足が高まったのか

本書第1章で述べた通り，われわれの高校生調査でも，授業充実感が向上するなど学校適応が高まるという変化を確認しており，NHK調査での高校生の幸福感・学校生活満足度の変化と整合的である。[9] 第1章では，高校生の意識の変化を「まじめ」感の向上と捉え，その要因として，学校教育における「禁止的・抑圧的な規律・規範の後退」，懇切丁寧な指導の奨励・実践，「指導から支援へ」の理念転換などの学校の変化を指摘している。このような変化は，「学校教育のサービス業化」あるいは「市場化」と表現することもできるだろう。

この30年間で，保護者や生徒（学生）を消費者とし，生徒は指導ではなく支援すべき対象と捉える傾向が広がっている。例えば，学校での体罰はこの間に完全に正当性を失い，言葉による指導であってもそれが「ハラスメント」にあたらないよう，教師たちは生徒とのコミュニケーションに細心の注意を払っている。「顧客満足」の基準で問題が生じないように感情労働に日々従事している状況にある。高校生が満足度を高めている要因として，このような「学校教育のサービス業化」があると考えられる。

また第1章の時点比較では，学校内と学校外を使い分ける「多チャンネル化」がさらに進んだ可能性が述べられている（「多チャンネル構造」の一般化）。

高校生の「生活構造の多チャンネル化」は轟（2001）で指摘した現象であるが，「多チャンネル化」の進行と，学校生活満足度の高まりとは，同時に起こり得るものだと考えられる。つまり，学校よりも学校外が楽しいという判断はあくまで両者間の比較であり，学校も学校外も，以前より高い満足が得られる場所となるという変化は生じうることである。学校外においても，いやむしろ学校外の領域でより強力に，高校生や若者を消費者と位置づけたサービス・商品の，若者向けの「適合化」（カスタマイズ）が進んでいる。これらの学校内外の変化は，現在の若者にとって，生徒・学生という立場にあれば，自分の生活の全領域で消費者として扱われ，自分の満足感に対する高度な配慮の下で生活することができることを意味する。この30年間には，そのような若者の生活条件の変化があったのではないだろうか。

　そして高校と同様に，高等教育機関である四年制大学でも「サービス業的配慮の重視」が進んでいる。高等教育の大衆化とともに，大学のあり方は変わってきており，学生への姿勢の転換は，高校よりもむしろ大学でドラスティックなものであったかもしれない[10]。1990年代から2000年代にかけての高校や大学の変化は，生徒・学生の高い生活満足を形成し，同時に高学歴化が基盤となって，20代前半層が他の年齢層に対して高い生活満足を有するという結果をもたらしたと考えることができる。若者論の先行研究では，不思議に思えるほど，学校教育を幸福感・生活満足と結び付けることがなかった。しかし，「幸せな若者」の理解のためには，学校教育という要因を欠くことはできないと思われる。

3　2011年の高校生の学校生活満足度の分析

　本章ではここまでで，「幸福な若者」論を検討し，他の年齢層と比べたときの「若者の高幸福」命題を考える際に，学校教育に注目すべきであること，また，高校生については2000年代に「若者の幸福化」がみられることを指摘した。これまでの大学生・高校生の研究では，彼／彼女らの幸福感・満足度の要因を明らかにしたり，その時代的な変化を検討することがあまりなされてこなかったように思われる。われわれも2011年調査ではじめて学校生

表9-4 学校生活満足度の度数分布（2011年高校生調査，問4i）

	度数	有効%
強くそう思う	711	18.7
どちらかといえばそう思う	1,425	37.4
どちらでもない	1,046	27.4
どちらかといえばそうは思わない	399	10.5
まったくそうは思わない	231	6.1
計	3,812	100.0

活満足度を尋ねたので，残念ながら時点比較を行うことができない。しかし，回答分布の時点間での変化について，次のように考えられる。2011年調査では，学校生活満足度「毎日の学校生活に満足している」（問4i）と，第1章で用いた学校生活適応の項目「授業に充実感がある」（問4a）との間に，0.462という大きな正の相関関係がみられる。授業充実感は3時点の比較ができ，1997年に「たまにある」が増加，2011年に「いつもある」が大きく増加している（第1章参照）。ここから，高い相関関係のある学校生活満足度も高まっている可能性が高いと考えられる。学校生活適応の上昇（「まじめ」化）と，高校生の生活満足度や幸福感の上昇が直接的に結びついていることは十分予想できる。

そこで以下では，どのような生徒の学校生活満足度が高いのか，変数間の関連を分析する。この作業は2011年時点での，高校生の生活満足度を計量的に記述するという意義をもつ。2011年高校生調査の学校生活満足度は，問4i「毎日の学校生活に満足している」について5つの選択肢で回答を得ている。表9-4の回答分布をみると，ほぼ4分の1が中間選択肢「どちらでもない」を選んでおり，NHK調査のような4肢尺度を用いると，強制的に「満足」や「幸福」側へ回答を導くことが推察される。ただしわれわれの調査でも，全体の56％が「満足」（「強くそう思う」と「どちらかといえばそう思う」の計）であり，満足している者が多数派という結果になっている。

3.1 性別，学校タイプ，地域，階層との関連

性別でみた場合，女子に対して男子ははっきりとした意思表示をする，す

なわち，強い「満足」や「不満足」を選択する傾向があるが，平均値の比較では有意差はない（$t=0.352$ n.s.）。成人の調査では一般的に，女性の生活満足度の方が高くなるが，われわれの調査では差がみられない。学校内における男女の位置が，大人の社会に対して相対的に平等性を有していることが，ひとつの理由として考えられるだろう。

学校タイプとの関連では，クロス表の調整残差の検討や分散分析の結果，差が確認できる。しかしそれは進学校としての度合いと直線的に対応するわけではない。男子では普通科B，女子は普通科BとCで満足が少なく，不満が多いことがわかる。男女ともに普通科Aで満足が多く，職業科では不満が少なくて中間回答が多くなっている。男子のみであるが，普通科Cの満足度が高くなる。男女をまとめた場合には普通科Aの満足度が高く，その普通科Aと職業科の間には差がみられない。このように職業科の満足度が良好であることは興味深く，高校のトラッキング構造と学校生活満足度とは明確な対応関係を有していないことがわかる。

今回の調査では，従来の兵庫県南東部の学校のほかに，県北部の学校を対象としている。地域（都市部か否か）と満足度の関係をクロス表で分析したが，有意な差異はみられず，男女別にみても同様であった。さらに，17校すべての学校ごとの平均値は3.25〜3.83におさまっており，大きな差を示す学校はなかった。

次に，社会階層を表す指標と，生徒本人の学校生活満足度の関連を確認した。階層変数は，所有財・親職業・親学歴を総合化した指標（社会経済文化指標・付録2を参照）と，父母それぞれの学歴（大卒か否か）を用いたが，概して階層と学校生活満足度の間には関連はみられなかった[11]。つまり，家庭の社会経済的位置によって，通学している学校での生活満足度が影響されてしまうという状況は生じていない。

以上のように，学校生活満足度と属性的な変数との間にはあまり関連がみられず，各層が同程度に高い満足度を有していることがわかった。

3.2　学校での活動との関連

学校での活動との関連はどうだろうか。問10 a では現在の学校での成績

を尋ねている。これと学校生活満足度は，ピアソンの積率相関係数で0.155という正の関係があり[12]，成績が良いほど学校生活満足度が高くなるという傾向がみられる。だが，先に述べたように，授業充実感（問4a）は学校生活満足度と強く関連しており（相関係数0.459），このことは，実際の成績評価よりも，どの程度授業に充実感をもてるのかが，満足度に影響することを意味している。重回帰分析の結果は（表9-5），学校での成績が良い生徒は満足度が高くなるという微細な傾向（標準偏回帰係数0.061）はあるものの，それとは独立に授業充実感が大きく満足度を高めている（同0.405）。成績評価自体は学校生活満足度に大きくは影響しておらず，どのような成績であっても，授業運営や指導のあり方，カリキュラムの対応によって充実感を与えることができれば，学校生活全般の満足度を高めることにつなげられることを示している。第1章でみたように，この30年間で学校は授業充実感を向上させており，このことは学校生活満足度の上昇をもたらしたと考えられる[13]。

　学校生活に関わる変数のうち，授業充実感が，最も大きく学校生活満足度に影響している。ある意味，当然のことかもしれないが，データによってこのことが確認できたことは大切であり，授業は学校生活の満足度を形成する最重要の領域となっていると言える。しかし，授業以外の学校生活の側面が，満足度と関係していないということではない。部活動に加入しているかどうかという2値変数（問2cの回答を「加入していた」「加入していなかった」に統合）と学校生活満足度の相関係数は0.104であり，部活動に入っている者に限った分析では，熱心に活動したかどうかという2値変数と生活満足度の相関係数は0.136となる。このように部活動のあり方も学校生活満足度を高める。第1章でみたように，30年間で部活動に熱心に関わったとする者は増加しており，部活動を通じても学校生活満足度が高められたと推測することができる。

　さらに，学校での友人関係が活発であるか否か（問2b）も，学校生活満足度とかなり強い関連をもっている（相関係数0.318）。表9-5に示した重回帰分析の結果によれば，友人関係は満足度に対して授業充実感とは独立した効果を有している（標準偏回帰係数0.246）。第1章でみたように，この30年，特にその後半で友人関係の活発さは向上しており，この変化も学校生活満足

表9-5 学校での活動と生活満足度

	相関係数 （リストワイズ）	標準偏回帰係数
現在の成績	0.158**	0.061**
授業充実感	0.463**	0.405**
部活動（ref: 入っていない）	0.104**	0.038**
友人関係（ref: 活発でない）	0.318**	0.246**
R^2		0.279
F		362.133**

$N=3742$, **$p<.01$

度を高めたと考えられる。

　以上のように，学校生活満足度は，第1章で高まりを確認した活動評価の項目と相関関係をもつことがわかった。

3.3　進路希望，教師との関わり

　次に，高校卒業後の進路希望（問5(1)）と学校生活満足度の関連について分散分析を行ったが（表は省略），就職や進学という進路によって，満足度の差異はみられなかった[14]。進学希望の有無が学校生活満足度に影響していないことは，現在の高校教育は，全体としては大学等への受験指導に偏重しているわけではなく，生徒の多様な進路希望に対応していると理解することができる。

　ここで，教師との関わり方と学校生活満足度との関係を検討してみよう。教師との関係を直接測定する質問を設定していないが，問8eで，卒業後の進路を決めるときに，「学校の先生の意見」を考慮する程度を4段階（「ほとんど考えない」「あまり考えない」「少しは考える」「じゅうぶん考える」）で尋ねている。教師の意見を考慮する程度が高い生徒は，教師との良い関係を築いているとみなすことができるだろう。この項目と学校生活満足度の相関係数は0.225とかなり大きなものである。つまり教師と良い関係をもつほど，学校生活満足度が高まっていることがわかる。また問6bでは，就職を希望する者（660名）に限って，「学校の先生に就職の相談をしている」程度を5段階で尋ねているが，この変数と生活満足度との相関係数も0.253と大きい。このよう

に，教師との「相談」という関係性を有することは，高校生の学校生活満足度を高めていることがわかる。そして，支援的な教師の関わりが広がり，強化されることは，生活満足度の高まりをもたらしたと考えることができる。[15]

3.4　人間関係に関する態度・スキル等との関連

　ここまで，生徒の属性や学校での活動と学校生活満足の関連をみた。次に，生徒の社会的スキルや社会的態度との関連について分析してみよう。この調査では，人間関係に関する態度・考え方やスキルの度合いについて質問している。問4j「できることなら人と深く関わりたくない」，問4l「いつでも，その場の空気を読んで，相手にうまくあわせることができる」，問9c「クラスメートと協力する」ことが得意，という項目である。この3項目と学校生活満足度との相関係数は表9-6の通り，順に－0.283，0.130，0.339となっている。それぞれの意味は，人との深い関わりを避ける姿勢は学校生活満足度を低下させる，「空気を読め」て合わせられるほど学校生活満足度が高くなる，そして，クラスの友人と協力するスキルが高いほど学校生活満足度が高まる，ということである。先に，実際の友人関係の活発性評価（問2b）が満足度を高めていることを確認したが，さらには，協力行動が得意であることや「空気を読む」というコミュニケーションのスキルを有する者が，学校で上手に生活を送ることができ，高い生活満足を得ている。深い関係を好まない者の満足度が低くなることから，高校は，好むと好まざるとにかかわらず，友人とのつき合いが要求される生活環境であり，人づき合いの苦手な生徒にとっては居心地のよくない場となっていることがわかる。これらの友人関係への姿勢・態度や人間関係のスキルは，総合的にみて，学校生活満足をかなり大きく規定するものとなっている。

　また，他の面のスキルについては（表は省略），問9a「単純なことでもこつこつとやる」，問9b「礼儀正しくする」ことが得意，という項目では，それぞれ相関係数0.134，0.172という関連が満足度との間にある。このことからは，旧来からの「まじめ」と表現できるスキルが，現在も学校生活に適応したものだとわかる。しかし，相関係数の大きさを比べると，これら2項目より，既述の問9c「クラスメートと協力する」の方が大きいので，コ

表9-6　人間関係への態度および社会的態度と生活満足度の相関関係

		問4i 学校生活満足度	問4j	問4l	問9c	問28a
問4j	人と深く関わりたくない	−0.283**				
問4l	空気を読んで，あわせる	0.130**	−0.050**			
問9c	クラスメートと協力する	0.339**	−0.375**	0.292**		
問28a	権威のある人々に敬意	0.093**	−0.061**	0.067**	0.091**	
問28b	指導者や専門家に頼る	0.063**	−0.043**	0.005n.s.	0.035*	0.374**
問4k	個性的な自分	0.053**	0.037*	0.150**	0.058**	−0.025n.s.

注：ペアワイズの値，Nは3751から3817。問4kと問28bの相関係数は−0.051**

ミュニケーション・スキルが，より大きく学校生活満足度に影響していることもわかるのである。

　最後に，社会的態度の項目として，問28a「権威のある人々には常に敬意を払わなければならない」，問28b「この複雑な世の中で何をなすべきかを知る一番よい方法は，指導者や専門家に頼ることである」という権威主義の2項目および問4k「他人とは違う，個性的な自分でありたい」という個性志向のそれぞれと，生活満足度の関連をみてみたい（表9-6を参照）。相関係数は順に，0.093，0.063，0.053であり，それぞれの項目に肯定的な回答をするほど，満足度が高くなるという，微弱な傾向がみられる。学校や教師に権威を感じやすい者が，高い満足度を得るという傾向はたいへんに弱いものである。むしろ先にみたように，授業充実感や有用性の認識という（サービスの）実質評価が満足度を高めている。また，個性志向の強い生徒ほど，満足度が高くなるという傾向も小さく，現在の学校教育は個性志向を大きく促進する方向には機能していないようだが，これは，そのような生徒がないがしろにされるような事態も生じていないことも意味している。

　以上，限られた項目であるが，社会的態度やスキルと学校生活満足度の関係について分析し，特に人間関係に対する態度・スキルが学校生活満足度に大きく影響することが明らかとなった。友人関係の形成能力は，うまく学校生活を送る上でのカギとなっていると言えるだろう。

4　若者の高幸福・高満足と学校教育

　本章では，まず「幸福な若者」論について，いくつかの調査の結果を検討した。そこから，「若者の幸福化」命題については，先行研究が主張する1990年代よりも，むしろ2000年代以降に適合していること，そして若者の幸福感や生活満足度の様態や変化を解明するには，基底となっている事実として，学校教育のあり方の変容と高等教育進学率の上昇を踏まえるべきであることを指摘した。

　次に，われわれの2011年高校生調査データを用いて，学校生活満足度に影響を与える要因を分析した。その結果，進学状況によって分類した学校タイプや親の社会階層，進路希望と生活満足度は関連をもたず，学校の成績ともほとんど関連していなかった。それに対して，授業充実感，部活動への積極的な参加，教師との関わり，活発な友人関係という学校の要素が生活満足度を高めていた。

　この分析結果から，学校生活満足度の変化，およびその要因について，次のように言うことができる。1981年から2011年にかけて高校生の学校生活満足度は上昇したと考えられるが，これは，授業充実感など，過去と比較できる項目の変化（第1章参照）から考えると，後半期（1997年から2011年）に大きい。そうであるならば，いわゆる「ゆとり教育」のもとでの学校教育は，高い学校生活満足の形成をもたらしたと言える。学校の生活環境は，1980年頃の不本意就学，学校不適応が社会問題となっていた時代と比べて，生徒が「心地よさ」を得るという面で大きな改善がなされた。つまり，第1章でも指摘されたように，2000年代の学校教育は，関心を引き有用性を感じさせる教科指導，個性や主体性を尊重した教育方針，成績による生徒への否定的評価の後退，禁止的・抑圧的ではなく支援的な教師の関わり（大事な相談相手），友人関係の場（機会）の保証といった性質をもつようになったのである。

　高校で確認されたこの種の変化は，大学教育においても起こったと考えられる。大学教育の大衆化に対応して，学問的な知識・教養を獲得させることよりも，有用性のあるスキルを身につけ，キャンパスライフが有意義で充実したものになるよう，支援に重点をおいた改革が継続している。結果として，

現代の日本の若者は，学校教育の環境の下にある限り，高い生活満足を得ることができる。

　このように若者の高幸福・高満足と学校教育の関係を分析した上で，これをどのように評価すべきだろうか。現在の学校教育は，生徒・学生を消費者とみるならば，以前よりも顧客サービスとしてよく機能しており，そのこと自体は肯定的に評価することが適切だろう。マスメディアが大きく報道する体罰やいじめ自殺などの事件は，今日の学校教育の様態として非常に偏ったところに位置する事例であり，それによって学校教育全体を評価するなら，間違った判断を下すことになる。現在の学校は若者にとって「心地よい」場所となっているのである。

　ただし，このような学校と若者の幸福・満足の関係に，問題がないということではない。長い人生を考慮した場合には，若い時期の高幸福状態の評価は難しくなる。「国民生活に関する世論調査」の年齢層別の結果によれば，20代前半をピークに，50代にかけて生活満足度は低下していく。現在の若者も，これから加齢（ライフステージの進行）とともに，満足度を低下させていくことが予想される。学校から職業への移行は，多くの場合，生徒・学生がサービスの享受者（消費者）という立場から，「高度サービス業労働者」[16]に社会的位置を変えることを意味する。皮肉なことではあるが，教育サービスの向上によって，学校期の満足度が高まれば高まるほど，就職後の満足度や幸福感の低下・落差は大きなものになる。このような生活満足度の低下への対応が，今日の日本の若者の乗り越えるべき発達課題だと言える。社会の側にとっては，サービスの享受者から提供者へと，若者をスムーズに移行させることが，複雑で精密な日本の社会システムを持続するための重要な課題となる。ライフコースを通しての，満足度・幸福感の適切な変動のあり方，社会の有り様が問われているようにも思える。

　この社会的課題への対応として，労働社会の生活条件が高満足・高幸福を実現する方向で整備されることも一応は考えられるが，本章でも確認した父母の幸福感のデータや，50代の生活満足の推移，そして日本の経済社会の将来予測から言って，その実現可能性は低い。むしろ学校教育が，労働適応的な人材養成の観点から，学修評価を厳格化し，競争性を高めるというシナ

リオの方が，蓋然性は高い。2011年からの「脱ゆとり」の学習指導要領や，同時期の大学教育改革はこの方向に沿うようにみえる。この路線の場合には，高校生や大学生の学校生活満足度が低下するという事態も生じうる。学校生活の満足度と，成人後の若者の幸福感・生活満足度の両方に注目して，幸福や満足の適切なあり方を社会的に構想することが求められているのではないだろうか。

付記：SSM調査データの利用に関しては，2005SSM研究会の許可を得た。

1) 2015年に比較的大きな改訂（追記を含む）がなされ，同じ書名で刊行されている（講談社＋α文庫）。ただし本章に関連する範囲では，同一の調査データにより同様の議論がなされているので，元の2011年版を参照することとする。
2) 豊泉（2010：96）の図表1が，このグラフの原型である。ただし古市（2011）では，ピックアップする調査年次を少し異ならせている。
3) ワーディングの影響をみるために1991年調査の「まだまだ不満だ」の回答比率を，1992年調査の「やや不満だ」と比較してみると，20代男性では42.9％から28.3％へと大きく減少しているが，60代男性では91年21.1％，92年20.2％とほとんど変わらないことがわかる。
4) 先行研究の検証のため，2011年までの結果を図示している。実は，2012年以降に3つの年齢階級のすべてで，生活満足度は急上昇している。2012〜2016年に，男性20代前半の生活満足度は，78.9，80.5，83.1，77.6，85.6％であり，同じく20代後半が63.5，73.7，73.4，72.3，74.7％，50代が57.8，62.6，65.4，66.6，64.7％となっている。先行研究の議論は，この時期を扱ったものではない。しかし，近年の生活満足度の高まりは別途分析すべき重要な課題であり，調査の回収率等も考慮に入れ，機会を改めて議論したいと思う。
5) 前提となる現象が確認できない限りは，「若者の幸福化」の説明理論も意味を失うことになる。他の有力なデータとして，大澤（2011）は，NHK放送文化研究所による「日本人の意識」調査で，1973年と2008年の2時点の比較を行っている。しかしこのような長い時間間隔の比較では，若者の「幸福化」が1990年代に生じたとするような，変化のタイミングは特定できない。小林大祐（2016）は，「日本人の意識」調査の生活満足項目について，1973年から2008年までの全調査時点のデータを用い，加齢効果・コーホート効果・時代効果を考慮した二次分析を行っている。そこでは，2008年調査の16歳から19歳層の生活満足感の高さの要因について，コーホートサイズの縮小の影響による競争の易化，デフレによる高校生・学生の購買力の実質的上昇が指摘されている。

6) おおまかに捉えるなら 1982 年調査は，2012 年調査の親世代が中高生である時期に実施された調査である。1982 年というのは，1980 年学習指導要領に基づき，1971 年学習指導要領の濃密で高度なカリキュラムから，学習内容の削減が学年進行で実施されているという時期にあたる。
7) 調査対象はあくまでも中高生の子をもつ親であって，そのような年齢層の全体ではないことには注意してほしい。
8) 母親の表は省略したが，母親の幸福感は，わずかながら徐々に低下している。
9) 無作為抽出標本は母集団を代表している点で望ましいが，それを用いる NHK の「中学生・高校生の生活と意識調査」では回収率がかなり低下している。「幸福化」命題に対して，「生活満足度が高い層が調査協力をしやすいことから，調査結果で満足度や幸福感が上昇したり，高止まりしているのではないか」という批判がありうるだろう。われわれの高校生調査は，「学校パネル調査」という方法（序章参照）を用いているが，このように異なる方法の調査結果を相互参照することは，今日，たいへん重要となる。
10) 片桐新自 (2014：176) は，1987 年から 2012 年の 6 回の調査で，大学生の生活満足度（現在の生活への満足度）の上昇を明らかにしている。また，朝日新聞 2016 年 1 月 6 日朝刊 1 頁では，学生担当の大学事務職員の発言として，「大学の高校化」という印象的なフレーズを紹介している。
11) 2 つの高校で，女子でのみ，階層と満足度の有意な（弱い）関連がみられたものの，関連の方向は 2 校で全く逆であった。
12) 以下，特に断りがない限り，本文中で具体的数値を示している相関係数はピアソンの積率相関係数で，ペアワイズで計算しており，1％水準または 5％水準で有意である。また重回帰分析の標準偏回帰係数も，1％水準または 5％水準で有意である。
13) 高校教育に対する有効性感覚（問 4 f）も，授業充実感と同様に生活満足度と強い関連をもっている（相関係数 0.308）。重回帰分析の結果，有効性感覚は，充実感とは独立に，満足度に影響している。役立つことを学んでいるという認識は，授業が充実していると感じるか否かにかかわらず，また成績にかかわらず，学校生活満足度を高めている（標準偏回帰係数 0.164）。
14) ただし，「まだ決めていない」という進路未定者は，他のすべてのグループに対して有意に学校生活満足度が低くなっている。
15) 2011 年調査の問 8 e，卒業後の進路の決定において学校の先生の意見を考慮する程度を，過去 2 回の調査でも尋ねている（ただし，1997 年調査では選択肢のワーディングが若干異なる）。1981 年と 2011 年を比較すると，「じゅうぶん考える」は 10.6％から 21.6％に増加し，「少しは考える」も 43.4％から 54.7％に増加している。進路についての相談相手，支援者として，教師は機能を高めていることがわかる。教師とのこのような関係の変化は，生徒の学校生活満足度を高めたと考えることができるだろう。
16) 海老原嗣生 (2010) は，1985 年以降の国内ブルーカラー雇用の減少，第三次産業

への人材の移動，大規模サービス業の成長という変化を指摘し，文系的な雇用のほとんどが「対人折衝業務」になったと述べる。

[文献]

海老原嗣生，2010，『「若者はかわいそう」論のウソ』扶桑社新書．
古市憲寿，2011，『絶望の国の幸福な若者たち』講談社．
片桐新自，2014，『不透明社会の中の若者たち——大学生調査25年から見る過去・現在・未来』関西大学出版部．
小林大祐，2016，「生活満足感に関する加齢効果・コーホート効果・時代効果」太郎丸博編『後期近代と価値意識の変容——日本人の意識 1973-2008』東京大学出版会，75-97．
NHK放送文化研究所編，2013，『NHK中学生・高校生の生活と意識調査2012——失われた20年が生んだ"幸せ"な十代』NHK出版．
大澤真幸，2011，「可能なる革命 第1回 「幸福だ」と答える若者たちの時代」『atプラス』7：114-127．
轟亮，2001，「職業観と学校生活感——若者の「まじめ」は崩壊したか」尾嶋史章編『現代高校生の計量社会学——進路・生活・世代』ミネルヴァ書房，129-158．
豊泉周治，2010，『若者のための社会学——希望の足場をかける』はるか書房．

終章
進路選択と高校生活の変容

尾嶋 史章

1　進路選択を支える制度と高校生の意識

　30年という時間の経過の中で，高校生を取り巻く社会環境は大きく変わった。本書で取りあげた高校生の進路選択や学校生活に直接関係する側面をみても，その変化は著しい。もう一度，この30年間を高卒後の進路という面から振り返りながら，各章で明らかになったことを位置づけてみたい。

　第1次調査が始まった1981年は，高校進学率が90％を超え，高等教育進学率のさらなる上昇基盤が整った時期であった。同時に，大都市部における高等教育の拡大が抑制される中で，中等後教育の新しい形として高卒を入学資格とする専修学校専門課程，いわゆる専門学校がこの5年前に発足した。高校卒業後の就職率は全国で4割強を占め，高卒求人数も95万人にのぼった。高卒後の進路選択として就職と高等教育への進学が拮抗する時代であった。また，男女の進学も女子は短大が主流で，その中味は大きく異なっていた。第2次調査が実施された1990年代後半は，第二次ベビーブーマーの進学によって大学入学定員が増加し，その後の18歳人口の減少によって大学への進学率は上昇を続けていた時期にあたる。就職率は第1次調査の時期と比較して半減し，全国でみると2割強となる。第3次調査時点の大学進学率（中卒ベース）は男子で5割あまり，女子も4割を超える一方で，高卒者の就職率は2割を割り込むところまで減少する。第2次調査から第3次調査にかけて，女子の進学先における短大から大学へのシフト，大学入試における推薦やAOの拡大[1]，さらには就職条件の「悪化」も生じた。

　各学校タイプと進路希望との関連は，進路選択環境の量的・質的な変化にもかかわらず，基本的には変化していなかった。進路形成におけるトラッキングという観点からみるならば，30年の長期にわたってその構造が維持さ

れたことになる。また，進学希望の出身階層間格差も，女子の大学進学希望の増加による変動を除くと，進学率の上昇にもかかわらず変化が小さかった（第1章）。このように安定した階層間格差の維持傾向は，SSM調査などを用いて進学機会格差の長期的変動を扱った研究成果とも整合する。

　階層的な要因とも絡みながら，進路選択に影響するのが家族構造である。きょうだい数が教育達成に負の影響を及ぼすことは古くから知られているが，現在の高校生の進路選択においても，きょうだい数やきょうだい順位が関わっている（吉田2013，本書第4章）。さらに，近年，子どもの貧困とも関連してクローズアップされてきたのが，ひとり親家庭の問題である。同じ形式で質問している第2次調査と第3次調査を比較すると，父不在家庭は3.4％から6.9％へ倍増している[2]。父不在は，経済的な側面から進学を阻んでいる部分が大きく，とりわけ女子への直接的な影響が大きい（第4章）。

　ひとり親家庭の問題に象徴されるように，家庭の経済状況は決して改善していないが，全体としてみれば第2次調査以降も進学率の上昇は続いた。この背景には奨学金制度の拡大および，推薦入試やAO入試など（以下，推薦入試等）の普及がある。進学希望者に限れば，どの学校タイプでも出身階層が低い者ほど奨学金の利用予定者が多い。普通科の進路多様校では，校内成績が良い生徒は推薦入試等を選択し，奨学金を利用して進学しようとする傾向がみられた（第5章）。また，通学圏に大学が存在しない北部地域の高校では奨学金を利用した進学を希望する生徒が高階層出身者や進学校でも多かった（第5章；大瀬2016）。このように，階層や地域の経済的なハンディキャップを補う意味で奨学金の果たしている役割は大きい[3]。

　職業志向を中心とした価値観の面から進路選択をみてみると，どのような進路を希望する場合でも，近年の労働市場の厳しさを反映して，社会経済条件志向や会社勤め志向が強まっている。第1次調査以降，自営業希望者は一貫して減少しているが，第2次調査時に減少していた事務職や管理職の希望者は第3次調査では増加している。一方，日本の学校教育制度と職業とのリンケージのあり様も職業志向の分化に関わっている。第2次調査の報告で高校生の職業希望には学歴＝地位達成志向という軸だけでなく，自己実現志向という軸が関わっていることを指摘したが（荒牧2001），第3次調査では自

己実現志向は特定の職業への志望と結びつきやすい短大や専門学校という進路を選択する生徒で強くなっており，個性重視の進路指導だけでなく制度的な基盤に支えられるようになった（第3章）。

　大学進学率の上昇によって多様な高校生が大学に進学するようになったことは，希望する大学によってその特徴が分化している可能性を示唆する。国公立大学や有名私立大学（大学Ⅰ・Ⅱ）を希望する高校生は，専門的なスキルの必要な職業を志向し，自己実現志向が強く，学習自体を楽しむという自己目的的な学習観を持っているのに対して，その他の私立大学志望者や志望大学が未定の者（大学Ⅲ・M）では，自己実現志向が弱く，職業志望も明確でない傾向がみられた（第6章）。大学進学に積極的な意義を見出さない進学希望者が生まれていると指摘されるが（古田 2015），この分析結果はこうした進学希望者とオーバーラップしているようにみえる。高校3年生になってから大学進学を希望する生徒は，推薦入試等で進学可能な大学を目指すケースが多くみられる。推薦入試等での入学者が多いのは第6章の分類では大学Ⅲにあたるが，従来とは異なる価値観や志向性を有する大学進学希望者は，高校での学習時間が少なく，塾や予備校などの学校外教育の利用経験も少ない（第7章，第8章）。高等教育は，学習動機が不明確な学生を受け入れることになり，「新たな」教育問題が生まれていることをうかがわせる。

　高校での学校外教育の利用も，進路と結びついている。高校段階での学校外教育の利用は，中学校段階と比較すると少なく，これまであまり注目されてこなかった。中学校での利用率は，家庭教師を除くと中学校での成績が上位の者ほど高いが，高校の場合は学校タイプや進路希望との関連が強い。学校タイプでは普通科Aから職業科にかけて利用率が低下し，進路希望では大学，短大，専門学校，就職の順に低下する。中学校での学校外教育利用が多いのは，大多数の高校で筆記試験を用いた入試を行っているからだが，高校での利用も基本的には同じ構造を持っている。大学進学希望者だけを取り上げてみても，一般受験利用の有無を考慮すると，学校タイプの違いはかなり小さくなる。大学受験を予定していても，推薦入試等の経路で大学へ進学しようとする者の学校外教育の利用は少ない（第7章）。

　はじめにみたように，就職希望者の割合はこの30年間に全国では半分以

下に減少した。われわれの調査対象地域は古くから進学率が高いため，全国平均と比べると就職（希望）率が低く変化も小さい。それでも，男子では34％から23％に，また女子でも25％から18％に減少しており，男女とも3分の1程度減少したことになる。奨学金が借りやすくなったこともあり，経済的な条件が厳しい家庭でも進学可能性が高まったことも背景にあるのだろう。ただし，女子の場合には，第3次調査でも家庭の経済状況が就職という判断に影響を及ぼしており，この面ではジェンダー格差が今でも存在する。さらに男子でブルーカラー層出身の生徒が就職する傾向にあることからは，職業的な継承・再生産という面での父親職業の影響をみてとれる（第2章）。

　このように卒業後の進路選択からみてみると，大学受験において推薦入試等が広まり，奨学金制度も拡大したこともあって，大学等への新たな進学層が生まれたことが確認された。推薦入試等を利用する高校生は，塾などの学校外教育の利用が少なく，勉強時間も短い。さらに将来の職業志向の面でも，推薦入試等の入学者が多いタイプの大学を志望する生徒は，自己実現志向が弱く，職業志望も明確でない傾向がみられた。高卒労働市場は，この調査が始まった時代と比べれば半分以下の規模に縮小し，そこで提供される仕事の就業条件も悪くなっている。このため普通科高校，とりわけ進路多様校の場合，校内成績の良い生徒は推薦入試等で大学進学に向かい，拡大した奨学金制度がそれを支えるという構図がみえてくる。第二次ベビーブーマーの進学時に拡張した大学とそれを支える「ローン」奨学金が，縮小した高卒労働市場からの「退避」者を大学へと「招き入れる」という構造変化と制度拡大の奇妙な関係が存在し，それが現在の進路選択状況を形作っているのである。

2　高校生の将来展望と学校生活

　次に，高校生の生活面での変化を振り返ってみよう。第2次調査で明らかになった重要なポイントは，高校生の生活全体に占める学校生活の相対的ウェイトの低下，「生活構造の多チャンネル化」と呼ぶ方向への変化であった（轟 2001）。

　この傾向は第3次調査でも引き続きみられることが確認できたが，第2次

調査以降の変化として大きかったのは，われわれが「まじめ」化と呼んだ現象である。あくまで自己評価としての「まじめ」ではあるが，遅刻や校則違反をせず，授業や勉強に熱心に取り組み，きちんと礼儀正しく生活する高校生が増加していた。また，高校での学習の意義を肯定的に評価し，入学時と比べて学習意欲も向上したというように，学習面を肯定的に評価する生徒も増えていた。学校生活が楽しく，教師のやり方に不満を持たない生徒（順応型）の増加という大多和（2014）の指摘も，同様の側面を捉えていると考えられる。この時期，性別役割分業を肯定する方向への変化や権威主義的態度も強まった。同じ時期の変化として，高校生の規範への同調性や規範意識の高まりも確認されている（友枝編 2015）。ただし，この保守化＝権威主義化によっては，この「まじめ」化は部分的にしか説明できなかった（第1章）。このことは自己評価基準の低下など，他の側面からの説明が必要なことを示唆する。

　「まじめ」は，自己評価としての話だと述べたが，実際の行動とも関わっており，「まじめ」な生徒ほど勉強時間が長い。一般に大学進学希望者ほど，また進学校ほど勉強時間は長く，それ以外の生活に費やす時間は逆に短い。これは，進学校ほど「まじめ」な生徒が多い結果なのかというと，そうではない。進路希望や学校タイプの効果とは独立して「まじめ」な生徒ほど勉強時間が長いのである。このことは，「まじめ」の判断が，校内の生徒との勉強への熱心さの比較をもとになされている可能性を示唆する（第8章）。学校外の生活に一定のウェイトをおきながらも，この判断では校内の生徒が比較の基準となっていることを意味し，「多チャンネル化」した生活構造の中でも高校生の自己評価基準が学校内に存在することがわかる。また若者の生活満足度が高まっている要因として，学校教育の重要性を指摘したが（第9章），このことも若者＝高校生の生活基盤が学校にあり，基本的にはそこでの充実感が生活全般の満足度につながることを示している。

　「まじめ」かどうかの判断が校内の生徒との比較を基準になされるようになった背景には，入試制度の変化も関連している可能性がある。国立大学の前期・後期日程入試や私立大学の一般入試は，他校の生徒も含めての競争試験であるが，学校からの推薦に基づく入試の拡大は，自校内の生徒との「競

争」へと高校生を導く。この入試制度の変化は，自己評価の基準を学校内に求める方向へも作用する。

　学力試験を課す一般入試で，奨学金もない状況の中で進学を目指すことは，経済面でも学習面でも生徒にも親にも心理的なストレスを与える。第1次調査の頃には，これが進学を目指す大部分の高校3年生の姿であった。現在でも基本的な構図は変わらないが，その後徐々に推薦入試が拡大し，第2次調査以降にはAO入試も多くの大学で実施されるようになった。大学の授業料の上昇は続いているとはいえ，奨学金事業も拡大して費用面でのハードルを低くしている。高校在学時に手続きを行う奨学金の予約採用者が増えている点も加えて考えるなら，現在の状況は大学への推薦という面でも，就職における校内選考という面でも，加えて奨学金の手続きという面でも，高校生の進路選択における学校＝教師の関与を強める方向へ全体として動いてきたといえるだろう。

　第1章でも触れたが，このように生徒が「まじめ」化するのと並行して，教師の生徒に対する見方にも変化が生じている。消極的ではあっても従順で勉強熱心な生徒を好ましいと思う一方で，教師と対等な立場で堂々と不満を表明する生徒や，学校規範からはみ出す逸脱的な生徒に対する許容度が低下していた。この要因として金子（2014）は，社会からの期待や要望の増大に対する反作用として，教師側での自己防衛的な「教育」の捉え直しがなされた可能性を指摘する。子どもの学習理解度を高めることや生徒や親たちの満足度を高めることを基準にして教師が評価されるようになった結果，これを目指して教師が「よき働きかけ」に努めると同時に，この働きかけを妨害するような生徒を排除するようになったというのである。こうした教師の変化は，現在の社会全体に通底する「責任」論や規則遵守への「過剰な」反応など，社会全体の変化と無縁ではない。

　一方，高校生の職業希望について第1次調査と第2次調査を比較したとき，そこで確認できたのは，管理職やそれに至る過程となる事務職，あるいは経営者・自営業といった職業を志向する地位達成志向・独立志向の後退であった。それに代わって台頭したのは，自分の能力や適性を活かせるやりがいのある職業への志向，具体的には専門・技術，技能・サービスといった職業希

望に投影される自己実現的な職業志向であった。第3次調査では管理的職業や事務職の希望が再び増加しているが，これは第1次調査と同じ地位達成志向への回帰とはいえない。この変化と同時に自営業志向が弱まり，長期勤続志向が強まっていたことに表れているように[4]，ここでの変化は雇用の不安定化が進む社会状況を反映した，安定雇用を求める方向への変化とみることができる。第1次から第2次調査への変化は，達成目標が一元的な地位序列に沿うものから自己実現志向を強く反映した軸も含めた多元的な形へと向かう変化であった。これに対し，第2次から第3次調査への変化には，多元化された状態は維持されつつ，そこに就業の安定性を求める傾向が強く反映されるようになったのである。

　社会的地位の高い職業を目指す，というように達成目標が共有され，しかも教育的選抜と社会的選抜が整合している状況では，教育的選抜の中での「失敗」や「挫折」は，将来展望を塞ぎ大きな不満を生じさせる（尾嶋2001）。ところが，個性重視の職業志向のように目標が「多元化」「多様化」し，一元的な地位に沿った形で分化しないようになれば，不満は発現しにくくなる。土井（2003，2012）も，近年の少年犯罪の減少傾向と関連した，若者の不満やフラストレーションの低下要因として，個性重視の教育が浸透してきた点を指摘する[5]。個性という目標は達成水準が不明瞭で，どこまでいっても達成したか否かがわからないために不満の抱きようがなくなる。われわれが第2次調査でみた高校生の変貌にも，このことは深く関わっていた。今回の第3次調査でみられた変化は，この面からみれば，個性重視を基本的に維持した中で安定志向が強まったこと，さらに自己実現的な職業志向が学校教育と接合して具体化するような制度的な「支え」が強化されたことであった。

　こうした変化の中にみえる自己実現的で個性が重視される職業は，自営業主や会社の経営者など遠い未来に設定されているものではない。また多くの生徒が想定しているのは，伝統的な専門職のように大学以上の教育に加えて厳しい資格試験を通過しなくてはならないような職業でもない。実際に達成できるかどうかは別にしても，高校卒業後の専門教育を通して堅実に学習を重ねていくことによって資格が得られ，達成できる職業である。その意味では，専門学校も含めた短期高等教育を中心として短い見通しの中で「自己実

現」が達成される環境が整備されてきているのである。この方向で高校生たちが再加熱されているのであれば，制度的な条件整備は学校への適応を高めることにつながる。「まじめ」が学校で奨励され，進学においても就職においても，学校に統制される部分が大きくなり，それに加えて様々な「外圧」から教師が生徒への関与を強めているとすれば，高校生にとってはあえて反抗する道を選ばず教師に従順な生徒として「まじめ」に過ごすことがごく自然で合理的な選択となる。まして学校生活への不満が低下している現状では，反抗する契機はなくなる方向にある。社会や教師に反抗する明確なモデルが提示されない中で，競争的な試験を「回避」し，転職を避けて将来の安定性を志向する高校生が増えている状況下では，「まじめ」に象徴される同調的態度は強まることはあっても弱まることはない。[6]

　かつて進路展望の暗さから学校生活への不適応を説明した地位欲求不満説が一定の妥当性を持ち得たように（岩木・耳塚 1983），進路選択と学校生活は高校生の生活全体を構成する重要な要素であり，この2つが独立して存在することはない。高校生にストレスを与え不満を生じさせていた進路選択の問題は，現在では大学進学の易化が加わったことにより，不満を増大させる力を弱めている。今回「まじめ」化と呼んだ高校生の変化にも，労働市場をはじめとする社会状況に対応した高校生の社会観や進路選択の変化が関わっている。さらに進路選択の変化には学校と進路とを繋ぐ諸制度のあり様が深く関与していた。このようにみるならば，調査データからみえる変わりゆく高校生像は，単に高校生の姿だけを映し出すのではなく，この30年間の日本社会の変動をも映し出しているのである。

1）　私立大学に限れば，これらの方法による入学者の割合は，2000年の38％余りから2010年には50％を超えるところまで増加した。全体では推薦入試の割合が圧倒的に多いが，この10年間でみるとAO入試で入学する学生の増加が著しく，増加数では推薦入試の2倍以上になっている。
2）　この増加傾向は，国民生活基礎調査から得られた児童のいる父不在家庭の増加率にも対応している。調査年度は一致しないが，1994年で児童のいる父不在家庭は3.6％だったものが，2012年には6.8％にまで増加している。サンプルや対象となる子

どもの年齢は異なるが，よく似た増加パターンを示している。ちなみに母不在の割合は，高校生調査の方が若干高くなっている。
3) ただし，奨学金利用者の大多数が利用する日本学生支援機構の奨学金は，貸与奨学金であり，大学や専修学校に進学した結果として，多額の負債を抱えることになる。
4) 生産工程従事者への希望も男子で再度増加しているが（表3－1参照），このことも第3章でみたように，販売・労務職希望者での会社勤め志向の強まりをみれば，安定した雇用を志向した結果とみることができ，全体の流れに矛盾しない。
5) この点に加えて，土井（2012）は，宿命主義的人生観が若者に広まってきていることを指摘している。われわれの調査でも「学歴は実力を反映している」に対する肯定的な回答を比較してみると，1997年には43％だったものが，2011年には61％に増加している（5件法で「そう思う」＋「ややそう思う」と答えた割合を比較可能な9校のデータで集計）。宿命論とはいえないが，20代までにほぼ固定される学歴を実力の結果だとして「諦める」見方が強まっているようにみえる。
6) 「まえがき」でもふれたが，高校生の性行動の「不活発化」が男女とも2005年の調査から2011年の調査にかけて生じている。1990年代に活発化し，2000年代に入っても基本的には活発な状態が維持されていたのが，われわれの調査と同じ時点の調査で「不活発化」の方向に動いたことになる（片瀬 2013）。「まじめ」化とどのように関連しているのか，今後検討すべき課題である。

［文献］

荒牧草平，2001，「高校生にとっての職業希望」尾嶋史章編『現代高校生の計量社会学──進路・生活・世代』ミネルヴァ書房，81-106.
古田和久，2015，「「学校不適応」層の大学進学──出身階層，学校生活と進路希望の形成」中澤渉・藤原翔編『格差社会の中の高校生──家族・学校・進路選択』勁草書房，37-52.
岩木秀夫・耳塚寛明，1983，「高校生──学校格差の中で」『現代のエスプリ 高校生』至文堂，No.195：5-24.
金子真理子，2014，「教師生徒関係と「教育」の意味変容──教師の生徒に対するまなざしの変化からみえてくるもの」樋田大二郎・苅谷剛彦・堀健志・大多和直樹編『現代高校生の学習と進路──高校の「常識」はどう変わってきたか？』学事出版，72-85.
片瀬一男，2013，「第7回「青少年の性行動全国調査」の概要」日本性教育協会編『「若者の性」白書 第7回性行動全国調査報告』小学館，9-24.
尾嶋史章，2001，「高校生活の変容と進路・態度形成」尾嶋史章編『現代高校生の計量社会学──進路・生活・世代』ミネルヴァ書房，203-210.
大瀬祥子，2016，「高校生の進路選択に及ぼす地域効果の研究──兵庫県における都市部と農村部の比較」同志社大学大学院社会学研究科提出修士論文.

大多和直樹，2014，「生徒と学校の関係はどう変化したか」樋田大二郎・苅谷剛彦・堀健志・大多和直樹編『現代高校生の学習と進路——高校の「常識」はどう変わってきたか？』学事出版，86-97.

土井隆義，2003，『〈非行少年〉の消滅——個性神話と少年犯罪』信山社.

————，2012，『若者の気分 少年犯罪〈減少〉のパラドクス』岩波書店.

轟亮，2001，「職業観と学校生活感——若者の「まじめ」は崩壊したか」尾嶋史章編『現代高校生の計量社会学——進路・生活・世代』ミネルヴァ書房，129-158.

友枝敏雄編，2015，『リスク社会を生きる若者たち——高校生の意識調査から』大阪大学出版会.

吉田崇，2013，「きょうだい数と高校生の進学希望に関する基礎分析」尾嶋史章・荒牧草平編『現代高校生の進路と生活——3時点学校パネル調査からみた30年の軌跡』科学研究費補助金基盤研究(B)研究成果報告書，67-82.

付録1　学校タイプの分類

古田　和久／多喜　弘文

　本書の課題は，3時点で収集されたデータから，生徒や学校が30年間でどのように変化してきたか，生徒の進路選択や学校生活，社会意識が出身階層や学校の特徴とどのように関係しているかを描くことにある。個別の学校の特徴やその変化自体も興味深いが，1校ずつ取り上げるのは煩雑になってしまう。むしろ類似した学校を集約して，そこに生徒の意識・行動の違いや時点間の変化を読み取っていくのが有益である。このため前回も学校タイプを分類し，分析を行ったのであった（尾嶋編 2001）。今回新たに7校が調査対象に加わったので，かつての分類が妥当であったかどうかの検討も含め，学校分類の作業を慎重に行わなければならない。その際，高卒就職の縮小と大学進学率の上昇（女子の主要進学先であった短期大学の縮小）など，高校生の進路選択を取り巻く環境の変化にも目を配る必要がある。

　そのための基礎的な作業として，まずは3時点に共通する学校（10校）を取り上げ，生徒の特徴から各学校がこの30年間でどのように変化してきたかを検討した。学校分類を作成する場合，学科の違いに加え，高校の入口（入学者の学業成績や偏差値）あるいは出口（卒業者の進学実績）を参照することが一般的なので，各学校の入学者の平均中学時成績と大学進学希望率から，入口と出口の対応関係がどう変化したかを調べた[1]。図付1－1はこれらの関係を時点別に示したものであり，各校の表記は第2次調査の記号を踏まえるが（職業科Sおよび普通科は中学時成績と大学進学希望率の高い方からA・B・Cに区分），その分類の妥当性も含めて検討する。

　第1に全国的な大学進学率の上昇を反映して，調査対象校でも大学進学希望率が増加した学校が多い。このことは職業科の高校にもあてはまり，1980年代初頭から2011年にかけて大学希望率が倍増している。なお，女子校であるB3の大学希望率が1997年から2011年にかけて急増したのは，進学先が短大から四年制大学へ変化したことの影響が大きい[2]。第2に個々の動きを

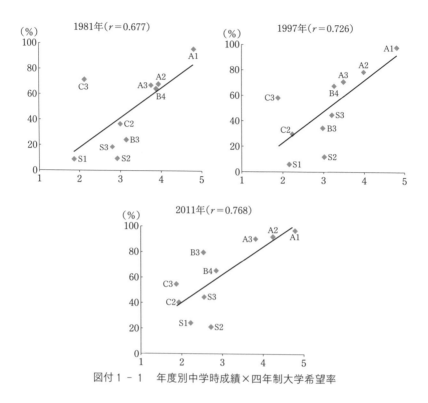

図付1−1　年度別中学時成績×四年制大学希望率

みれば，大学進学希望率が停滞している学校もある。A1は1981年時点でほぼ全員が大学進学希望であったためだが，普通科のB4やC3の大学進学希望率は伸びていない。さらに，B4とC3の動きは入学者の学業成績の低下と連動していることもわかる。対象校の特定を防ぐため詳述は控えるが，この点には入試制度の変更が関係していると考えられる。第3に全体的な高学歴化のなかにあっても，各学校の相対的な位置づけは維持されている。3時点ともA1は中学時成績と大学進学希望率が最も高く，逆にS1は両者が最も低い学校の1つである。これらを両極として上で確認した動きがあるものの，入口と出口からみた高校の相対的位置は30年の間でほとんど変わっていないのである。

次の図付1−2は図付1−1の2011年データに今回対象となったすべての高校を追加したものである。3時点共通の調査対象校と比較してみると，

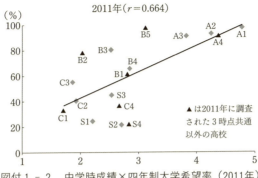

図付1-2　中学時成績×四年制大学希望率（2011年）

それ以外の学校（第3次調査で新しく加わった学校，および第2次調査では調査不能だったが今回は協力の得られた学校）は，成績中位層の学校が多いものの，上位層と下位層にも新たな高校が追加されている。具体的にはA4は学業成績も大学希望率も高い学校であり，逆にC1は成績も大学希望率も低い高校である。残りの5つの高校の学業成績は中位から下位程度となっているが，学業成績との関係で大学希望率をみれば，予測値よりもかなり高い学校（B2とB5）と低い学校（S4）が混在する（このため平均中学時成績と大学希望率との相関係数は，10校のみの場合よりも低くなっている）。そして，このズレには次にみるように，学科や設置者の特徴が反映されていると考えられる。

以上の検討結果から，これまでの分類を根本的に見直すのではなく，新たに追加された高校を既存の学校分類のなかに位置づけることとした。その結果が表付1-1である。

表付1-1は，これまでの調査校と今回新たに調査対象として追加した高校に関する情報をまとめたものである。高校偏差値や平均中学時成績を基準とした場合，普通科Aについては迷うことなく4校を選ぶことができる。今回追加されたA4は，その地域における上位校という基準からも問題ないであろう。大学進学希望率を基準にすれば，B5を普通科Aに分類することも考えられる。しかし，志望校等を詳細に検討した結果，B5は指定校推薦の利用割合が高く，入学時の偏差値や中学時成績でも普通科Aの高校と少し離れていることから，普通科Aとは質的に異なる特徴をもつ高校であると判断し，普通科Bに分類した。

表付1-1　本書の学校分類

学校分類記号	尾嶋編（2001）の記号	設置者・学科・共学別学	偏差値	平均中学時成績	大学進学希望率（％）	就職希望率（％）
A1	A1	公立普通科	60以上	4.78	97.2	2.1
A2	A2	公立普通科	60以上	4.24	92.4	0.4
A3	A3	公立普通科	55以上-60未満	3.82	90.6	1.9
A4		公立普通科	55以上-60未満	4.37	90.7	3.6
B1		公立総合学科（普通科中心）	45以上-50未満	2.82	61.3	6.0
B2		私立普通科・男子校	45以上-50未満	2.05	78.2	6.8
B3	B3	私立普通科・女子校	50以上-55未満	2.53	80.0	1.0
B4	B4	公立普通科	45以上-50未満	2.85	65.4	6.8
B5		私立普通科	50以上-55未満	3.13	97.1	0.0
C1		私立普通科・女子校	40以上-45未満	1.71	32.8	19.7
C2	C2	公立普通科	40以上-45未満	1.93	40.5	23.3
C3	C3	私立普通科・男子校（一部共学）	40以上-45未満	1.87	55.1	16.9
C4		公立普通科	40以上-45未満	2.68	36.4	26.5
S1	S1	公立職業科（農業）	40以上-45未満	2.21	24.3	47.1
S2	S2	公立職業科（工業）	45以上-50未満	2.71	21.4	56.8
S3	S3	公立職業科（商業）	50以上-55未満	2.54	44.9	31.5
S4		公立総合学科（職業科中心）	45以上-50未満	2.84	21.6	40.4

　一方，入学時の学力だけをみると，普通科Bと普通科Cとの間に境界線を引くのはやや難しい。2011年データでは中下位校が多くなっており，偏差値40台にいくつもの学校が集まっている。ここで1つの基準として偏差値45を境界線に設定すれば，4校が普通科Cに分類される。このうちC4の平均中学時成績は普通科Bと同等の水準となっているが，これはこの地域独特の入試方式などの地域特性が反映されたものと推測される。

　ここで大学進学希望率や就職希望率など卒業後の進路希望との関連をみると，普通科Bと普通科Cの違いはより明確になる。普通科Bの進学希望率は6〜9割と幅があるものの，普通科Cの希望率とは明らかに異なる。また，第2次調査では普通科Cを「20〜30％の就職者がみられる普通科高校」と設定したが（尾嶋編 2001），ここでの就職希望率もこれに近い水準となっており，それが1割に満たない普通科Bとは大きく異なる。以上の特徴を考慮した場合，普通科BとCを進路面で異なった特徴をもつ高校群として扱うこと

には一定の妥当性があると判断した。

　最後に，職業科の4校は，今日においても就職希望率が高く，また，平均中学時成績から予測されるよりも明らかに大学進学希望率が低くなっているなど，普通科とは明確に異なった特徴を共通してもっている。今回調査に加わったS4は職業科と職業系科目の多い総合学科の併設校であるため，職業科に分類することはとくに問題はないであろう。以上の手続きにより，全17校を，普通科A（4校），普通科B（5校），普通科C（4校），職業科（4校）という4つの学校タイプに分類した。

1) 平均中学時成績と後述の高校偏差値の相関係数は0.920と非常に高い。このことは中学時の成績が，高校の入学難易度の指標として妥当であることを示している。
2) 短大と四年制大学を合わせた高等教育進学率は，いずれの時点も8割を超えており大きく変化していない。
3) 高校偏差値に関しては，全国の高校を収録した関塾教育研究所編（2007）をベースに，複数の受験雑誌を補助的に参照した。また，同じ学校でも学科やコースによって偏差値が異なる場合は，クラス数によって重みづけを行っている。なお，選抜制度の変更によって偏差値が大きく変化した高校については，その影響を考慮し，制度変更後の高校偏差値を推定している。

［文献］
関塾教育研究所編，2007，『2007年度版 全国高校・中学偏差値総覧』関塾.
尾嶋史章編，2001，『現代高校生の計量社会学——進路・生活・世代』ミネルヴァ書房.

付録2　出身階層指標の作成

古田 和久

1　出身階層項目の整理

　本書の課題の1つは，高校生活や進路選択に対する出身階層の影響を明らかにすることにある。ただし，出身階層に関する指標は親の学歴や職業，所得などさまざまである。そのいずれを採用するかは研究関心や理論的背景に依存するが，一次元的な指標があれば，分析結果の解釈も容易になる。また一部の学校では親の職業や学歴に関する情報を得られないなど，学校を通すことで生じる固有の調査事情に配慮する必要もある。

　第3次調査ではこれらの点を考慮して，量的変数として使用可能な階層指標を作成した。本調査では出身階層に関する項目として，父親と母親の従業上の地位および仕事内容（問30，問31），父親と母親の学歴（問29），11個の所有財の有無（問20(1)），蔵書数（問20(2)），下宿して私立大学に進学した場合の費用負担（問13）がある。

　まず，各項目の無回答率は表付2-1の通りである。父母の職業および学歴については，これらの質問に回答しないことを条件に調査協力が得られた学校もあるため，無回答率が2割程度あり，これらの項目を用いて出身階層指標を作成した場合，欠損ケースが多くなる。また，序章に述べたような調査事情により，1つの学校では用いた調査票が異なるため，所有財に関しても「自分の携帯電話」の回答がない。こうした回答状況を前提とすれば，父母の職業や学歴を含む総合的な指標だけでなく，これらを含まない指標も作

表付2-1　各変数の無回答率

	父職業 問30		母職業 問31		父学歴 問29	母学歴 問29	財産項目×10 問20(1)	携帯電話 問20(1)	蔵書数 問20(2)	下宿・私大 問13
	(1)	(2)	(1)	(2)	(1)	(2)	(1)	(1)	(2)	
計	21.2	23.1	19.4	24.8	22.5	19.1	0.9	8.3	1.0	2.9

表付 2 - 2　作成した変数

変数名	使用変数
社会経済文化指標	11項目の所有財＋蔵書数＋父母職業＋父母学歴（合計61カテゴリー）
経 済 文 化 指 標	自分の携帯電話を除く10項目の所有財＋蔵書数（合計23カテゴリー）

注：(1)　所有財は各項目について「所有」と「非所有」の2カテゴリーに区別した。
　　(2)　所有財の具体的項目は，自分の部屋，自分のパスポート，ブルーレイ・DVDレコーダ，デジタルカメラ，液晶テレビ，空気清浄機，自分のコンピューター，自分の携帯電話，食器洗い機，ピアノ，浄水器。
　　(3)　蔵書数は，「0～25冊」「26～100冊」「101冊以上」の3カテゴリー。
　　(4)　父母職業は，「農林」「保安」「運輸・通信」「技能工・生産工程」「販売」「サービス」「管理」「事務」「専門・技術」「その他」「無職（専業主婦）」「不在」の12カテゴリー。
　　(5)　父母学歴は「中学」「高校」「専門」「短大」「大学」「その他」の6カテゴリー。

成しておいた方がよい。後者の指標の場合，所有財や蔵書数の無回答率は1.0％程度とかなり小さいため，多くの生徒にあてはめることができる。加えて「自分の携帯電話」を除外すれば，すべての高校のデータにも対応可能であるので，この点も考慮した。[1]

これらの点を踏まえ，多重対応分析により2つの階層指標を作成した（表付2－2）。1つは，「社会経済文化指標」であり，父母の職業と学歴，所有財，蔵書数といった客観的変数をできるだけ多く取り込んだ指標である。もう1つは「経済文化指標」であり，これは「自分の携帯電話」を除く10項目の所有財と蔵書数から作成した指標である。

2　多重対応分析の結果

2.1　社会経済文化指標

ここでは，指標作成のもとになった分析結果を紹介する。[2] 図付2－1は多重対応分析の結果である。第1軸で全体のばらつきの54.7％が，第2軸まで考慮すると全体の65.3％が捉えられることがわかった。図では第1軸に沿って右側の領域に各財の所有カテゴリー（「○」で示される）や大卒層，専門管理職層が並び，左側の領域には非所有カテゴリー（「×」で示される）や中卒層，父が無職・不在，母不在カテゴリーが位置している。このことから，この第1軸に沿って生徒の出身階層が区別されるものと考えられる。したがって，第1軸上の座標を各個人の「社会経済文化指標」とした。

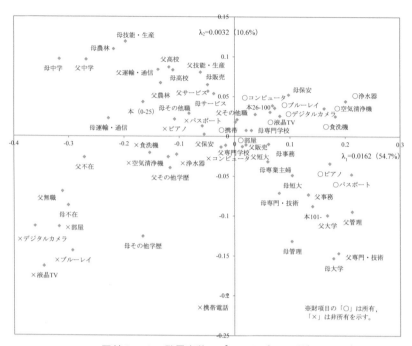

図付2－1　階層変数のプロット（1-2軸）

　第1軸で全体の約半分強が説明され，第2軸を加えると6割を超える説明力を持つが，この結果は近藤（2011，2012）がPISAデータの階層変数に多重対応分析をあてはめた結果に近い。また，中村・藤原（2010）でも同様の傾向が得られている[3]。ここでの分析結果もこれらに類似しており，作成した出身階層指標がある程度妥当性を持つものと考えられる。

2.2　経済文化指標

　先に述べたように「社会経済文化指標」の場合，父母の職業や学歴の回答率が相対的に低いため，全体の3割程度の生徒には出身階層指標を与えることができない。より多くの生徒に適用できる指標を作成するため，「自分の携帯電話」を除く10項目の所有財の有無と家庭の蔵書数に同様の多重対応分析をあてはめた。その結果が図付2－2である。

　親の職業や学歴など多くの階層変数を投入した場合よりも，一次元性がかなり高く，全体のばらつきの9割近くが第1軸によって説明されている。図

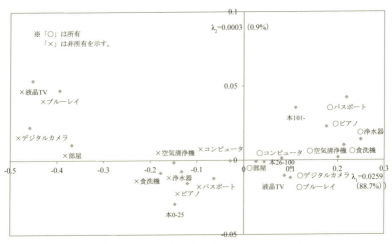

図付2-2　階層変数のプロット（1-2軸）

付2-2をみれば，マイナス方向には非所有が，プラス方向には所有カテゴリーが位置づけられているので，家庭の所有物によって，出身家庭の経済あるいは文化的側面が区別されていると考えられる。よって第1軸上の座標を各個人の「経済文化指標」とした。

この図をみると図付2-1と同じく，浄水器，食洗機，ピアノ，パスポートの所有が第1軸のプラスの高い値を示し，デジタルカメラ，液晶TV，ブルーレイ，自分の部屋の非所有がマイナスの高い値を示しており，親職業や親学歴を加えた「社会経済文化指標」と基本的には同じ側面を捉えていることがわかる。

3　各変数の基本情報

最後に作成した各変数の特徴をみておこう。表付2-3に基本統計量を示

表付2-3　各変数の基本統計量

	mean	sd	min	max	range	欠損ケース数
社会経済文化指標	0.00	0.13	−0.40	0.29	0.69	1,190
経済文化指標	0.00	0.16	−0.47	0.29	0.76	57

付録2　出身階層指標の作成

表付 2-4　相関係数行列

	社会経済文化指標	経済文化指標	親教育年数
経済文化指標	0.919		
親教育年数	0.485	0.201	
下宿して私大（問13）	0.289	0.214	0.215

$N=2,578$

したが，「欠損ケース数」から明らかなように，「社会経済文化指標」では全体の3割程度が欠損になるという難点がある（$N=3,826$）。これに対し「経済文化指標」の欠損ケースはわずかであり，多くの対象者に適用できることを改めて確認できる。

ただし，この2つの指標が全く別物だということではない。実際，「社会経済文化指標」と「経済文化指標」の相関は0.919とかなり高く，両者が重なることがわかる（表付2-4）。また表は省略するが，「社会経済文化指標」と「経済文化指標」のそれぞれについてサンプルが5等分されるように区分した変数を作成し，両者のクロス表を作成した。その結果，対角セル上のケースは全体の約6割で，指標間で2段階以上のズレが生じるケースはごくわずかであった。本書の分析においては，学校単位の欠損を避けるために「経済文化指標」を用いる分析が大半であるが，この指標によっても「社会経済文化指標」と同様に階層的位置を把握できると考えられる。

同じく表付2-4から他の階層変数との関連をみれば，「社会経済文化指標」には親学歴も含まれているため，この変数と親教育年数（両親の教育年数の高い方）の相関（0.485）は，「経済文化指標」と親教育年数との相関（0.201）よりも高くなっている。また，前回調査でも使用された「下宿して私大進学」（1〜5の数値を反転）[4]との相関は「社会経済文化指標」と「経済文化指標」の順に0.289，0.214と，親教育年数との相関（0.215）と同程度かやや高く，一定程度の関連がみられる。「社会経済文化指標」との相関がより高かったのは，親の学歴や職業を含めたことによって，より詳細な出身家庭の背景が捉えられたためだと考えられる。

1) 「下宿して私立大学に進学した場合の費用負担（問13）」は使用していない。この項目を除外したのは，ある程度予想的な回答であること，きょうだい数や構成などが影響する可能性があると考えたためである。
2) 指標の作成においては，いずれかの変数に欠損値のあるケースは除いた。
3) 各国のデータから社会空間の構築を行った結果を比較しており，そのうち日本の結果を参照すると，PISA2009の分析では第1軸の説明力が61.4％，第2軸が11.3％，PISA2006では第1軸が58.7％，第2軸が10.2％であった。
4) ただし，前回調査時と比べ奨学金受給状況は大幅に変化しており，この指標に対する意味づけは大きく違っている可能性があることには注意が必要であろう。

[文献]
近藤博之，2011，「社会空間の国際比較——MCAによるPISA2006調査データの分析」佐藤嘉倫編『現代日本の階層状況の解明——ミクロ-マクロ連結からのアプローチ 第1分冊 社会階層・社会移動』科学研究費補助金基盤研究(A)成果報告書，東北大学，307-321.
————，2012，「社会空間と学力の階層差」『教育社会学研究』90：101-121.
中村高康・藤原翔，2010，「研究の方法とデータの概要」中村高康編『進路選択の過程と構造——高校入学から卒業までの量的・質的アプローチ』ミネルヴァ書房，20-43.

調査票（2011 年調査）

高校生の進路と生活に関する調査

この調査は、高校生の方々が、将来の進路や今の社会などについて日頃どのようなことを考え、またどのような生活を送っているかを明らかにするために行うものです。回答は、すべてグラフや表の形で統計的にまとめられますから、個人のプライバシーがおもてにでることはありません。あなたが日頃行動したり、考えていることをそのままお答えください。

なお、大部分の質問があてはまる番号に○をつけてもらう形式になっています。特に指示がない限りそのようにご回答ください。また、一部回答を具体的に記入してもらう形式になっています。多少めんどうですが、ていねいにご回答ください。

2011年6月

高校問題研究会
代表　同志社大学教授　尾嶋　史章
連絡先　〒602-8580
　　　京都市上京区新町通今出川上ル
　　　同志社大学社会学部

（ここには何も記入しないでください）

問1．(1) はじめに、あなたの在籍している高校名を記入してください。

　　　　　　　　　　高校

(2) あなたの在籍している学科の番号に○をつけてください。

1. 普通科　2. 商業科　3. 工業科　4. 農業科　5. 総合学科
6. その他（　　　　　　）

(3) あなたの性別について、あてはまる番号に○をつけてください。

1. 男　2. 女

問2．あなたはどのような高校生活を送っていますか。次の各項目について、あなたの生活に最も近い番号に○をつけてください。

a. 授業や勉強に……
  1. 熱心である
  2. 熱心でない

b. 友人との交際は……
  1. 活発である
  2. 活発ではない

c. 部活動に……
  1. 熱心だった
  2. 熱心でなかった
  3. 入っていなかった

d. 親が呼び出されるような校則違反を…
  1. したことがある
  2. したことがない

e. 朝、学校に遅刻を……
  1. よくした
  2. ときどきした
  3. ほとんどしなかった
  4. まったくしなかった

f. 無断欠席を……
  1. よくした
  2. したことがある
  3. したことがない

g. 無断外泊を……
  1. したことがある
  2. したことがない

h. アルバイトは……
  1. 定期的にしていた（している）
  2. 休み期間に集中的にしていた
  3. したことがない

問3. あなたは、この学校への進学をどの程度希望していましたか。あてはまる番号に○をつけてください。

1. 積極的に希望していた
2. 他の学校でもよかったが、たまたまこの学校へ進学することになった
3. ほんとうは、この学校へ進学したくなかった

問4. 次に書かれていることがらは、あなたにどの程度あてはまりますか。各項目について、自分の考えに最も近い番号に○をつけてください。

	いつもある	しばしばある	たまにある	あまりない	まったくない
a. 授業に充実感（じゅうじつかん）がある	5	4	3	2	1
b. 授業をサボりたかったり、学校を休みたくなることがある	5	4	3	2	1
c. 他の学校に変わりたいと思うことがある	5	4	3	2	1
d. 何のために勉強しているのか、意味がわからなくなることがある	5	4	3	2	1

	強くそう思う	どちらかといえばそう思う	どちらともいえない	どちらかといえばそう思わない	まったくそう思わない
e. 学校にいるときよりも、学校の外での生活の方が楽しい	5	4	3	2	1
f. 高校で学ぶことは、将来の仕事や生活に役立つと思う	5	4	3	2	1
g. 勉強は適当にして、学校生活を楽しみながら卒業したい	5	4	3	2	1
h. 大学に進むより今の方が学習意欲は向上したと思う	5	4	3	2	1
i. 毎日の学校生活に満足している	5	4	3	2	1
j. できることなら人と深く関わりたくない	5	4	3	2	1
k. 他人とは違う、個性的な自分でありたい	5	4	3	2	1
l. いつの間にか、その場の空気を読んで、相手とうまくあわせることができる	5	4	3	2	1
m. 価値観が違うような人とは、はじめから付きあわない方がよいと思う	5	4	3	2	1

問5.（1）あなたは高校卒業後どのような進路をとるつもりですか。あてはまる番号1つに○をつけてください。

1. 就職する（家の仕事を手伝う人も含む）
2. 大学に進学する
3. 短大に進学する
4. 専門学校に進学する
5. その他（具体的に　　　　　　　）
6. まだ決めていない

（2）あなたのご両親は、あなたがどのような進路へ進むことを期待しておられますか。（1）の選択肢の中からあてはまる番号を1つずつ選んで下の枠内に記入してください。わからない場合は「8」と記入してください。

父親 [　] 母親 [　]

（3）（1）で1～5に○をつけた方は、次のページの問8へ進んでください。
（「6. まだ決めていない」に○をつけた方は、次のa・bにお答えください。）

a. そのように進路を決めかねているのは、いつごろからですか、あてはまる番号に○をつけてください。
1. 中学校入学以前　2. 中学校時代　3. 高校1年のころ
4. 高校2年のころ　5. 高校3年になってから

b. その進路を実現したい気持ちは次のどれですか。あてはまる番号に○をつけてください。それぞれどこにもあたらない
1. ぜひ実現したい　2. できれば実現したい　3. それほどでもない

問6. 就職を希望する方におたずねします（進学希望の方は問7へ進んでください）。
次のa～bについて、あてはまる番号に○をつけてください。

	あてはまる	ややあてはまる	どちらともいえない	あまりあてはまらない	まったくあてはまらない
a. 就職に関する学校の進路指導は充実している	5	4	3	2	1
b. 学校の先生に就職の相談をしている	5	4	3	2	1

問7. 進学を希望する方におたずねします（就職希望の方は問8へ進んでください）。

a. 進学したい学校名や学部名など（あるいは文系・理系・県外の別）が決まっている人は、わかる範囲で具体的に記入してください。

[   ]

b. あなたは一流大学と言われるような大学に進学したい気持ちがありますか。最も近い番号に○をつけてください。

1. ぜひ進学したい   2. できれば進学したい   3. あまりこだわらない

c. あなたはどのような入試方法で受験することを考えていますか。受験する可能性のあるものすべてに○をつけてください。

1. 一般入試（センター試験利用を含む）   2. 指定校推薦   3. 公募推薦
4. AO入試   5. その他（具体的に   ）

d. あなたは進学する際に奨学金に応募する予定はありますか。あてはまる番号に○をつけてください。

1. ある（すでに応募した）   2. ない   3. まだ決めていない

【ここから全員がお答えください】

問8. あなたは高卒業後の進路を決めるとき、次のことがらをどの程度考えに入れますか。それぞれについて、あてはまる番号に○をつけてください。

	じゅうぶん考える	少しは考える	あまり考えない	ほとんど考えない
a. 自分の興味や関心	4	3	2	1
b. 自分の成績	4	3	2	1
c. 家庭の経済状況	4	3	2	1
d. 結婚	4	3	2	1
e. 学校の先生の意見	4	3	2	1
f. 親の意見	4	3	2	1
g. 家から通えること	4	3	2	1
h. 学習内容と職業とのつながり	4	3	2	1

問9. あなたは次のことがらが得意ですか、それとも苦手ですか。あてはまる番号に○をつけてください。

	たいへん得意である	少し得意である	どちらともいえない	少し苦手である	たいへん苦手である
a. 単純なことでもこつこつとやる	5	4	3	2	1
b. 礼儀正しくする	5	4	3	2	1
c. クラスメートと協力する	5	4	3	2	1

問10. あなたの成績は、学年の中でおよそ次のどれにあたりますか。a. 現在の成績と b. 中学校時代の成績のそれぞれについて、あてはまる番号に○をつけてください。

| a. 現在の成績 | 5. 上 | 4. 中の上 | 3. 中の中 | 2. 中の下 | 1. 下 |
| b. 中学校時代の成績 | 5. 上 | 4. 中の上 | 3. 中の中 | 2. 中の下 | 1. 下 |

問11. あなたは学校のある平日（試験期間等を除く）、学校の授業以外に、1日平均何時間くらい勉強しますか。学校の予習復習や宿題、受験勉強、資格のための勉強など、学習塾での勉強など、すべてを合わせた時間に最も近い番号に○をつけてください。

1. 全くしない   2. 15分   3. 30分   4. 1時間   5. 1時間半
6. 2時間   7. 2時間半   8. 3時間   9. 3時間半   10. 4時間以上

問12. あなたは学校のある平日、次のことを平均してどれくらいしていますか。各項目について、最も近い番号に○をつけてください。

	全くしない	30分くらい	1時間くらい	2時間くらい	3時間以上
a. テレビをみる	1	2	3	4	5
b. 本（マンガや雑誌を除く）を読む	1	2	3	4	5
c. マンガや雑誌を読む	1	2	3	4	5
d. パソコンでインターネットをする	1	2	3	4	5
e. 携帯電話を使う	1	2	3	4	5
f. 家族と話をする	1	2	3	4	5
g. 何もせずにボーッと過ごす	1	2	3	4	5

問13. あなたがもし今年度私立大学に進学するとしたら、あなたの家の状況によって、授業料や生活費の負担状況はどうですか。あなたの状況に最も近い番号に○をつけてください。

1. 家計にはほとんど影響しない
2. 自分のアルバイトや奨学金によらずにすむ程度である
3. 自分のアルバイトや奨学金でその一部を負担する必要がある
4. 自分のアルバイトや奨学金でその大部分を負担する必要がある
5. 高校を出るのがやっとで、家計を助けながらでないと進学できない

問14. (1) あなたには将来つきたい職業がありますか。あなたの状態に最も近い番号に○をつけてください。

1. ぜひつきたい仕事がある
2. できればついてみたい仕事がある
3. まだ決まっていない

(2) 次の中に、あなたがついてみたいと思う職業はありますか。あてはまるものを**すべて**選んで、その番号に○をつけてください。

1. 農業・漁業・林業
2. 喫茶店・飲食店などの店主
3. 小売店の店員・セールスマンなどの販売員
4. 理容師・美容師・料理人・パティシエなど
5. 自動車や電気製品などと工場の生産工程にかかわる職業
6. トラックや電車などの運転手
7. 大工・自動車整備などの技能的職業
8. 建築士
9. コンピューターや機械などの技術者
10. 医師・弁護士・大学教授など
11. 薬剤師・カウンセラー
12. 看護師・栄養士・介護福祉士など
13. 学校や幼稚園の先生や保育士
14. 会社の事務職（経理・企画・営業など）
15. 企業の経営者や管理職
16. 銀行員
17. 公務員
18. 警察官・自衛隊員・消防士など保安に関する職業
19. ジャーナリスト・作家・マンガ家など
20. テレビ・ラジオなど放送に関わる職業
21. デザイナー・スタイリスト・カメラマンなど
22. 歌手・タレント・スポーツ選手など
23. その他（　　　　　　　　　　　　）

(3) 上の(2)で○をつけた中では、最も強く希望する職業はどれですか。番号を**1つ**選んで下の枠内に記入してください。　□

問15. あなたは将来どういう人間になりたいと思っていますか。あなたの希望に最も近い番号に○をつけてください。

1. 自分の仕事に関してひとかどのものになりたい
2. 町や職場の人から親しまれ、尊敬される人間になりたい
3. 主義や信念など、心のよりどころがあるのが第一だ
4. 出世したい、金持ちになりたい
5. 平凡で安定したひと家庭があれば十分だ

*ひとかど…ひときわ優れていること、一人前であること。

問16. 次に書かれていることがらについて、あなたはどのように考えますか。次の各項目について、自分の考えに最も近い番号に○をつけてください。

	強くそう思う	どちらかといえばそう思う	どちらともいえない	どちらかといえばそう思わない	全くそう思わない
a. できることなら、いつまでも学生生活をつづけて、職業などはもちたくない	5	4	3	2	1
b. 遠い将来の目標のために、したいことをしないできるよりも、現在の欲求に忠実に生きるべきだ	5	4	3	2	1
c. 一生の仕事になるものを、できるだけ早く見つけるべきだ	5	4	3	2	1
d. ひとつの職業にとらわれるより、その時々に有利な職業につくほうがよい	5	4	3	2	1
e. 職業は、お金を得るためのものとしてわりきり、職業以外の自分の生活に生きがいを見つけたい	5	4	3	2	1
f. 将来、社会に出て上手にやっていけるかどうか不安だ	5	4	3	2	1
g. 外国で働く機会のある仕事につきたい	5	4	3	2	1
h. その道のプロフェッショナルになりたい	5	4	3	2	1

問17. あなたは将来どのような職業生活を送りたいと思いますか。次の各項目について自分の将来のありかたとしてあなたの希望に近い番号に○をつけてください。

a. 会社勤めか、独立した店などを持つか。
1 会社勤め
2 どちらともいえない
3 独立した店

b. 一つの会社に長く勤務するか、いくつかの会社を経験するか。
1 長く勤務
2 どちらともいえない
3 いくつかの会社経験

c. 公務員になるか、民間企業に就職するか。
1 公務員
2 どちらともいえない
3 民間企業

問18. あなたが自分の職業や勤め先を選ぶとき、次のそれぞれの条件をどの程度重視したいと思いますか。各項目についてあてはまる番号に○をつけてください。

	だいへん重視する	少し重視する	あまり重視しない	まったく重視しない
a. 自分の知識や技術がいかせる	4	3	2	1
b. 失業のおそれがない	4	3	2	1
c. 高い収入が得られる	4	3	2	1
d. 転勤がない	4	3	2	1
e. 仕事がもつイメージのかっこよさ	4	3	2	1
f. 社会に役立つ	4	3	2	1
g. 自分の休みを好きな時に休める	4	3	2	1

問19. あなたは学習塾に通ったり家庭教師に勉強を教えてもらったりしたことがあります か。小学生の時、中学生の時、高校生になってからのそれぞれについて、経験したすべての番号に○をつけてください。どれも経験しない場合は「8」に○をつけてください。

小学生の時	1. 学習塾	2. 家庭教師	3. 通信添削	8. どれも経験しない
中学生の時	1. 学習塾	2. 家庭教師	3. 通信添削	8. どれも経験しない
高校生になって	1. 学習塾	2. 家庭教師	3. 通信添削	8. どれも経験しない

問20. (1) あなたのご家庭には次の物がありますか。あてはまる番号すべてに○をつけてください。どれもない場合は「88」に○をつけてください。

1. 自分の部屋（きょうだいと同室も含む）
2. 自分のパスポート
3. ブルーレイ・DVDレコーダ
4. デジタルカメラ
5. 液晶テレビ（プラズマテレビ）
6. 空気清浄機
7. 自分のコンピューター
8. 自分の携帯電話
9. 食器洗い機
10. ピアノ
11. 浄水器
88. どれもない

(2) では、あなたのご家庭には家族全員の分を合わせて本が何冊くらいありますか。あてはまる番号に○をつけてください。（雑誌、マンガ、教科書、参考書は数に含めないでください）

1. 0～10冊
2. 11～25冊
3. 26～100冊
4. 101～200冊
5. 201～500冊
6. 501冊以上

問21. あなたが小さい頃、以下のことをご両親にしてもらったり、一緒にしたりしたことはどのくらいあります。次の各項目について経験した頻度に最も近い番号に○をつけてください。

	よくあった	ときどきあった	あまりなかった	まったくなかった
a. 絵本を読んでもらったこと	4	3	2	1
b. 美術館・博物館・図書館などに連れていってもらったこと	4	3	2	1
c. 公園や広場などでよく一緒に遊んでもらったこと	4	3	2	1
d. 一緒にゲームやトランプなどをしたこと	4	3	2	1
e. 学校の宿題をみてもらったこと	4	3	2	1
f. 泊まりがけの旅行に行ったこと	4	3	2	1

問22. (1) あなたは「地元」のことが好きですか。あてはまる番号に○をつけてください。
1. 好き　2. どちらかといえば好き　3. どちらかといえば嫌い　4. 嫌い

(2) あなたにとっての「地元」とは、どのあたりをイメージしますか。あなたの感覚に最も近い番号に○をつけてください。

1. 住んでいる家の近所
2. 出身の小中学校の校区くらいの範囲
3. 住んでいる市区町村くらいの範囲
4. 住んでいる県や府くらいの範囲
5. その他（具体的に　　　　　　　　）

(3) では、成人した後には、地元に住みたいですか、それとも地元を出たいですか。あなたの気持ちに最も近い番号に○をつけてください。

1. ずっと地元に住み続けたい
2. 一度地元を出て、年を取ったら戻ってきたい
3. 地元を出たい
4. こだわらない
5. その他（具体的に　　　　　　　）

問23. あなたの兄弟姉妹は何人ですか、それぞれの人数を教えてください。該当する人がいない場合は「0」と記入してください。

兄	姉	弟	妹
人	人	人	人

問24.【女子は自分のこととして、男子は自分の妻のこととしてお答えください】
あなたは結婚しても仕事を続けたいですか（妻には結婚しても仕事を続けて欲しい）ですか、結婚相手がどう希望するかは別にして、あなた自身の考えに最も近い番号に○をつけてください。

1. 結婚後もずっと仕事を続ける
2. 結婚したら仕事をやめ、ずっと家庭に入る
3. 子どもが生まれたら仕事をやめ、ずっと家庭に入る
4. 子どもが生まれたら仕事をやめ、子どもの成長後、また仕事をはじめる
5. その時になったら、考える
6. その他（具体的に　　　　　　　）

問25. あなたは次のような意見についてどう思いますか、それぞれについて、あてはまる番号に○をつけてください。

	そう思う	やや そう思う	どちらともいえない	あまりそう思わない	そう思わない
a. 男性は外で働き、女性は家庭を守るべきである	4	3	2	1	
b. 専業主婦という仕事は、社会的にいい意義のあることだ	4	3	2	1	
c. 女性には男性ほど学歴は重要ではない	4	3	2	1	
d. 性別によって職業上の実力には違いがない	4	3	2	1	

問26.（1）過去半年の間に、あなたにとって重要なことを話しあった人々は誰でしたか。思いうかぶ順に3人までについて、下の選択肢Aからあてはまる番号を1つずつ選んで、回答欄に記入してください。（2）また、それらの人々とはいつ知り合いましたか、それぞれの方について、下の選択肢Bからあてはまる番号を1つずつ選んで、回答欄に記入してください。変更・繁盛の場合は「0」と記入してください。

回答欄

	一人目	二人目	三人目
（1）話しあった人（下のAから選択）			
（2）その人と知り合った時期（下のBから選択）			

選択肢

A
1. 父親　2. 母親　3. その他の家族・親戚　4. 先生　5. 同じ高校の友だち　6. それ以外の友だち　7. 彼氏・彼女　8. その他

B
0. 家族・親戚　1. 高校生・彼氏・彼女　2. 中学生のとき　3. 小学生のとき
4. 小学校入学以前

問27. 大学教育や学歴に関する次のような意見について、あなたはどう思いますか、それぞれについて、あてはまる番号に○をつけてください。

	そう思う	やや そう思う	どちらともいえない	あまりそう思わない	そう思わない
a. 学歴は本人の実力をかなり反映している	5	4	3	2	1
c. 高い学歴を得たからといって、収入面で恵まれるとは限らない	5	4	3	2	1
c. 日本の社会では、まだ学歴重視の風土が根強く残っている	5	4	3	2	1
d. 大学での人間関係は将来の仕事に役立つ	5	4	3	2	1
e. 正社員になるには大学を出ておいた方がよい	5	4	3	2	1
f. 勉強ばかりしていると人と上手くつきあえないようになる	5	4	3	2	1
g. 大学での勉強は面白そうだ	5	4	3	2	1

問28. 次にあげるようなさまざまな意見について、あなたはどう思いますか。それぞれについて、あてはまる番号に○をつけてください。

	そう思う	やや そう思う	どちらとも いえない	あまりそう 思わない	そう 思わない
a. 権威(けんい)のある人には常に敬意を払わなければならない	5	4	3	2	1
b. この複雑な世の中で何をなすべきかを知る一番よい方法は、指導者や専門家に頼ることである	5	4	3	2	1
c. 私は自分の入りたい学校、つきたい職業があればどこへでも行くつもりだ	5	4	3	2	1
d. 他の人の意見は参考にするが、自分の将来は自分が全責任をもつつもりだ	5	4	3	2	1

問29. (1) あなたのお父さんが最後に通われた学校は次のどれにあたりますか。あてはまる番号に○をつけてください。

1. 中学校
2. 高等学校
3. 高校卒業後に専門学校
4. 短期大学・高専
5. 四年制大学(大学院を含む)
6. その他(具体的に　　　　　　)

(2) では、あなたのお母さんが最後に通われた学校は次のどれにあたりますか。あてはまる番号に○をつけてください。

1. 中学校
2. 高等学校
3. 高校卒業後に専門学校
4. 短期大学・高専
5. 四年制大学(大学院を含む)
6. その他(具体的に　　　　　　)

問30. (1) あなたのお父さんのお仕事は次のうちどれにあたりますか。あてはまる番号1、2に○をつけてください。

1. 経営者・役員(重役)(従業員が5人以上の会社)
2. 常時雇用されている一般従業者(サラリーマンなど雇われて働いている人)
3. パート、アルバイト、臨時雇用
4. 自営業主(自分で従業員4人以下の店や工場を経営)
5. 家族従業者(たとえば、祖父の店や仕事を手伝っているような場合)
6. その他(具体的に　　　　　　)
7. 無職
8. あてはまる人はいない

(2) (1)で1～6のいずれかと答えた方におたずねします。
あなたのお父さんは、従業先でどのようなお仕事をされていますか。あてはまる番号1つに○をつけてください。どこに分類できるかわからない場合には「10」に○をつけ、具体的な仕事内容を書いてください。

1. 農林的職業(漁業を含む。ただし、第一種漁業や農水産物加工は含まない)
2. 保安的職業(警察官・自衛官・消防士、警備員など)
3. 運輸・通信的職業(運転手、郵便配達、通信士など)
4. 技能工・生産工程に関する職業(工員、建設作業員、大工、自動車整備士など)
5. 販売的職業(小売業、卸し、不動産仲介、保険外交など)
6. サービス的職業(理容師、美容師、料理人、旅行ガイドなど)
7. 管理的職業(企業、官公庁における課長職以上、議員や経営者を含む)
8. 事務的職業(総務・営業・人事・経理・秘書の事務)
9. 専門・技術的職業(医師・看護師・教師・保育士・税理士・弁護士・技術者などの専門的知識や技術を要するもの)
10. その他(具体的に　　　　　　　　　　　　　　　)

問3 1. (1) あなたのお母さんのお仕事は次のうちどれにあたりますか。あてはまる番号1つに○をつけてください。

1. 経営者・役員（重役）（従業員が5人以上の会社）
2. 常時雇用されている一般従業者（サラリーマンなど雇われて働いている人）
3. パート、アルバイト、臨時雇用
4. 自営業主（自分で従業員4人以下の店や工場を経営）
5. 家族従業者（たとえば、父親や祖父の仕事を手伝っているような場合）
6. その他（具体的に　　　　　　　　　　　　　　　　）
7. 専業主婦
8. あてはまる人はいない

(2) (1)で1〜6のいずれかと答えた方におたずねします。
あなたのお母さんは、第二次の次のようなお仕事をされていますか。あてはまる番号1つに○をつけてください。どこに分類できるかわからない場合には「10」に○をつけ、具体的な仕事内容を書いてください。

1. 農林的職業（漁業を含む。ただし、第二種兼業や農水産物加工は含まない）
2. 保安的職業（警察官・自衛官・消防士・警備員など）
3. 運輸・通信的職業（運転手・郵便配達・通信士など）
4. 技能工・生産工程に関わる職業（工員、建設作業員、大工、自動車整備など）
5. 販売的職業（小売業、卸し、不動産仲介、保険外交など）
6. サービス的職業（理容師、美容師、料理人、旅行ガイドなど）
7. 管理的職業（企業・官公庁における課長職以上、議員や経営者を含む）
8. 事務的職業（総務・営業・人事・経理などの事務一般）
9. 専門・技術的職業（医師・看護婦・弁護士・税理士・保育士・教師・技術者などの専門的知識や技術を要するもの）
10. その他（具体的に　　　　　　　　　　　　　　　　）

お疲れさまでした。これで調査は終わりです。
調査に関するご感想・ご意見がありましたら、下の欄にお書きください。
ご協力ありがとうございました。

著者紹介（掲載順）

荒牧草平（あらまき　そうへい）　　序章／第1章
　　後掲（奥付）の編者紹介を参照

尾嶋史章（おじま　ふみあき）　　第1章／終章
　　後掲（奥付）の編者紹介を参照

小林大祐（こばやし　だいすけ）　　第2章
　　金沢大学人間社会研究域人間科学系准教授　社会階層論，社会調査法

多喜弘文（たき　ひろふみ）　　第3章／第7章／付録1
　　法政大学社会学部准教授　社会階層論，比較社会学

吉田　崇（よしだ　たかし）　　第4章
　　静岡大学人文社会科学部准教授　社会階層論，家族社会学

古田和久（ふるた　かずひさ）　　第5章／第6章／付録1・2
　　新潟大学人文社会・教育科学系准教授　教育社会学，社会階層論

白川俊之（しらかわ　としゆき）　　第6章
　　東京大学社会科学研究所助教　社会移動・不平等研究，教育社会学

スティーフ・エントリッヒ（Steve R. Entrich）　　第7章
　　ベルリン自由大学大学院東アジア研究科ポスドク研究員

西丸良一（にしまる　りょういち）　　第8章
　　和歌山大学アドミッションオフィス特任准教授　教育社会学

坂野　誠（ばんの　まこと）　　第8章
　　同志社大学大学院，元県立高等学校教諭　教育社会学，教育学

轟　　亮（とどろき　まこと）　　第9章
　　金沢大学人間社会研究域人間科学系教授　社会意識論，社会調査法

編者紹介

尾嶋史章（おじま　ふみあき）
同志社大学社会学部教授　教育社会学，社会階層論
主な業績
『現代高校生の計量社会学——進路・生活・世代』（編著）ミネルヴァ書房，2001
『現代の階層社会 1　格差と多様性』（共編）東京大学出版会，2011

荒牧草平（あらまき　そうへい）
日本女子大学人間社会学部准教授　教育社会学，家族社会学
主な業績
『学歴の階層差はなぜ生まれるか』（単著）勁草書房，2016
『教育社会学のフロンティア 2　変容する社会と教育のゆくえ』（共著・分担執筆）岩波書店，2018

高校生たちのゆくえ
——学校パネル調査からみた進路と生活の30年

2018年3月10日　第1刷発行　　定価はカバーに表示しています

編　者　　尾嶋史章
　　　　　荒牧草平
発行者　　上原寿明

世界思想社

京都市左京区岩倉南桑原町56　〒606-0031
電話 075(721)6500
振替 01000-6-2908
http://www.sekaishisosha.jp/

© 2018 F. OJIMA, S. ARAMAKI　Printed in Japan
（印刷・製本 太洋社）

落丁・乱丁本はお取替えいたします。

JCOPY　＜（社）出版者著作権管理機構　委託出版物＞
本書の無断複写は著作権法上での例外を除き禁じられています。複写される場合は，そのつど事前に，（社）出版者著作権管理機構（電話 03-3513-6969，FAX 03-3513-6979，e-mail: info@jcopy.or.jp）の許諾を得てください。

ISBN978-4-7907-1710-2